Création de la maquette intérieure et de couverture : Valérie Goussot et Delphine d'Inguimbert

Mise en pages couverture : Cyrille de Swetschin

Mise en pages : Cyrille de Swetschin

Fabrication : Marc Chalmin

Illustrations : Grégoire Berquin (pages 78, 104, 105, 106, 108, 110, 112, 114, 118, 120, 132, 154, 155, 156, 158, 185, 191, 199) ; Quentin Fovet (pages 9, 10, 14, 16, 28, 32, 38, 47, 48, 54, 58, 66, 74, 76, 84, 87, 92, 96, 98, 100, 123, 126, 149, 150, 187) ; Romain Garouste (pages 12, 21, 26, 30, 36, 40, 50, 52, 55, 68, 70, 71, 90, 94, 117, 144, 152, 162) ; Gilles Poing (pages 174, 180) ; Marie-Hélène Tran-Duc (page 198) ; Ghyslaine Vaysset (pages 17, 43, 59, 80, 81, 91, 101, 105, 115, 125, 133, 134, 139, 143, 145, 146, 147, 148, 151, 169, 171, 175).

PAPIER À BASE DE FIBRES CERTIFIÉES

hachette s'engage pour l'environnement en réduisant l'empreinte carbone de ses livres. Celle de cet exemplaire est de : **0,77 kg éq. CO_2** Rendez-vous sur www.hachette-durable.fr

www.hachette-education.com

ISBN : 978-2-01-225916-4

Français

le nouvel

À portée de Mots

CM2
cycle 3

Marjolaine Aniento
Professeur des écoles

Gaëlle Monteret
Professeur des écoles

Janine Lucas
Professeur des écoles

Jean-Claude Lucas
Professeur des écoles

Robert Meunier
Conseiller pédagogique

NOUVEAUX PROGRAMMES 2016

hachette
ÉDUCATION

Avant-propos

le nouvel À portée de Mots est conforme aux nouveaux programmes pour l'école élémentaire. Il reprend l'organisation qui a fait le succès de la collection : un classement par domaines qui laisse une grande latitude pédagogique à chaque enseignant et un très large choix d'exercices.

Au sein de l'ouvrage, les séquences sont toutes construites sur le même schéma :

- « DÉCOUVRONS ET MANIPULONS » qui permet, le plus souvent à partir d'un texte authentique court, de découvrir une notion en collectif à l'oral et d'initier des activités de manipulation MANIPULER ;
- « JE RETIENS » qui fixe l'essentiel à mémoriser par les élèves ;
- « JE M'ENTRAÎNE » composé de nombreux exercices classés par compétences et gradués selon la difficulté (de une étoile * à trois étoiles ***) afin de permettre un travail varié et différencié ;
- « J'ÉCRIS – JE M'EXPRIME » pour réinvestir les compétences en situation d'expression personnelle à l'oral ORAL et à l'écrit ;
- « À TOI DE JOUER » qui clôt généralement la séquence au travers d'un exercice plus ludique ;
- « AUTODICTÉE » qui présente un texte ou une liste de mots pour faire mémoriser par les élèves du vocabulaire, des tournures syntaxiques ou des difficultés orthographiques.

Dans chaque domaine, des pages « JE RÉINVESTIS MES CONNAISSANCES » fournissent de nouveaux exercices et permettent, notamment, de prolonger le travail de révision. Dans ces pages, des exercices transversaux proposent de travailler en même temps plusieurs compétences étudiées dans les séquences qui précèdent.

Si l'autonomie pédagogique reste le principe de la collection, nous avons néanmoins pensé aux enseignants qui souhaitent disposer d'une **progression annuelle**. Nous avons donc proposé une répartition des séquences en cinq périodes. Cette progression aboutit, en fin d'ouvrage, à une partie « EXERCICES TRANSVERSAUX » qui propose des exercices pour travailler en même temps plusieurs compétences d'un même domaine ou de domaines différents. Les enseignants y trouveront également une partie « Vers la 6e ». Celle-ci propose, dans chaque domaine, des exercices dont la complexité est plus poussée tout en faisant appel aux connaissances et compétences travaillées en CM2. Les exercices transversaux et d'expression écrite permettront, aux élèves, de réinvestir simultanément diverses notions travaillées durant l'année.

Les mots concernés par les rectifications orthographiques approuvées par l'Académie française et publiées par le *Journal officiel de la République* le 6 décembre 1990, sont signalés, dans l'ouvrage, par un astérisque (*). Des précisions sont apportées en fin d'ouvrage sur cette nouvelle orthographe. Dans l'enseignement, aucune des deux graphies (ancienne ou nouvelle) ne peut être tenue pour fautive.

Associés à cet ouvrage, le **guide pédagogique** apporte à l'enseignant un éclairage pédagogique sur chaque séquence et donne la correction des exercices, tandis que des **photofiches** proposent des exercices complémentaires d'entraînement, de remédiation et d'évaluation.

Les auteurs

Sommaire

LE VERBE — 87

LEXIQUE ET EXPRESSION — 123

EXERCICES TRANSVERSAUX — 187

Proposition de progression annuelle

	Grammaire	Orthographe
Période 1	1. Le sujet et le prédicat .... 10 2. La ponctuation .... 12 3. Le sujet et le groupe verbal ...... 14 9. Les pronoms sujets 28	1. L'écriture des sons [s], [z], [ʒ], [g], [k], [f] et les lettres muettes .... 48 5. L'accord du nom en genre et en nombre .... 58 15. Les mots invariables 84
Période 2	5. Le groupe nominal .... 20 6. Les déterminants .... 22 12. Le verbe 36	3. Les noms terminés par **-ée**, **-té**, **-tée**, **-tié** .... 52 7. L'accord sujet-verbe .... 64 11. *a* ou *à*, *et* ou *est*, *mes* ou *mais*, *son* ou *sont*, *ou* ou *où*, *on/on n'* ou *ont* 74
Période 3	7. L'adjectif .... 24 10. Les pronoms de reprise .... 30 11. Le complément du nom 32	2. Le doublement des consonnes au début des mots .... 50 6. L'accord de l'adjectif en genre et en nombre .... 60 12. *ce* ou *se*, *ces* ou *ses*, *c'est* ou *s'est* 76
Période 4	8. Le participe passé .... 26 13. L'attribut du sujet .... 38 14. Le complément du verbe 40	8. Participe passé en **-é** ou infinitif en **-er** .... 66 9. L'accord de l'attribut .... 68 10. L'accord du participe passé ... 70 13. *la/là* ou *l'a/l'as*, *si* ou *s'y*, *sans* ou *s'en* 78
Période 5	4. Le complément de phrase .... 16 15. Les classes de mots 44	4. Les noms terminés par les sons [waʀ], [œʀ], [ɛʀ] .... 54 14. *quel(s)/quelle(s)* ou *qu'elle(s)*, *leur* ou *leurs* 80

Alphabet phonétique

Consonnes		Voyelles	
[b]	ballon	[a]	partir
[d]	dent	[ɑ]	pâte
[f]	foire	[ɑ̃]	dans
[g]	gomme	[e]	dé
[k]	cours	[ɛ]	flèche
[l]	lune	[ɛ̃]	singe
[m]	mer	[ə]	devenir
[n]	nage	[i]	gris
[ɲ]	ligne	[o]	trop
[p]	porte	[ɔ]	note
[r]	rire	[ɔ̃]	long
[s]	soir	[œ]	leur
[ʃ]	chien	[œ̃]	brun
[t]	train	[ø]	deux
[v]	vite	[u]	fou
[z]	zèbre	[y]	pur
[ʒ]	jeune		

Semi-voyelles (ou semi-consonnes)	
[j]	paille
[ɥ]	huit
[w]	oui

Grammaire

1 Le sujet et le prédicat

Compétences : Identifier et définir une phrase simple. Identifier les éléments de sens qui constituent la phrase simple : le sujet et le prédicat.

Découvrons et manipulons

– Merci… Si vous voulez du café, il y en a encore, proposa Daniel en montrant la cuisine.
L'homme hésita. Le plus raisonnable était de partir sur-le-champ. Mais il ne fallait pas affoler le gosse. Il pourrait se méfier. Peut-être crier par la fenêtre. Peut-être y avait-il d'autres policiers ? Il fallait partir en douceur. Surtout ne pas prendre la fuite.
– Je veux bien, merci, accepta l'assassin.
Et il se racla nerveusement la gorge. Daniel dressa l'oreille. Il lui semblait déjà avoir entendu ce bruit.
– C'est drôle, on dirait… commença-t-il, puis il se tut.
– Quoi ? fit l'inspecteur.

Irina Drozd, *Un tueur à ma porte*, © Bayard Éditions.

1 Lis la phrase en bleu.

a) Quel est le sujet de cette phrase ? (De quoi parle-t-on ?)

b) Quel est le prédicat de cette phrase ? (Que dit-on à propos du sujet ?)

2 Trouve le sujet et le prédicat dans les phrases en rouge.

3 Lis la phrase en vert.

a) A-t-elle un sujet ?

b) A-t-elle un verbe conjugué ?

c) Que peux-tu en déduire ?

d) Trouve une autre phrase du texte sans sujet ni prédicat.

MANIPULER

4 Complète ces phrases avec un prédicat qui convient.

a. Les animaux …
b. L'enfant …
c. Nous …
d. Je …
e. Les arbres …
f. La voiture …
g. Cyril et toi …
h. Vos voisins …

MANIPULER

5 Complète ces phrases avec un sujet qui convient.

a. … vivent dans les mares.
b. … compte des étoiles dans le ciel.
c. … n'avons pas éteint les lumières.
d. … ne sautez pas plus haut.
e. … joues très bien au tennis.

Je retiens

→ Une phrase est un énoncé qui a un sens : Daniel dressa l'oreille.

→ Dans une phrase on distingue :
- le **sujet de la phrase**, c'est-à-dire **de qui** (une personne, un animal…) ou **de quoi on parle** (un objet, un événement) ;
- le **prédicat de la phrase**, c'est-à-dire **ce que l'on dit à propos du sujet** de la phrase.

Daniel	**dressa l'oreille.**
sujet de la phrase (de qui on parle)	prédicat de la phrase (ce que l'on dit à propos du sujet)

De qui parle-t-on dans cette phrase ? → Daniel (C'est le **sujet de la phrase**.)
Que dit-on à propos de lui ? → dressa l'oreille (C'est le **prédicat de la phrase**.)

Attention ! *Une phrase simple contient généralement un sujet et un prédicat, mais il existe des phrases particulières qui n'ont pas de sujet ou pas de prédicat :* Surtout ne pas prendre la fuite.

Vers la 6ᵉ : Il existe des phrases qui ont plusieurs sujets et plusieurs prédicats.

Les vagues (sujet) **sont fortes** (prédicat), alors, aujourd'hui, je (sujet) **reste sur la plage** (prédicat).

Je m'entraîne

Identifier une phrase simple

6 * **Recopie uniquement les phrases.**
a. Danse Julie dans le parc.
b. Les étoiles brillent dans le ciel, la nuit.
c. Planète Mars quatrième la plus proche du Soleil.
d. Qu'est-ce que c'est que cela ?
e. Je pas peux ne y croire !
f. Dehors, il commence à neiger.

7 ** **Remets ces groupes de mots dans l'ordre pour que les phrases aient un sens. N'oublie pas les majuscules !**
a. les huîtres*. – tu – beaucoup – aimes
b. que – ta fête. – à – nous – c'est – plaisir – avec – viendrons
c. veut – toujours – raison ? – pourquoi – il – avoir
d. ne – pas – je – faire – veux – te – mes histoires. – avec – peur
e. fermé. – le restaurant – semble – toujours

Identifier le sujet et le prédicat

8 * **Recopie ces phrases. Observe les sujets en gras et souligne leur prédicat.**
a. **Les maraîchers*** vendent des fruits de saison.
b. **Ces draps** sentent la lavande.
c. **Les enfants** ramassent des coquillages.
d. **Vous** me prêtez vos jumelles.
e. **Valentine et moi** échangeons nos places.
f. **Elle** réfléchit à une solution.

9 * **Recopie ces phrases. Observe les prédicats soulignés et entoure leur sujet.**
a. Les joueurs de hand-ball* ont un match ce soir.
b. La boulangère compte ses croissants.
c. Au bout du chemin se trouve un vieux moulin.
d. Maintenant, j'arrose les fleurs sur mon balcon.
e. Comme d'habitude, tu as manqué ton train.
f. Cette nuit, la pleine lune éclaire la campagne.

10 ** **Recopie ces phrases. Souligne les sujets en bleu et les prédicats en rouge.**
a. Là-bas, près du ravin, vivait une meute de loups.
b. Pour Noël, je vais faire des toasts au saumon.
c. Les bateaux franchissent la ligne d'arrivée.
d. Du village voisin, arrivait la troupe de théâtre.
e. Depuis deux jours, les fleurs sont en boutons.

11 *** **Recopie ces phrases. Souligne les sujets et entoure les prédicats.**
a. Le chat de ma voisine, caché sous le canapé, surveille le trou de souris.
b. Tous les jours, à minuit, dans le grenier, apparaît* la silhouette d'un fantôme.
c. Comment va la grand-mère de ton ami ?
d. Totalement immobile, l'homme, habillé d'un vêtement couleur de pierre, ressemblait à une statue.
e. Que faire pour protéger la planète ?

J'écris – Je m'exprime

ORAL
12 **Raconte, en quelques phrases, un événement* qui vient de se passer.**

13 * **Les sujets et les prédicats de ces phrases ont été mélangés. Trouve les sujets qui conviennent, puis réécris des phrases correctes.**
- Les chats jouons du violon.
- Vous va voir sa cour.
- Nous mangent des croquettes.
- Le roi ne voyage jamais sans amis.
- Pourquoi elle partez si tard ?

14 ** **Max écrit rapidement le message suivant à son ami Ahmed, mais il a oublié des mots. Réécris le message de façon à ce que chaque phrase possède un sujet et un prédicat.**
Moi malade. Avoir grippe. Pas venir école. Dormir. Toi apporter devoirs.

À toi de jouer

Trouve la solution de la charade, puis invente une phrase avec le verbe que tu trouveras.
- Mon 1er est un synonyme du nom « argent ».
- Mon 2e pousse dans une rizière.
- Mon 3e est un préfixe signifiant « à nouveau ».
- Mon tout est un verbe à l'infinitif qui indique que l'on est content.

Autodictée

Cléopâtre veut un palais magnifique. Des milliers d'esclaves construisent une grande pyramide. Les blocs de pierre sont durs à soulever. Les travaux vont certainement prendre du retard.

2 La ponctuation

Compétences : Connaître et utiliser de façon adéquate les signes de ponctuation. Connaître et utiliser les différents types de phrases.

Découvrons et manipulons

– Non, en effet, reconnut Amandine. Mais cela ne fait rien, j'irai trouver Paméla toute seule et je reviendrai vous voir dès que je serai tirée d'affaire. Je ne sais pas trop comment, mais je réussirai à vous faire rencontrer un sorcier. Je ne vous oublierai pas, c'est promis !
– C'est très gentil de ta part ma chère... comment t'appelles-tu au fait ?
– Amandine Malabul, répondit Amandine. Et vous ?
– Stanislas de... euh... Pierre-quelque chose. Oh ! C'est épouvantable, je n'arrive même plus à me souvenir de mon propre nom ! Qu'est-ce que c'était déjà ?

Amandine Malabul, *La Sorcière ensorcelée*,
édition originale publiée par Kestrell Books,
© Jill Murphy, 1982, pour le texte et les illustrations,
© Éditions Gallimard Jeunesse, 1994, pour la traduction.

1 **a) Relève 2 phrases qui se terminent par un point.**
b) Relève 2 phrases terminées par un point d'exclamation. À quoi sert cette ponctuation ?
c) Relève 2 phrases terminées par un point d'interrogation. À quoi sert cette ponctuation ?

2 **Quel signe de ponctuation permet de comprendre qu'un personnage parle ?**

3 **a) Comment s'appelle le signe de ponctuation en rouge ?**
b) Que signifie-t-il dans ce texte ?

MANIPULER

4 **Lis ces phrases à voix haute en mettant le ton. Indique le signe de ponctuation qui convient et explique ton choix.**

- Viendra-t-il
- Qu'il est fatigant
- Pourquoi courent-ils
- Il me manque tellement
- Les assiettes sont en haut
- Quel talent

MANIPULER

5 **Lis ces phrases à voix haute. Explique leur sens et observe ce qui a changé.**

- La sorcière dit : « La petite fille est dégoûtante*. »
- « La sorcière, dit la petite fille, est dégoûtante*. »

Je retiens

→ Les signes de ponctuation **en fin de phrase** sont :
- **le point** [.] : il marque la fin d'une phrase qui donne une information ou énonce un fait (**phrase déclarative**) ;
- **le point d'exclamation** [!] : il marque la fin d'une phrase qui exprime un sentiment (**phrase exclamative**) ou qui donne un ordre (**phrase injonctive**) ;
- **le point d'interrogation** [?] : il marque la fin d'une phrase qui pose une question (**phrase interrogative**) ;
- **les points de suspension** [...] : ils indiquent qu'une suite est possible.

→ Les signes de ponctuation **dans la phrase** sont :
- la **virgule** [,] : elle sert à séparer des mots ou des groupes de mots et à marquer une pause ;
- le **point virgule** [;] : il marque une pause plus importante que la virgule ;
- les **deux-points** [:] : ils introduisent une explication ou une énumération.

→ On trouve également :
- les **parenthèses** [( )] : elles servent à donner une précision ;
- les **tirets** [–] : ils indiquent un changement de personnage dans un dialogue ;
- les **guillemets** [« »] : ils indiquent que quelqu'un parle.

→ Les **signes de ponctuation** servent à mettre le ton dans une phrase ou un texte.

Je m'entraîne

Identifier les compléments de phrase

5 * **Recopie uniquement les phrases dans lesquelles il y a des compléments de phrase.**

a. Les guerriers s'épuisaient à cause des combats.
b. Le roi savoure sa victoire.
c. Il mangea une pomme en deux minutes.
d. Julie jouait du piano.
e. Au fond d'une tranchée, un soldat surveillait.

6 ** **Souligne tous les compléments de phrase. Réécris ces phrases en les déplaçant.**

a. Hier, à cette heure, nous nagions dans la piscine.
b. Pour grandir, il faut manger des légumes tous les jours.
c. Chaque jour, elle gare son vélo devant la maison.
d. Certains soirs, le chanteur me cassait les oreilles.
e. Vous m'avez attendu pendant deux heures.

7 *** **Trouve les compléments de phrase et déplace-les. Indique à quelle question ils répondent (où ? quand ? comment ? dans quel but ?).**

a. Il s'entraînait* pour être le meilleur.
b. Dans deux jours, elle passe son examen.
c. Au coin de la rue, la pizzeria est fermée.
d. Depuis trois ans, j'apprends la danse.
e. La pluie tombe sur les toits.

Distinguer compléments du verbe et compléments de phrase

8 * **Souligne les compléments du verbe, barre les compléments de phrase.**

a. À la fête foraine, ils ont gagné le gros lot !
b. Il a trouvé une arête dans son poisson.
c. Pour y arriver, tu dois vaincre ta peur.
d. À l'arrière de la voiture, Yannis lisait un livre.
e. J'ai écrit une chanson dans ma chambre.

9 *** **a) Recopie ce texte. Souligne en bleu les compléments de phrase et en vert les compléments du verbe.**
b) Supprime les compléments de phrase et réécris uniquement le sujet et le groupe verbal.

Un jour, vers midi, du côté du parc Monceau, sur la plate-forme arrière d'un autobus à peu près complet de la ligne S (aujourd'hui 84), j'aperçus un personnage au cou fort long.

Raymond Queneau, *Exercices de style*, © Éditions Gallimard.

Utiliser les compléments de phrase

10 * **Complète chaque phrase avec un complément de phrase de ton choix en fonction de l'indication donnée.**

a. La tempête arriva. (quand ?)
b. Le sportif s'entraînait*. (dans quel but ?)
c. Les animaux attendent leur repas. (comment ?)
d. Elles se sont rencontrées dans le métro. (quand ?)
e. Une cigogne s'envolait. (où ?)

11 *** **Recopie ce texte en ajoutant des compléments de phrase comme indiqué entre parenthèses. Souligne les compléments du verbe.**

(quand ?) (où ?), j'ai vu deux enfants en train de pêcher. (comment ?), ils utilisaient des hameçons assez grands. (quand ?) l'un d'entre eux pêcha une énorme carpe. Ensuite, il prit le seau, et jeta le poisson (où ?).

J'écris – Je m'exprime

ORAL

12 **Lis ces phrases et ajoute des compléments de phrase pour donner des précisions.**

- (quand ?), je regarde les horaires (dans quel but ?).
- Il pleut des cordes (quand ?), (où ?).
- (où ?), le garçon joue de la flûte (comment ?).

13 ** **Décris ta classe en ajoutant 3 compléments de phrase à cette phrase minimale.**

Je suis assis(e)…

À toi de jouer

Retrouve le complément de phrase caché dans ce rébus, puis écris une phrase avec.

Autodictée

Au bord de la mer, j'ai ramassé des coquillages. À l'abri du soleil, nous avons partagé notre déjeuner. Nous sommes ensuite partis visiter un centre météo. Ils utilisent des pluviomètres pour mesurer la quantité de pluie qui tombe toute l'année.

Je réinvestis mes connaissances

Le sujet et le prédicat

1 * **Souligne chaque sujet et entoure son prédicat.**

a. Le soleil se lève.
b. Le garage voisin est fermé.
c. Le cuisinier prépare des plats délicieux.
d. Mes amis attendent leur maman.

2 ** **Associe chaque sujet avec le prédicat qui convient.**

• **Sujets :** Je – Nos parents – Nils et toi – Il – Tu – Inès et moi

• **Prédicats :** mangeras un cake. – lisent des livres. – voyageons ensemble. – voulez venir. – vient avec moi. – ne suis pas trop fatiguée.

La ponctuation

3 * **Recopie ces phrases. Entoure la ponctuation en rouge et nomme-la.**

a. Que se passe-t-il ? Tu as l'air triste...
b. Le bandit (très effrayant), les menaça.
c. « Regarde là-haut : c'est magnifique ! » dit Paul.
d. – Quel bonheur ici ! – Puis-je me joindre à vous ?

4 ** **Recopie et complète la ponctuation de ce texte de théâtre avec :**

des points de suspension (1) – des parenthèses (2) – des points d'exclamation (3) – un point d'interrogation (1) – une virgule (1)

Ysengrin – Ce Renart est un brigand de la pire espèce. Il m'a joué tant de tours qu'il y aurait de quoi en faire un roman •

Une voix dans l'assistance, *criant* – Raconte-nous un peu, Ysengrin • Raconte •

Le loup – Il m'a enfermé dans un puits, il m'a volé les poissons que j'avais pêchés, il m'a fait rosser par les hommes • Regardez, j'y ai perdu le bout de ma queue. • Il se tourne et montre à l'assistance une queue courte, enveloppée de sparadraps. Cela fait frémir l'assistance. •

Une voix dans l'assistance – Et à moi, Monsieur du Corbeau, il m'a piqué mon calandos •

Une autre voix dans l'assistance – Qu'est-ce que c'était comme fromage •

Le corbeau – Un camembert bien coulant, mœlleux à souhait.

Gérard Moncomble, Michel Piquemal, « Le Jugement de Renart », *in Premières Pièces humoristiques pour l'école*, © Éditions Magnard.

Le sujet et le groupe verbal

5 * **Souligne le sujet en bleu et le groupe verbal en rouge.**

a. Il apporte le pique-nique*.
b. Les ouvriers ont terminé le chantier.
c. L'ancien lavoir du village ne fonctionne plus.
d. Les toits des immeubles sont abîmés*.
e. La couleur du ciel s'assombrit.

6 ** **Souligne les sujets et indique s'il s'agit d'un nom, d'un GN ou d'un pronom.**

a. Gaëlle mange des beignets à la crevette.
b. Merci beaucoup ! disent les enfants.
c. Il travaille toute la journée.
d. Une course à pied a lieu devant chez moi.
e. Le séisme a détruit la moitié du village.

7 ** **Recopie les groupes de mots soulignés et indique s'il s'agit d'un sujet ou d'un groupe verbal.**

a. <u>Les brebis</u> rentrent dans l'enclos.
b. Vous <u>irez danser</u>, puis je vous rejoindrai.
c. <u>Une mallette contenant des billets de 100 euros</u> a été retrouvée à la gare !
d. De quelle forme est <u>la Lune</u> cette nuit ?
e. Mon frère <u>doit se coucher</u>. Demain, <u>il</u> part à l'aéroport pour prendre son avion.

Le complément de phrase

8 * **Recopie ces phrases, puis souligne les compléments de phrase.**

a. Hier, j'ai regardé la finale du championnat.
b. Pour bien observer la nature, il faut des jumelles.
c. Tu peux jardiner avec une bêche et un râteau.
d. Depuis deux heures, j'attends mon train.
e. J'ai vu un marchand de crêpes près du cinéma.

9 ** **Recopie ces phrases en les complétant avec des compléments de phrase de ton choix en fonction de l'indication entre parenthèses.**

a. (quand ?), les clochent de l'église sonnent.
b. (où ?), les grues ont été installées.
c. Les enfants courent après les papillons (dans quel but ?).
d. Mon père joue (comment ?) de la flûte*.
e. (quand ?), j'irai à la patinoire avec ma classe.

10 **Recopie les compléments de phrase soulignés. Indique à quelle question ils répondent (où ? quand ? comment ? dans quel but ?).**

C'est l'hiver et la nuit tombe de bonne heure.
Il fait déjà noir quand la famille Simonet entre en courant dans les Nouvelles Galeries.
– Vite ! crient les parents. Ça va fermer et on n'a encore rien acheté pour le dîner !
Ils foncent vers le rayon de l'alimentation. Béatrice les suit en tirant son petit frère Michel par la main. Elle en a assez de toutes ces courses dans les grands magasins.

Joan Phipson, *Une nuit au grand magasin*, trad. Laurence Kiéfé, © Bayard Éditions, 2013.

EXERCICES TRANSVERSAUX

11 **Recopie ces groupes de mots en les remettant dans l'ordre pour former une phrase. Ajoute les majuscules et la ponctuation qui convient.**

a. veut- / elle / que
b. les glaces / à la vanille / adore / j'
c. prend / elle / le bus / travailler / pour aller
d. dans la cour / jouent / de Luc / les neveux
e. se gratta la tête / il réfléchit / et partit

12 **a) Recopie ces phrases. Entoure le sujet.**
b) Souligne en rouge le groupe verbal et en vert le complément de phrase quand il y en a un.

a. Dans deux ans, tu seras étudiante.
b. Je vends une voiture jaune !
c. La campagne s'étend sur des kilomètres.
d. Ils ont envie de voir ce volcan !
e. Mon père ne travaille pas le mercredi.

13 **Souligne les sujets en rouge, les groupes verbaux en bleu et les compléments de phrase en vert.**

a. En haut de la colline, les campeurs observent la montagne.
b. Les oiseaux migrateurs volent vers le sud.
c. Louis, après cinq années de voyage, rentra.
d. Pour apprendre, ils observaient le formateur.
e. Tu fais les courses le matin.

14 **Invente des phrases avec les structures suivantes.**

a. complément de phrase (quand ?) – sujet (pronom) – groupe verbal – complément de phrase (où ?)
b. complément de phrase (comment ?) – sujet (nom propre) – groupe verbal

15 **Lis ce texte, puis réponds aux questions.**

En cette veille de Noël, sur le petit aérodrome de Lognes, près de Paris, règne une agitation inhabituelle.
Malgré l'heure matinale, des dizaines de journalistes se pressent autour d'un vieil avion des années 1930. Le moteur, crachotant et pétaradant, répand dans l'atmosphère un épouvantable nuage d'huile brûlée qui fait tousser l'assistance.
Cette mécanique d'un autre âge appartient au jeune milliardaire Charles Beauchardon.
Sa fortune, il la doit aux millions de bouteilles d'eau vendues chaque jour dans le monde.

Christian Jolibois, *Le Cadeau du désert*, paru aux éditions Milan © Christian Jolibois.

a) Combien ce texte contient-il de phrases ?
b) Relève les sujets des deux premières phrases.
c) Parmi les groupes de mots soulignés, relève uniquement les compléments de phrases. Classe-les dans un tableau selon la question à laquelle ils répondent (où ? quand ? comment ? dans quel but ?).

EXERCICES D'ÉCRITURE

16 **Réponds à ces questions en utilisant des compléments de phrase.**

a. Comment décorez-vous votre sapin ?
b. Pour quelle raison prends-tu des cours de plongée ?
c. Comment vous êtes-vous blessé ?
d. À quel moment dois-je prendre la parole ?
e. Où se déroule cette histoire ?

17 **Observe la photographie. Enrichis ces phrases minimales en ajoutant 2 compléments de phrase.**

Le chien garde le troupeau. Les moutons paissent. L'herbe est verte.

5 Le groupe nominal

Compétences : Identifier le nom noyau, identifier et former un groupe nominal.

Découvrons et manipulons

Quelque part dans la ville de Paris, près des berges de la Seine, au cœur d'une ruelle étroite et sinueuse, se trouve une boutique. Une petite boutique, plutôt décrépite, à la peinture fanée, à l'auvent poussiéreux, aux vitrines sombres et enfumées. Son enseigne porte le mot *Délices*, car c'est une épicerie fine qui propose des aliments rares et exotiques. Rares et exotiques ? Ces mots sont bien faibles pour les décrire. En effet, la boutique appartient à madame Pamplemousse, et cette dame prépare les plus étranges, les plus délectables, les plus époustouflants, les plus exceptionnels délices au monde.

R. Kingfisher, *Madame Pamplemousse et ses Fabuleux Délices*, trad. V. Le Plouhinec, © Éditions Albin Michel, 2012.

1 **Observe les groupes nominaux en rouge et compare-les.**

a) **Sont-ils au masculin ou au féminin ? Qu'est-ce qui te l'indique ?**

b) **Sont-ils au singulier ou au pluriel ? Qu'est-ce qui te l'indique ?**

c) **Quel est le nom noyau ?**

d) **Quel mot apporte des précisions sur le nom noyau ? Quelle est la nature de ce mot ?**

2 **Observe le groupe nominal en vert.**

a) **Est-il au masculin ou au féminin ? Est-il au singulier ou au pluriel ? Qu'est-ce qui te l'indique ?**

b) **Quel est le nom noyau ?**

c) **Quel mot apporte des précisions sur le nom noyau ? Quelle est la nature de ce mot ?**

3 **Relève d'autres groupes nominaux dans le texte. Indique quel est le nom noyau pour chacun.**

MANIPULER

4 **Remets ces mots dans l'ordre pour former des groupes nominaux.**

- touffes | petites | vertes | plusieurs
- miracle | remède | un
- plantes | incroyables | d' | d'Inde
- longue | et | histoire | une | ennuyeuse
- ancien | de | un | magie | livre

MANIPULER

5 **Enrichis ces groupes nominaux en ajoutant des mots qui apportent des précisions sur les noms noyaux.**

une … histoire … → une **petite** histoire **drôle**

la … cachette … – du … pain … – tes … yeux … – mon … ordinateur … – un … magazine … – le … rendez-vous … – un … rêve … – ce … souvenir … – les … nuages … – ton … lit … – mon … chien …

Je retiens

→ Un **groupe nominal** (GN) comporte toujours un **déterminant** et un **nom**.
Le **nom** est le **noyau du groupe nominal**. Dans le GN, le nom est précédé d'un déterminant qui apporte des **renseignements** sur son **genre** et sur son **nombre**.

→ Un **GN** peut s'enrichir d'autres mots qui apportent des **précisions** sur le nom noyau :
- un ou plusieurs adjectifs : une **ruelle** (nom noyau) étroite (adjectif) – une **ruelle** (nom noyau) étroite (adjectif) et sinueuse (adjectif)
- un complément du nom : les **berges** (nom noyau) de la Seine (complément du nom)

→ Il peut y avoir plusieurs groupes nominaux dans une phrase.
Les **clients** (GN) trouvent de délicieux **gâteaux** (GN) dans cette petite **boutique** (GN).

Je m'entraîne

Identifier un groupe nominal et le nom noyau d'un groupe nominal

6 * **Recopie tous les groupes nominaux. Souligne le déterminant et entoure le nom noyau qu'il accompagne.**

a. La balançoire était suspendue à un vieil arbre.
b. Ce célèbre chercheur possède un savoir immense.
c. La météo prévoit de belles éclaircies.
d. Mohamed enfila son nouveau survêtement.
e. Le lièvre s'engouffra dans son terrier caché.

7 ** **Recopie tous les groupes nominaux de ces phrases et souligne les noms noyaux.**

a. Un gigantesque chapiteau a été monté sur la place du village.
b. L'agile et rapide oiseau plonge dans les flots pour attraper une superbe sardine.
c. Mon copain Lucas ne pourra pas nous rejoindre pour voir le match de rugby.
d. L'ombre de ces grands chênes sera parfaite pour notre petite sieste !
e. Range cet affreux désordre rapidement !

8 *** **Relève, dans ce texte, les groupes nominaux et entoure les noms noyaux.**

Un matin d'avril, douze petites poules de la basse-cour de Bois-Renard se livraient à un jeu fort mouvementé. C'étaient de jeunes poules athlétiques, aux longues pattes, sorties de l'œuf depuis peu, et par conséquent libres d'aller où bon leur semblait car elles n'avaient aucune obligation domestique.

Dick King-Smith, *Les Longs-Museaux*, trad. P. de Laubier, © Éditions Gallimard Jeunesse.

Former un groupe nominal

9 * **Complète ces groupes nominaux avec les mots et expressions qui conviennent.**

- une journée – un arbre – un récit – une table – des yeux
- bleus – grand – de printemps – d'aventure – basse

10 ** **Enrichis ces GN en ajoutant des mots qui complètent le nom noyau, comme dans l'exemple.**

une camionnette → une camionnette de livraison

une ... maison – un métier ... – un ... château – un fer ... – des éléphants ... – une planche ... – ton sac ... – un casque ... – une bouteille ... – un ... parc ...

11 *** **Enrichis ces GN en suivant les indications entre parenthèses.**

a. (déterminant) avions (adjectif) (adjectif)
b. (déterminant) (adjectif) jardin
c. (déterminant) chapeau (complément du nom)
d. (déterminant) (adjectif) pommiers (complément du nom)
e. (déterminant) (adjectif) livre (complément du nom)

J'écris – Je m'exprime

ORAL

12 **Utilise chacun de ces groupes nominaux pour former une phrase.**

- une petite robe à pois
- un bandit furieux
- un épouvantable malentendu

13 ** **Choisis un mot dans chaque colonne pour créer des GN. Attention aux accords ! Forme ensuite 4 phrases avec les GN que tu as créés.**

certaines	consignes	petite
des	voitures	claires
une	angine	récentes
ton	frère	grand

À toi de jouer

Remets ces étiquettes dans l'ordre et forme au moins 4 GN différents.

UN ET SIROP
DE DE CASSIS
FRAISE DE
JUS GRAND

Autodictée

Les gradins, vides jusqu'alors, se remplissent rapidement de joyeux jeunes gens. Les couleurs vives des deux équipes rivales sont largement représentées. L'arbitre siffle le début de la rencontre tant attendue.

6 Les déterminants

Compétences : Identifier et utiliser correctement les déterminants.

Découvrons et manipulons

Alors que je me promenais dans la forêt, je découvris une empreinte... Plus petit, j'avais passé des vacances entières, guidé par ma grand-mère, à observer divers indices révélant la présence d'animaux. Je savais donc que je me trouvais sur le territoire d'un loup. Les loups vivants en groupe, j'étais certain que ces traces me mèneraient à la meute. Je suivais sa piste depuis quelques heures maintenant et les empreintes s'étaient multipliées. Soudain je retins mon souffle car j'entendis un bruissement tout près de moi : l'animal surgit alors.

1 a) Observe les mots en rouge. Devant quels mots sont-ils placés ?
b) Quelle est leur nature ?

2 a) Observe les mots en vert. Devant quels mots sont-ils placés ?
b) Quelle est leur nature ?
c) Quelle précision apportent-ils ?

3 a) Observe le mot en bleu. Devant quel mot est-il placé ?
b) Quelle est sa nature ?
c) Quelle précision apporte-t-il ?

4 a) Trouve, dans le texte, d'autres déterminants.
b) Quels autres déterminants connais-tu ?

MANIPULER

5 Trouve le déterminant dans chaque phrase. Indique quelle précision il apporte.
- Écoute l'oiseau.
- Écoute un oiseau.
- Écoute cet oiseau.
- Écoute mon oiseau.

MANIPULER

6 Trouve 2 déterminants qui conviennent pour compléter chaque phrase.
- Elle range ... couteaux.
- ... message est codé.
- Je m'assois sur ... lit.
- Tu racontes ... histoire.
- On écoutera ... émissions à la radio.

MANIPULER

7 Complète chaque phrase avec le déterminant qui convient, comme dans l'exemple.
Il remplit **sa** tirelire.
Je remplis ... tirelire. – Tu remplis ... tirelire. – Nous remplissons ... tirelire. – Vous remplissez ... tirelire. – Elles remplissent ... tirelire.

Je retiens

→ Les **déterminants** sont des mots **placés devant un nom**. Ils apportent une précision sur le nom et font partie du groupe nominal.
les empreintes – **la** trajectoire – **ces** coulées – **sa** patte

Attention ! *un adjectif peut s'intercaler entre le nom et son déterminant.*

les (déterminant) nouvelles (adjectif) empreintes (nom)

→ Les noms **s'accordent en genre et en nombre** avec leur déterminant.
la trajectoire (féminin – singulier) — **le** passage (masculin – singulier)
ses coulées (féminin – pluriel) — **nos** sentiers (masculin – pluriel)

→ Les déterminants se répartissent en plusieurs catégories:

Singulier	le, la, l', au, du	un, une	du, de la, d'	mon, ton, son, ma, ta, sa, notre, votre, leur	ce, cet, cette	quel, quelle	aucun, chaque...
Pluriel	les, aux	des		mes, tes, ses, nos, vos, leurs	ces	quels, quelles	quelques, plusieurs...

Je m'entraîne

Identifier les déterminants

8 * **Recopie ces phrases et souligne les déterminants.**

a. Cette rue est empruntée par des écoliers.
b. La bibliothèque ferme bientôt ses portes.
c. Il y a quelques billes dans nos sacs.
d. Plusieurs machines, éclairées par des lampes vertes, se dressaient dans cette pièce sombre.
e. Attention, votre lacet est défait !

9 ** **Recopie ce texte et entoure les déterminants.**

Lorsque je suis entrée dans ce magasin, je n'en ai pas cru mes yeux : des objets incroyables remplissaient tout l'espace. Il y avait des sucettes multicolores sur les murs, des balles de toutes les tailles sur le sol, de grandes guirlandes recouvraient le plafond et quelques oiseaux volaient joyeusement.

10 ** **Recopie les déterminants soulignés et définis-les, comme dans l'exemple.**

la → féminin, singulier

a. Cette porte mène aux cuisines du château.
b. Il a oublié ses crayons dans la cour.
c. Dans cet espace, ils joueront avec leurs billes.
d. Quelques écoliers rangeaient leurs affaires.
e. Les rideaux du théâtre se ferment.

11 *** **Reproduis ce tableau et classe les déterminants du texte dans les cases qui conviennent.**

	Singulier	Pluriel
Féminin		
Masculin		

« Cet enfant appartient à la mer, dit-elle. Si nous ne lui rendons pas, sa colère sera terrible ! » [...] Le grondement des vagues résonnait jusque dans la pièce. Le toit de la maison gémissait sous les bourrasques, et par endroits, se soulevait comme une boîte prête à s'ouvrir. Quelques villageois commencèrent à prendre peur. Ils se rapprochèrent des murs afin de s'y agripper si, par malheur, la tornade tentait de les emporter.

Christian Lamblin, *L'Enfant naufragé*,
© Éditions Sed, 2001.

Bien utiliser les déterminants

12 * **Recopie et complète ces phrases avec ces déterminants : leur, sa, ses, vos, leurs.**

a. Arthur et Olivia cajolent ... chats.
b. Louis range ... pièces dans ... tirelire.
c. « Enfilez vite ... chaussettes ! » crie Papa.
d. Ils ont raté ... train !

13 ** **Recopie et complète ce texte avec des déterminants qui conviennent.**

... matin-là, je m'ennuyais. Je regardais par ... fenêtre ... pluie tomber. ... frère jouait avec ... constructions dans ... chambre. Je pris un livre dans ... bibliothèque. Je lus ... pages, mais ... histoire ne me passionnait pas. Je décidai alors d'appeler ... meilleure copine.

14 *** **Recopie ces phrases et souligne le, la, les seulement lorsque ce sont des déterminants.**

a. Marco acheta des fraises et les rangea vite.
b. Les nuages cachent le soleil, je ne le vois plus...
c. Il le raccompagnera chez lui.
d. La jument gambade, et le poulain la suit.

J'écris – Je m'exprime

ORAL

15 **Lis ces noms à voix haute avec un déterminant qui convient.**

ruisseaux • terre • arbre • plantes • eau • herbes • vents • soleil • pluies • arcs-en-ciel • caillou

16 ** **Écris 3 phrases pour dire ce que tu vois autour de toi, en classe. Souligne les déterminants.**

À toi de jouer

Quel déterminant se cache derrière ce rébus ? Utilise ce déterminant pour écrire une phrase.

Autodictée

Mon père me raconte souvent ses souvenirs d'enfance. Il vivait avec ses six frères à la campagne. Ils passaient plusieurs jours à construire de grandes cabanes en bois.

7 L'adjectif

Compétences : Identifier les adjectifs et les utiliser.

Découvrons et manipulons

Et en effet, sur la planète du Petit Prince, il y avait comme sur toutes les planètes, de bonnes herbes et de mauvaises herbes. Par conséquent de bonnes graines de bonnes herbes et de mauvaises graines de mauvaises herbes. Mais les graines sont invisibles. Elles dorment dans le secret de la terre jusqu'à ce qu'il prenne fantaisie à l'une d'elle de se réveiller. Alors elle s'étire, et pousse d'abord timidement vers le soleil une ravissante petite brindille inoffensive. S'il s'agit d'une brindille de radis ou de rosier, on peut la laisser pousser comme elle veut.

Antoine de Saint-Exupéry,
Le Petit Prince, © Éditions Gallimard.

1 a) Repère les mots en rouge. Sont-ils au masculin ou au féminin ? Sont-ils au singulier ou au pluriel ? Comment le sais-tu ?
b) Sur quels mots apportent-ils une précision ? Quelle est la nature de ces mots ?
c) Où les mots en rouge sont-ils placés par rapport à ces mots ?

2 a) Observe la phrase en vert. Repère l'adjectif. Donne son genre et son nombre.
b) Sur quel mot apporte-t-il une précision ?
c) Quelle est la nature du mot qui les sépare ?

MANIPULER
3 Propose des adjectifs pour compléter ces groupes nominaux.
- un immeuble
- quelques feuilles
- une course
- plusieurs personnes
- un bruit
- des insectes
- cette carafe
- le début

MANIPULER
4 Associe les adjectifs aux groupes nominaux. Attention aux accords !

envahissantes •	• des avions
rapides •	• un homme
impressionnant •	• une femme
pressée •	• ces plantes
vieil •	• un citron

Je retiens

→ **L'adjectif** est un mot qui apporte des précisions sur un nom ou sur un pronom sujet. Il le **précise** ou le **décrit** :

Il plante une **bonne** graine. – Cette graine est **bonne**. – Elle est **bonne**.
(bonne : adjectif ; graine : nom) (graine : nom ; bonne : adjectif) (Elle : pronom ; bonne : adjectif)

→ L'adjectif peut être placé **dans le groupe nominal**, **avant** le nom et/ou **après** le nom :
une **mauvaise** graine – une graine **terrible** – une **petite** brindille **inoffensive**

→ L'adjectif peut être placé **après un verbe** comme **être, paraître*, sembler, devenir**...
Les graines sont **invisibles**.

→ L'adjectif **s'accorde en genre et en nombre** avec **le nom** ou **le pronom** sujet qu'il précise :
un **petit** jardin – une **petite** brindille – de **petits** jardins – de **petites** brindilles
(masculin – singulier) (féminin – singulier) (masculin – pluriel) (féminin – pluriel)

Ce jardin / (Il) est **petit**. – Cette brindille / (Elle) est **petite**.

Je m'entraîne

Identifier les adjectifs

5 * **Barre l'intrus dans chaque liste.**
- perdue – vivant – enfantin – gentiment – vieux
- chimique – boire – fabuleuse – maléfique – malade
- éveillé – évidente – juteux – pour – nacrée
- pacte – granuleux – blanc – périmé – déchirante
- ouverte – ils – dur – biscornue – aimable

6 ** **Recopie ces phrases. Entoure les adjectifs et souligne les noms qu'ils précisent.**

a. Je m'étends dans la paille jaune et fraîche*.
b. La cave était sombre et voûtée*.
c. Son visage semblait différent.
d. T'ai-je déjà raconté ma première victoire ?
e. Isabelle signa les documents d'une main sûre*.

7 *** **Recopie ce texte. Souligne les adjectifs et entoure les noms qu'ils complètent.**

Un forgeron a un fils unique, un adolescent vigoureux, toujours de bonne humeur. Mais voilà que le garçon tombe malade d'un mal mystérieux. Il en paraît jaune et ridé, et malgré un fort bel appétit, il en garde le lit. Aucun docteur ne parvient à résoudre ce cas grave.

G. Douglas, *Histoires d'arts et métiers*, trad. Marilyn Plénard, © Flies France.

Utiliser et accorder les adjectifs

8 * **Place ces adjectifs au bon endroit.**

les herbes (vertes – hautes) → les hautes herbes vertes.

a. notre corps (musclé – grand)
b. cette histoire (nouvelle – intéressante)
c. des bâtons (courts – fourchus)
d. une année (dernière – longue)
e. des idées (passionnantes – bonnes)

9 ** **Accorde l'adjectif entre parenthèses avec le nom qu'il précise.**

a. Les jeunes filles sont (content) de se revoir.
b. J'adore les (beau) sapins (festif).
c. Tu reçois de (bon) et (heureux) nouvelles.
d. Nous serons (fatigué) demain.
e. La boulangère (ravi) tend de (gros) brioches.

10 ** **Complète chaque phrase avec un adjectif de ton choix. Attention aux accords !**

a. Inès attrapa son ... carnet ... .
b. Jules et ses ... copains jouaient à un jeu ... .
c. Fatima gagna un ... vélo ; elle était vraiment ... .
d. L'eau du lac paraissait ... et ... .
e. Tout à coup, j'aperçus trois ... silhouettes ... .

J'écris – Je m'exprime

ORAL

11 **Fais 5 phrases comportant chacune 2 adjectifs pour décrire cette photo.**

12 ** **Trouve l'adjectif qui appartient à la même famille que ces noms, puis forme une phrase avec chacun d'eux.**

la blancheur – la solidité – le silence – l'ordre – la nouveauté

13 ** **Imagine le pays de tes rêves. Écris 5 phrases pour le présenter en utilisant des adjectifs.**

Dans le pays de mes rêves, il y aurait...

À toi de jouer

Retrouve 10 adjectifs dans cette grille.

B	O	I	V	S	O	M	B	R	E
L	A	F	N	O	U	V	E	A	U
A	J	O	L	I	R	E	O	D	L
N	P	R	E	M	I	E	R	O	O
C	I	T	B	L	E	U	P	U	N
H	E	U	R	E	U	S	E	X	G

Autodictée

Quelques majestueuses antilopes se tiennent sur leurs pattes élancées, à l'écoute du moindre bruit. Leurs grands yeux doux scrutent la savane, et leurs longues cornes dessinent de fines lignes dans ce ciel d'un bleu profond.

8 Le participe passé

Compétences : Identifier et former le participe passé d'un verbe.

Découvrons et manipulons

Alors que je virais vers la tour, j'ai été pris dans une violente bourrasque qui m'a déstabilisé, et je suis parti en vrille. J'ai atterri durement sur les pavés d'une petite ruelle mal éclairée. Quand j'ai repris connaissance, j'ai vu autour de moi des dizaines de paires d'yeux lumineux qui m'observaient depuis tous les recoins les plus sombres.

Carmen Agra Deedy, Randall Wright,
Le Chat qui ne mangeait pas de souris,
trad. Marie Hermet, © Éditions Flammarion Jeunesse.

1 a) Observe les verbes en bleu. À quel temps sont-ils conjugués ? Nomme les 2 mots qui servent à former ce temps.
b) Observe les parties soulignées de ces verbes. Quelle est leur terminaison ?
c) Quels sont les infinitifs de ces verbes ?

2 a) Observe le verbe en rouge. À quel temps est-il conjugué ? Avec quel auxiliaire est-il conjugué ?
b) Conjugue-le en utilisant le pronom « elle ». Que remarques-tu ?

3 a) Observe le participe passé en vert. Sur quel nom apporte-t-il une précision ?
b) Est-il accompagné d'un auxiliaire ?

MANIPULER
4 Trouve les participes passés de ces verbes et classe-les dans le tableau en fonction de leur terminaison.

-é	-i	-u	-s	-t

dire – vouloir – compter – faire – courir – suivre – connaître* – ouvrir – fendre – permettre

MANIPULER
5 Conjugue ces verbes en utilisant l'auxiliaire être comme dans l'exemple. Épelle* la terminaison des participes passés.

Prendre : **il** est pri**s** → **elle** est pri**se**

- tomber
- dire
- asseoir
- faire
- fleurir
- apprendre
- partir
- écrire
- lire

Je retiens

→ Chaque verbe possède **un participe passé**. Le participe passé se termine :
– en **-é** pour les verbes qui se terminent par **-er** à l'infinitif : **oublier** → oubli**é**
– en **-i** pour les verbes qui se terminent par **-ir** à l'infinitif : **partir** → parti – **atterrir** → atterri
– en **-u** pour des verbes qui se terminent par **-dre** à l'infinitif : **vendre** → vend**u**
– en **-u**, **-s** ou **-t** pour les autres verbes : **voir** → vu – **venir** → ven**u** – **prendre** → pri**s** – **écrire** → écri**t**

→ Le participe passé du verbe **être** est été ; le participe passé du verbe **avoir** est eu.

→ Pour trouver le participe passé d'un verbe, on place devant celui-ci « **Il/Elle a été**... ».
prendre → Il a **pris**. – Elle a été **prise**   **faire** → Il a **fait**. – Elle a été **faite**.

→ Le participe passé d'un verbe s'utilise dans la **conjugaison des temps composés** :

j'ai **repris** connaissance	j'ai **vu**	j'avais **oublié**	il/elle est **parti/e**
auxiliaire **avoir** – participe passé	auxiliaire **avoir** – participe passé	auxiliaire **avoir** – participe passé	auxiliaire **être** – participe passé

→ Quand il est utilisé avec l'auxiliaire **être**, **le participe passé s'accorde avec le sujet**.
Il est parti. Elle est parti**e**. Ils sont parti**s**. Elles sont parti**es**.

→ Le participe passé d'un verbe peut également s'utiliser **comme un adjectif**. Il s'accorde alors avec le nom qu'il précise : une ruelle éclair**ée** – un bureau éclair**é** – des scènes éclair**ées**

Je m'entraîne

Identifier et former les participes passés

6 * **Recopie ces phrases, souligne les participes passés et donne les infinitifs de ces verbes.**

a. Nous avons trouvé beaucoup d'erreurs.
b. Vous êtes descendus trop tôt.
c. Il a pris sa décision.
d. Nous avons réagi à temps.
e. J'ai bien réfléchi à votre proposition.

7 * **Recopie ces phrases. Entoure chaque participe passé employé comme adjectif et souligne le nom qu'il précise.**

a. Le petit chiot perdu tourne en rond.
b. Ajoutez le beurre fondu aux gâteaux émiettés.
c. Cette branche cassée nous empêche de passer.
d. Ta réaction attristée surprend tout le monde.
e. La lettre tant attendue est enfin là !

8 ** **Recopie ces phrases. Souligne les participes passés en vert lorsqu'ils sont utilisés avec un auxiliaire, en rouge quand ils sont employés comme adjectifs.**

a. Il prend le raccourci pour arriver moins essoufflé.
b. J'irai au marché car il est ouvert aujourd'hui.
c. Inspirée, j'ai eu une idée !
d. Ta lettre bien rédigée a été postée hier.
e. Les enfants réunis au fond du jardin ont cherché les œufs !

Utiliser et accorder les participes passés

9 * **Recopie ces phrases et complète-les avec le participe passé des verbes entre parenthèses. Attention aux accords !**

a. Voici la pile des livres (lire).
b. Oscar a bien (comprendre) la leçon.
c. Leurs visages sont (fermer) et tristes.
d. Humm ! Ça sent bon l'herbe (tondre).
e. Les pages sont (jaunir).

10 ** **Recopie et complète ces phrases avec les participes passés des verbes entre parenthèses. Attention aux accords !**

a. Les tulipes ont (faner) très vite.
b. Nous avions (laisser) la porte ouverte.
c. Elles sont (revenir) directement.
d. J'ai (croire) que je m'étais (perdre) !
e. Pourquoi avez-vous (crier) ainsi ?

11 *** **Recopie ces phrases et complète-les avec le participe passé des verbes entre parenthèses. Attention aux accords !**

a. J'ai (voir) Julia là-bas, (étendre) près du lac.
b. Il a (jeter) la bûche*(fendre) sur le tas de bois.
c. Le dîner* est (servir) sur une table (préparer) avec soin.
d. Adèle a (passer) une semaine difficile, elle a beaucoup (souffrir) de sa jambe (casser).
e. Léo, (déguiser) en corsaire, s'avance, (concentrer).

J'écris – Je m'exprime

ORAL
12 **Raconte ce que tu as fait avec tes camarades pendant la récréation.**

13 ** **Écris 5 à 10 phrases pour raconter ce qui s'est passé.**

À toi de jouer

Trouve 7 intrus parmi ces participes passés.

APPELÉ	JOUÉ	TORDU	CUIT
FOURMI	VELU	TÂTÉ	SOURIS
PARI	MATINÉE	MENU	TENU
RENDU	AMBIGU	ÉTÉ	FOURNI

Autodictée

Un jour, nous avons perdu notre chien. La dernière fois que nous l'avions vu, il était près du jardin. Nous l'avons cherché partout. J'ai crié, appelé, sifflé, mais il ne revenait pas. Quand, soudain, il est réapparu en courant, nous l'avons couvert de caresses !

9 Les pronoms sujets

Compétences : Identifier et utiliser les pronoms sujets.

Découvrons et manipulons

Charles n'en revient pas. Sa « cabine » mesure 11 pieds* de large, mais elle est encombrée de placards et d'étagères avec une grande table qui occupe pratiquement tout l'espace restant. Il a juste la place d'en faire le tour.

– Mais, il n'y a pas de lit !

John Wickham éclate de rire et montre une toile pendue au mur :

– Si, le voici, c'est votre hamac ! Et à côté, celui de votre compagnon de cabine, M. John Stokes, l'aide-géomètre.

– Pourrais-je m'installer ici pour mes observations au microscope ?

Jean-Baptiste de Panafieu, *Sur les traces de Charles Darwin*, © Éditions Gallimard Jeunesse, 2004.

* ancienne mesure équivalant à 30 cm environ.

1 **Observe les mots en rouge.**
a) **Quels noms remplacent-ils ?**
b) **De quel genre sont ces mots ?**

2 **a)** **Lis la phrase en vert. Qui parle ?**
b) **Qui le pronom sujet « je » désigne-t-il ?**
c) **De quel verbe est-il le sujet ?**

MANIPULER

3 **Remplace le groupe nominal souligné par le pronom sujet qui convient. Explique ton choix.**
Les fleurs poussent. – Sonia et toi êtes amies. – Les caméléons changent de couleur. – Ernest et moi sommes en retard. – La montagne est haute. – Le lion et le tigre sont des fauves. – Le jardinier plante des choux. – La poire et la fraise vont bien ensemble. – Le crayon et la gomme sont rangés.

Je retiens

→ Les **pronoms sujets** sont : je/j' – tu – il/elle/on – nous – vous – ils/elles

je/j'	1re personne du singulier	désigne la personne qui parle
tu	2e personne du singulier	désigne la personne à qui on parle
il/elle/on	3e personne du singulier	désigne la personne, la chose dont on parle
nous	1re personne du pluriel	désigne les personnes qui parlent
vous	2e personne du pluriel	désigne les personnes à qui on parle
ils/elles	3e personne du pluriel	désigne les personnes, les choses dont on parle

Les pronoms sujets servent à remplacer des personnes de **même genre** et de **même nombre**.
Le ballon rebondit. → **Il** rebondit. **La** balle rebondit. → **Elle** rebondit.
Les sportif**s** s'entraînent*. → **Ils** s'entraînent*. **Les** sport**ives** s'entraînent*. → **Elles** s'entraînent*.

→ **Ils** peut désigner plusieurs personnes ou choses du genre masculin, ou inclure une ou plusieurs personnes ou choses du genre féminin. **La cabine et le lit** sont petits. → **Ils** sont petits.

→ Dans le langage familier, **on** signifie « nous ». Mais le verbe a toujours la même terminaison qu'avec **il** ou **elle**. **On** naviguera près des côtes d'Amérique du Sud.

→ **Vous** permet de s'adresser à plusieurs personnes en même temps. **Ta sœur et toi, vous** irez à la plage.

→ **Vous** peut être utilisé comme **marque de politesse** lorsqu'on s'adresse à une personne que l'on ne connaît* pas ou à qui l'on veut témoigner du respect. « **Vous** le savez » dit le lieutenant à Charles.

Je m'entraîne

Identifier les pronoms sujets.

4 * **Recopie ces phrases et entoure les pronoms sujets.**

a. Votre plat est froid, mais vous le mangez.
b. Tu la tenais dans tes bras.
c. Où te caches-tu ?
d. Elles ne s'envoleront pas.
e. Seules les tulipes illuminent le jardin ; il semble encore bien endormi.

5 ** **Recopie ces phrases et entoure les pronoms sujets. Indique le nom ou groupe nominal qu'ils remplacent.**

a. Les gens se précipitent, mais ils ne font pas attention aux autres.
b. La ceinture de Carla est cassée ; elle ne retient plus son pantalon.
c. Tristan et sa mère se taquinent, mais ils s'adorent !
d. Les serveuses regardent la salle vide ; elle se remplit petit à petit.
e. Nicolas et Aïssa nous prêtent leurs jeux, mais ils sont tout de même inquiets.

6 *** **Recopie ces phrases et entoure les pronoms sujets.**

a. Hier, il vous a rendu vos affaires.
b. Vous les aviez oubliées.
c. Si Pauline est là, elle nous recevra.
d. Nous vous appelons, mais vous ne nous entendez pas.
e. Vous nous prévenez du danger.

Utiliser les pronoms sujets.

7 * **Propose les pronoms sujets qui conviennent pour remplacer ces noms ou GN.**

les girafes, le gnou et les hippopotames – Lou et moi – les enfants de CM2 – Max et toi – Anna et ses sœurs

8 * **Recopie ces phrases en remplaçant les noms ou GN soulignés par des pronoms sujets.**

a. Hier, Juliette et Sarah sont allées au cinéma.
b. Au fond de la cour, garçons et filles l'attendent.
c. Les automobilistes commencent à s'énerver.
d. Anny peint un superbe paysage sur sa toile.
e. Une seule personne veut prendre la parole.

9 ** **Réécris ces phrases en remplaçant les sujets soulignés par des pronoms sujets qui conviennent.**

a. Quel capharnaüm ici ! Elsa et toi devez ranger cette chambre avant mon retour !
b. Sur les toits, les cheminées se dressent.
c. La famille des coléoptères regroupe de nombreuses espèces d'insectes.
d. Lucile et son cousin partiront en colonie.
e. Mon cahier d'exercices est fini.

J'écris – Je m'exprime

ORAL

10 **Constitue un trinôme avec 2 autres camarades. Invente une phrase qui commence par Je et dis-la à l'un(e) des 2. Il (Elle) doit redire cette phrase en utilisant le pronom sujet suivant. Ensuite c'est à l'autre camarade, et ainsi de suite.**

Je m'endors en écoutant de la musique.
Tu t'endors en...

11 * **Ouvre le dictionnaire 6 fois de suite. Écris le premier verbe que tu vois à chaque fois, puis écris 6 phrases avec chacun de ces verbes et 6 pronoms sujets différents.**

À toi de jouer

Qui va manger de la tarte ? Trouve un chemin qui forme la chaîne* des pronoms sujets dans l'ordre (je ou j' – tu – il ou elle ou on – nous – vous – ils ou elles).

je	je	on	vous
je	Tu	elles	tu
j'	Il	nous	je
je	on	vous	ils
je	nous	elle	nous

Autodictée

Je suis très impatiente, car mon petit frère et moi prenons le train ce matin pour partir en colonie de vacances. Mes parents nous accompagnent à la gare.

10 Les pronoms de reprise

Compétences : Identifier et distinguer les pronoms de reprise des pronoms sujets et des déterminants. Utiliser les pronoms de reprise.

Découvrons et manipulons

– Scarlett, tu te sens bien ? me demande Maman.
Je réponds « oui » d'un signe de tête et j'entreprends de monter la gare qui va avec le rail. L'inquiétude me tenaille.
Nous mangeons des œufs avec des fèves et Maman nous prépare un crumble aux prunes.
Je déteste les fèves mais je les mange.
Après dîner, je donne son bain à Syd. Il me décore d'une moustache et d'une barbe en mousse. Je l'aide même à mettre son pyjama.
À l'heure du coucher, une fois Syd dans son lit, Maman vient vers le mien et me redemande :
– Tu es sûre que tu vas bien ?

Fleur Hitchcock, *Scarlett mène l'enquête*, trad. C. Guillet, © Éditions Flammarion Jeunesse.

1 **Lis la phrase en rouge. a) Par quel groupe nominal peux-tu remplacer le mot souligné ?**
b) Transforme cette phrase en remplaçant « les fèves » par « le chocolat ».
c) Remplace maintenant « les fèves » par « la confiture ». Que remarques-tu ?

2 **Repère les mots en bleu. Quels noms ou groupes nominaux remplacent-ils ?**

3 **Repère les pronoms en vert.**
a) Quels noms remplacent-ils ?
b) Lequel est un pronom sujet ?

MANIPULER

4 **Transforme ces phrases en remplaçant les GN en gras par des pronoms.**
- J'entends **le train**.
- Thomas fait **son lit**.
- Il range **sa chambre**.
- Je prends **mon vélo**.
- Je suis en colère contre **mon petit frère**.

MANIPULER

5 **Transforme ces phrases en remplaçant les GN en gras par des pronoms.**
- Ton cours de piano est annulé, mais **mon cours** est seulement reporté.
- Ses mains sont sales et **tes mains** aussi.
- Je vous prête mes gants, si vous me prêtez **vos gants**.

Je retiens

→ Un **pronom de reprise remplace un nom** ou un **GN**. Il permet **d'éviter les répétitions**.
Je déteste les fèves mais je mange **les fèves**. → Je déteste les fèves mais je **les** mange.
Le pronom de reprise doit avoir le **même genre** et le **même nombre** que le nom ou le GN qu'il remplace. Je déteste **la confiture** mais je **la** mange. – Je déteste **le chocolat** mais je **le** mange.

→ Voici quelques pronoms :

Singulier	me, m', moi, te, t', toi, y, en, lui, le, la, l'	le mien, le tien, la sienne, le nôtre, le vôtre, la leur...	celui, celui-ci, celle-là, ce, ceci, cela, ça...
Pluriel	leur, eux, les, nous, vous,	les miennes, les tiens, les siennes, les nôtres, les vôtres, les leurs...	ceux, ceux-là, celles-ci, celles-là...

Attention ! *il ne faut pas confondre les pronoms* ***le, la, l', les*** *avec les déterminants* ***le, la, l', les****.*
Un déterminant est placé devant un nom alors qu'un ***pronom est placé devant un verbe****.*

Je déteste **les** fèves. – Je **les** déteste.
déterminant-nom pronom-verbe

Je m'entraîne

Identifier les pronoms et les distinguer des déterminants

6 * **Recopie ces phrases. Entoure les pronoms de reprise et souligne le nom ou le GN qu'ils remplacent.**

a. Carlos et Jen partent ce soir ; nous les réinviterons.
b. Le train est parti ; nous l'avons raté.
c. Paco appelle Léa pour lui parler.
d. Le pêcheur a pris une carpe ; celle-ci se débat.
e. Boris cherche son écharpe, je l'aide.

7 ** **Recopie ces phrases. Entoure les pronoms de reprise en bleu et les déterminants en rouge.**

a. La biquette la suit partout.
b. L'éléphant n'aime pas qu'on l'arrose.
c. Les pompiers les sauvent des flammes.
d. Hier, le copain de Luc n'est pas venu le voir.
e. Ne les crois pas, ces garçons mentent !

8 ** **Recopie ces phrases. Entoure les pronoms de reprise et souligne les pronoms sujets.**

a. Elle nous aime bien.
b. Vous leur avez beaucoup manqué !
c. Je vous assure qu'ils vont vous surprendre !
d. Cette histoire ? J'y pense de temps en temps…

9 *** **Recopie le texte. Souligne en bleu les déterminants, en rouge les pronoms sujets et en vert les autres pronoms. Pour chaque pronom, indique quel nom ou quel GN il remplace.**

Les hommes du xve siècle observent les vents et les courants, les répertorient, leur donnent des noms, mais ils ne peuvent ni les comprendre ni les prévoir. Car, s'ils savent que la Terre est ronde, ils ignorent qu'elle tourne.

Sophie Lamoureux,
Les Grandes Découvertes à petits pas,
© Actes Sud Junior.

Utiliser les pronoms de reprise

10 * **Place les pronoms de reprise proposés dans les bonnes phrases.**

le tien – le leur – celui-ci – le vôtre – celles-là – nous

a. Votre bateau est très beau, mais je préfère … .
b. J'ai perdu mon carnet ; tu me prêtes … ?
c. Si ce parc est fermé, … ne le sera peut-être pas.
d. Elle aime ces fleurs ; nous pourrions lui offrir … .
e. Mon anniversaire est demain ; quand fêtez-vous … ?

11 ** **Recopie ces phrases en remplaçant les noms ou GN soulignés par des pronoms.**

a. Tu parles de ton voyage à tes parents.
b. Elles préparent les gâteaux pour la grand-mère.
c. Danny offre un cadeau à son amie.
d. Tu prends ta trottinette et je prends ma trottinette.
e. Je préfère cette couleur-là à cette couleur-ci.

J'écris – Je m'exprime

12 ORAL **Fais deviner à un(e) camarade un objet auquel tu penses en remplaçant son nom par un pronom.**

Je peux le prendre dans ma main, je l'utilise pour écrire, je peux le tailler…

13 * **Écris 5 phrases avec ces pronoms. Remplace-les ensuite par des noms ou des GN.**

la – le – lui – nous – me

14 ** **Écris 5 phrases avec ces pronoms. Remplace-les ensuite par des noms ou des GN.**

la sienne – les tiens – ceux-là – leur – eux

À toi de jouer

Combien de pronoms se cachent dans cette grille ? Tu peux les lire à la verticale, à l'horizontale, et en diagonale !

A	L	S	E	U	X	T	R	T	L
L	I	U	R	L	U	I	M	O	I
M	O	P	I	A	E	E	I	I	X
E	L	E	U	R	V	N	X	C	Y

Autodictée

Mon cheval est prêt. Je peux le monter. Maud me prête sa bombe car j'ai oublié la mienne. Je la remercie et, enfin, je pars en balade. Cela fait longtemps que j'attendais ce moment ; je vais l'apprécier !

11 Le complément du nom

Compétences : Identifier et utiliser le complément du nom.

Découvrons et manipulons

Des bruits de pas résonnent sur le chemin. D'après leur lourdeur, ce doit être un adulte. Ah oui ! C'est le père de Minjun. Il porte sa tenue de randonneur, un sac sur les épaules. Comme aujourd'hui nous sommes dimanche, il doit rentrer d'une excursion en montagne.
– Tiens ? Qu'est-ce que c'est ?
Au moment de franchir le portail, le père de Minjun s'arrête net devant la boîte aux lettres. Il vient de remarquer quelques mots maladroitement écrits sur le couvercle en fer-blanc.

Kim Jin-kyeong, *L'École des chats*,
trad. L.Yeong-hee et F. Nagel, © Philippe Picquier Éditeur.

1 Observe le groupe nominal en rouge.
a) Quel est le nom noyau ?
b) Quel nom donne une précision sur le nom noyau.
c) Par quel petit mot est-il précédé ?

2 Observe les groupes nominaux en bleu.
a) Indique quels sont les noms noyaux et les compléments du nom.
b) Par quel petit mot sont-ils reliés ?

MANIPULER
3 Prends un mot dans chaque colonne et forme des GN avec des compléments du nom.

• un pantalon	• en	• gants
• une boîte*	• de	• bois
• un tissu	• à	• rayures
• une table	• sans	• fer
• un morceau	• avec	• revers

MANIPULER
4 Associe un nom noyau et un verbe à l'infinitif pour former un groupe nominal.

un art de •	• langer
une table à •	• tricoter
une salle à •	• jouer
une carte à •	• manger
une aiguille à •	• sauter
une corde à •	• vivre

Je retiens

➜ Le nom noyau (ou le groupe nominal) peut être **complété et précisé par un nom** ou par un autre groupe nominal. C'est un **complément du nom**.
des bruits (nom noyau) **de pas** (complément du nom)

➜ Le **complément du nom** est, le plus souvent, relié au nom noyau par **un mot invariable** :
à – aux – de – du – d' – en – pour – avec – sans – par – sur – devant...
le père **de** Minjun – une excursion **en** montagne – la boîte* **aux** lettres – le couvercle **en** fer-blanc
Le complément du nom **ne s'accorde** ni en genre ni en nombre, avec le nom qu'il accompagne.
une tenue **de randonneur** ➜ des tenues **de randonneur**

Attention ! *certains compléments du nom peuvent être construits sans mot de liaison :*
la tour (nom noyau) **Eiffel** (complément du nom)

Vers la 6e : *Un complément du nom peut aussi être un verbe à l'infinitif ou un mot invariable.*
une carte **à jouer** – une histoire **d'aujourd'hui**

Je m'entraîne

Identifier les compléments du verbe

5 * **Recopie les compléments du verbe. Donne leur nature.**
a. Les éoliennes fournissent de l'énergie.
b. La météo prévoit de la pluie et des orages.
c. Julie parle à Farid.
d. Son chien la regarde tristement.
e. Le chauffeur du car réfléchit au trajet.
f. Les visiteurs observent les tableaux.

6 ** **Souligne les compléments du verbe. Entoure les mots invariables qui les introduisent quand il y en a.**
a. Hier, Nikos a écrit une lettre à son ami.
b. Nous voulons te rendre tes affaires demain.
c. Le skieur en jaune a gagné la course.
d. Ils connaissent une jolie rivière, près du chemin.
e. Le chercheur nous parle de ses expériences.
f. Léonie envoie un message à son amie.

7 *** **Recopie ce texte et souligne les compléments du verbe.**
Pendant la nuit, le renard a escaladé le mur du poulailler. Il y est descendu par le toit, puis il a repéré les œufs. Il a soulevé délicatement la paille avec ses pattes. Il a attrapé trois œufs, il a mangé deux d'entre eux. Dans sa précipitation, il a laissé tomber le dernier sur le sol. Il n'aura pas celui-ci !

Utiliser les compléments du verbe

8 * **Ajoute un complément du verbe.**
a. Les médecins soignent … .
b. À 8 heures, le musée ouvre … .
c. Tu as nettoyé … .
d. Le mécanicien répare … .
e. Les chanteurs commencent … .
f. Les pompiers ont éteint … .

9 ** **Remplace les pronoms compléments du verbe par des groupes nominaux.**
a. Il la mange.
b. Leila les regarde.
c. Nos parents les aiment.
d. Les filles y travaillent.
e. Les organisateurs l'applaudissent.
f. Ma grand-mère en parlait souvent.

10 *** **Identifie les compléments du verbe. Remplace-les par un pronom.**
L'homme guette les animaux. → L'homme les guette.
a. Elle arrose les plantes de son voisin.
b. Les marchands vendent des fruits aux touristes.
c. Chaque matin, l'agriculteur sème des graines.
d. La factrice dépose la lettre dans la boîte*.
e. Les informaticiennes ont résolu le problème.

J'écris – Je m'exprime

ORAL
11 **Complète ces phrases avec un complément du verbe suivant l'indication donnée entre parenthèses.**
a. Elle admirait (groupe nominal).
b. Ne (pronom) prends pas tout de suite.
c. Les éleveurs élèvent (groupe nominal).
d. Nous ne (pronom) indiquerons pas la cachette.
e. Les médicaments guériront (nom).

12 * **Complète les phrases avec un groupe verbal dans lequel il y a un complément du verbe.**
a. Nous … .
b. Un peintre … .
c. Tes frères et toi … .
d. Les hélicoptères … .

13 ** **Donne un sens au texte ci-dessous en remplaçant les pronoms compléments du verbe soulignés par des groupes nominaux.**
Il le regarde. Il en mange. Ensuite, il les rejoint. Ils y jouent, puis ils rentrent chez eux.

À toi de jouer

Trouve la réponse à chaque devinette. Écris les mots que tu as trouvés les uns à la suite des autres, puis écris la phrase qui correspond. Souligne les 2 compléments du verbe
- Quatrième jour de la semaine. → …
- Contraire d'« au revoir ». → …
- Première lettre de l'alphabet. → …
- Pronom possessif pour « moi ». → …
- Le fils de ma mère est mon… → …

Autodictée

La pieuvre est très habile. Elle peut attraper de nombreuses proies avec ses tentacules. Elle possède d'ailleurs un solide appétit. La pieuvre se régale de poissons.

Je réinvestis mes connaissances

Le verbe

1 * **Réécris les phrases au présent. Souligne ce qui a changé.**

a. Avec mes amis, nous faisions une fête.
b. Le ciel se couvrira.
c. Vous irez voir les animaux de la ferme.
d. Elle annoncera son départ.
e. Mes grands-parents vivaient très loin.

2 * **Donne l'infinitif de ces verbes.**

je regardais – nous finissons – tu trouveras – vous allez – ils savent – il s'étonne – je parlais – nous connaissions – elles demandaient – tu sortais – j'entends – ils marcheront – nous rendons – vous lisiez – tu parais – on sort

3 ** **Classe ces verbes dans le tableau.**

Verbes d'état	Verbes d'action

regrouper – allumer – être – passer – avoir l'air – paraître* – devoir – penser – sembler – sentir – devenir

4 *** **Souligne en bleu les verbes conjugués et en rouge les verbes à l'infinitif. Entoure les verbes d'état.**

a. Mon ami Jules est venu me voir. Il semblait triste. J'étais ennuyé de le découvrir ainsi. Pour le faire rire, je lui ai raconté des histoires drôles. Depuis que nous sommes petits, je suis le clown. J'ai réussi à l'amuser.

b. Quand il est reparti, il paraissait plus joyeux, il avait l'air d'être sur le point de faire des blagues à son tour.

L'attribut du sujet

5 * **Entoure les attributs du sujet et donne leur nature.**

a. Marthe semble étonnée de te voir.
b. Hadrien est un magicien extraordinaire !
c. Welid devient un grand garçon.
d. Le chat est sur ses gardes.
e. La tempête semble se calmer.

6 ** **Complète les phrases en ajoutant un attribut du sujet (adjectif ou groupe nominal).**

a. Les joueurs deviendront ... .
b. Notre professeur de piano a été ... .
c. Les travaux semblent ... .
d. Diana passait pour ... .
e. Les animateurs ont l'air ... .

7 ** **Repère les attributs du sujet dans le texte et donne leur nature.**

Le musicien semble enthousiaste. Il regarde le public. Il a l'air heureux ; on dirait qu'il est impatient. Il commence à jouer. Tout à coup, son visage devient rouge. Il a vu son professeur dans la salle... Il passait pour un grand musicien et voici qu'il a l'air d'un petit garçon timide. C'est une surprise pour les spectateurs !

Le complément du verbe

8 * **Souligne les compléments du verbe et entoure les mots invariables qui les introduisent quand il y en a.**

a. Demain, je ferai de la voile.
b. Nous prenons un dessert pour terminer le repas.
c. Tu rapporteras le sac de voyage à ton frère.
d. Elle parle souvent de toi à son médecin.
e. J'écris une lettre à ma mère.

9 ** **Recopie uniquement le sujet et le groupe verbal des phrases suivantes.**

a. Sur le sol, un moineau mange des graines.
b. Pendant l'été, le cirque fait une grande tournée.
c. Je joue de la guitare, depuis mes 6 ans.
d. Il réfléchit sérieusement à son départ.
e. Tu débuteras tes leçons l'an prochain.
f. J'ai pris mon maillot pour aller à la piscine.

10 ** **Entoure les verbes en rouge et souligne les compléments du verbe dans le texte.**

Cette année, j'invite mes amis pour mon anniversaire ! Mes parents ont préparé le gâteau. Sonia, ma grande sœur, a décoré le salon. J'ai gonflé des ballons, puis j'ai installé des jeux de société. Mon grand frère s'occupera de la musique. J'entends la sonnette. Mes premiers invités arrivent !

11 *** **Remplace les compléments du verbe par un pronom.**

Les arbres perdent leurs feuilles. → Les arbres les perdent.

a. Mes amis chantent des chansons à la chorale.
b. Je prends des provisions pour la randonnée.
c. Le concierge salue les habitants tous les matins.
d. Il a cassé mon ordinateur.
e. Pour faire une ratatouille, tu coupes d'abord les légumes.
f. Les artistes préparent leurs toiles pour peindre au coucher du soleil.

EXERCICES TRANSVERSAUX

12 **a) Relève les verbes conjugués et les verbes à l'infinitif.**
b) Entoure les verbes d'état et souligne les attributs du sujet.
c) Relève les compléments du verbe.

Le pilote conduit sa voiture avec une grande concentration. Il veut dépasser son concurrent. Il semble angoissé. Il aborde un virage serré à droite. Un autre véhicule s'approche de lui. Ce concurrent devient un danger. Il accélère. Gagner cette compétition est un rêve pour lui. Il voit l'arrivée. Il est seul ; la dernière ligne droite signifie une victoire. Il franchit la ligne. Le champion reçoit sa coupe. Il a l'air heureux. Il savoure sa victoire.

13 **Recopie ces phrases.**
a) Souligne en bleu les verbes conjugués.
b) Souligne en rouge les compléments du verbe.
c) Réécris les phrases en remplaçant les compléments du verbe par un pronom.

a. Au petit déjeuner, il déguste un vrai repas complet.
b. Les adultes tournent la manivelle de la machine.
c. En montagne, l'air frais permet de faire de longues marches.
d. Les habitants du village arrêtent de construire des maisons car il y en a assez.
e. Je loue mon appartement pendant les vacances.

14 **Recopie ce texte.**
a) Entoure les verbes conjugués.
b) Souligne en bleu les sujets, en rouge les compléments du verbe et en vert les compléments de phrase.

Le *Coriace* descend le fleuve Amazone jusqu'à Macapa, pour le dernier ravitaillement.
Titus remplit les réservoirs de carburant à ras bord, Aristide vérifie les cartes de navigation, Ticho achète deux tonnes de carottes fraîches pour le régime de Spidi.
Tout est paré pour une longue navigation. Nos amis entament la traversée de l'Atlantique.

François Place, *Lou Pilouface, Tempête sur l'Atlantique*,

15 **Relève les mots soulignés et classe-les dans ce tableau.**

Sujet	Attribut du sujet	Complément de phrase	Complément du verbe

Mila semble survoltée ! Elle dort difficilement depuis deux jours. Elle attend cette période depuis longtemps. Au pensionnat, tous les enfants sont impatients à l'approche des vacances. Ses parents atterrissent demain, cela semble si loin ! C'est le moment des adieux. Ses amies l'embrassent et toutes lui écriront des cartes.

EXERCICES D'ÉCRITURE

16 **Ouvre 5 fois le dictionnaire au hasard. Écris sur une feuille les 5 premiers verbes à l'infinitif que tu trouveras. Écris 5 phrases avec chacun de ces verbes en y ajoutant 1 complément du verbe.**

17 **Écris un texte en utilisant ces verbes d'état pour décrire une personne que tu aimes bien.**

être – paraître* – avoir l'air – passer pour – devenir – sembler

18 **Retrouve les verbes à l'infinitif qui correspondent aux images. Utilise ces verbes pour écrire des phrases avec un complément de verbe.**

15 Les classes de mot

Compétences : Identifier la classe des mots et leur rôle dans la phase.

Découvrons et manipulons

Les **maisons** d'artistes ou d'écrivains reflètent les rêves de leurs créateurs. Ceci les rend parfois très originales. Près de Chartres, Raymond Isidore a consacré vingt-cinq années de sa vie à orner sa maison avec des débris de vaisselle : on l'appelle pour cela « la maison Picassiette ». Dans la Drôme, un facteur, Ferdinand Cheval, a passé trente-trois ans à construire son palais idéal dans un style qui rappelle les temples indiens…

Olivier Mignon, *La Maison à petits pas*, paru chez Actes Sud Junior, © Olivier Mignon.

Palais Idéal du Facteur Cheval, Ferdinand Cheval, Hauterives, France.

1 Trouve un mot synonyme qui peut remplacer chaque mot en couleur. Donne la nature de ces mots.

2 Observe le mot en gras. a) Quelle est sa nature ? Quel est son rôle dans la phrase (sujet, attribut du sujet, complément du nom) ?
b) Observe le mot en bleu dans cette phrase « L'artiste imagine une maison ». Que constates-tu ?

3 Lis ces phrases. Indique la classe et le rôle de chaque mot souligné.
- J'entends du bruit. Le bruit est fort.
- Donne-moi le livre. Je le lirai plus tard.
- Regarde cette femme : c'est une femme remarquable.
- Elle parle à Georges. Georges écoute.
- Le téléphone sonne. Décroche le téléphone !

Je retiens

→ Chaque mot de la langue française appartient à **une classe de mots** (c'est sa nature).
Les mots de la langue française se répartissent en plusieurs classes.
- Les mots **qui varient** :
  – les **verbes conjugués** : je ramasse – tu rends – il servit – nous construisions ;
  – les **noms** : maison – Raymond – artiste – débris – vaisselle ;
  – les **déterminants** : les – leurs – sa ;
  – les **pronoms** : ceci – on – les ;
  – les **adjectifs** : original – idéal – indien – entouré.
- Les mots **qui ne varient pas** :
  – les **mots invariables** : comment – jamais – pourquoi – bientôt ;
  – les **verbes à l'infinitif** : manger – dormir – vendre.

→ Pour trouver la nature d'un mot, on peut le remplacer par un autre mot synonyme, plus simple, dont on connaît* la nature. Les deux mots sont obligatoirement de même nature.

→ Chaque mot a **un rôle dans la phrase** (c'est sa fonction).
- **Un nom** peut être :
  – **sujet** : La **maison** est grande.
  – **complément du verbe** : Nous vendons notre **maison**.
  – **attribut du sujet** : Ceci est une **maison**.
  – **complément de phrase** : Dans la **maison**, il fait froid.
  – **complément du nom** : C'est une confiture **maison**.
- **Un adjectif** peut être :
  – **attribut du sujet** : Cette maison est **grande**.
  – **une partie du groupe nominal** : Cette **grande** maison est abandonnée.

Attention ! La nature d'un mot ne change pas.
Elle est toujours indiquée dans le dictionnaire.
***La fonction** d'un mot **change** selon la phrase.*

J'entends du **bruit** dans le salon.
(bruit : complément du verbe)

Le **bruit** dans le salon est très fort.
(bruit : sujet)

Je m'entraîne

Identifier la classe d'un mot

4 * **Recopie et entoure l'intrus dans chaque liste.**

a. mon – leur – chose – quelques – vos
b. vouloir – miroir – venir – changer – prendre
c. mois – celui – nous – lui – elle
d. nouveau – malheur – haut – doux – chanceux

5 ** **Lis ces phrases. Complète le tableau avec tous les mots des phrases.**

Classes des mots				
Déterminant	Nom	Pronom	Verbe	Adjectif

a. Ce supermarché est gigantesque !
b. Mario y achètera un bel arrosoir rouge.
c. Quelques passants s'arrêtaient.
d. La mystérieuse porte s'entrouvrit ; Marc la poussa.

Identifier le rôle d'un mot dans la phrase

6 * **Recopie ces phrases. Entoure les verbes et souligne les sujets en rouge.**

a. Je connais ce petit monsieur.
b. Ces boîtes* nous encombrent.
c. Sous le pont, les enfants pêchent des truites.
d. Que deviennent les cigognes l'hiver ?
e. Cette teinte dorée est magnifique.

7 ** **Recopie les mots soulignés et indique quel est leur rôle dans la phrase.**

sujet – complément du nom – attribut du sujet – complément du verbe – complément de phrase

a. <u>Calmement</u>, <u>Myriam</u> <u>prit</u> son <u>livre</u> et s'en alla.
b. Béatrice <u>téléphone</u> tous les <u>soirs</u> à son <u>frère</u>.
c. Ce petit <u>singe</u> <u>devient</u> très <u>costaud</u> !
d. Sa boîte* à <u>outils</u> est toujours au même <u>endroit</u>.

Identifier la classe d'un mot et son rôle dans la phrase.

8 ** **Identifie la classe des mots soulignés et leur rôle dans la phrase. Complète le tableau.**

Mots soulignés	Classe	Rôle

a. <u>Le</u> grillage <u>était</u> en très <u>mauvais</u> état.
b. Une pluie <u>glacée</u> tombait sur la <u>ville</u> déserte.
c. Le <u>tractopelle</u> <u>avançait</u> vite dans l'<u>allée</u>.
d. <u>Sonia</u> n'avait <u>maintenant</u> plus rien à lire.
e. Cédric <u>regardait</u> <u>les</u> petits <u>pains</u> cuire dans le <u>four</u>.

9 ** **a) Dans ce texte, relève :**
4 sujets – 4 verbes – 4 compléments du verbe – 2 attributs du sujet – 2 compléments de phrase
b) Puis donne leur nature.

L'artichaut prend beaucoup de place. Chaque touffe de son élégant feuillage gris couvre 1 m^2. Il va vivre plusieurs années au même endroit et donnera une jolie récolte. En contrepartie, il est exigeant. Il lui faut une terre profonde pour y enfoncer ses puissantes racines, beaucoup d'humus et de fumier. Il craint l'humidité en hiver et a besoin d'eau en été. Et puis il n'aime vraiment pas le froid, c'est une plante méditerranéenne.

Renée Kayser, *Copain des jardins*, © Éditions Milan.

J'écris – Je m'exprime

ORAL

10 **Épelle* ton prénom et trouve, pour chaque lettre (quand c'est possible), 2 mots de nature différente : nom, adjectif, déterminant, verbe, pronom.**

LOUIS → **l**avabo, **l**ibre – **o**n, **o**uistiti...

11 ** **Écris une phrase pour chaque mot en suivant les indications.**

table (sujet) – table (complément du verbe) – bon (attribut du sujet) – nous (sujet) – nous (complément du verbe)

12 ** **Écris 3 phrases à partir de cette image.**

À toi de jouer

Sauras-tu relever ce défi ?
Trouve 3 noms, 3 verbes, 3 adjectifs, 3 pronoms et 3 déterminants qui commencent par L.

Autodictée

Diego dépose le petit coffret en fer blanc à l'endroit prévu. Bientôt, il l'ouvrira délicatement avec sa bande de copains. Qu'y découvriront-ils ? Il se le demande bien !

Mémento de grammaire

La nature des mots

Le nom
nom propre (avec une majuscule) ou nom commun

genre : masculin – féminin
nombre : singulier – pluriel
Il désigne des choses, des personnes, des animaux, des idées.
monde, fille, gorille, peur, Noémie...

L'adjectif
genre : masculin – féminin
nombre : singulier – pluriel
Il précise le nom qu'il accompagne.
jeune, seul(e), profond(e)...

Le pronom
– sujet : désigne des personnes, ou des choses ;
– de reprise : remplace un nom ou un groupe nominal.
je, nous / la, lui, eux...

Le déterminant
genre : masculin – féminin
nombre : singulier – pluriel
Il précède le nom.
un, la, ton, votre, cette, aucun(e)...

Le verbe à l'infinitif ou conjugué
Verbe d'action ou verbe d'état.
parler, finir / être, sembler
parle, finit / suis, semble

Le groupe nominal est constitué d'un déterminant et d'un nom. Il peut être complété par un adjectif et/ou par un complément du nom.

Le rôle des mots

Le verbe
Il se conjugue.
Il indique l'action du sujet ou précise l'état du sujet.
*L'eau **coulait** lentement. / L'eau **est** claire.*

Le complément du verbe
Il apporte une précision sur le verbe.
Il ne peut ni être déplacé, ni être supprimé sans changer le sens de la phrase.
Il peut être :
– un nom ou un groupe nominal : *J'accompagne **Timothée** / **le jeune garçon**.*
– un pronom : *Je **l'**accompagne.*

Le sujet
Il fait varier en nombre et en personne le verbe conjugué.
Il peut être :
– un groupe nominal : *__La jeune joueuse__ marque un point.*
– un nom propre : *__Jeanne__ marque un point.*
– un pronom : *__Elle__ marque un point.*
– un verbe à l'infinitif : *__Marquer__ lui a permis de gagner.*

Le complément de phrase
Il apporte des indications de temps, de lieu, de manière...
Il peut être déplacé ou supprimé.
Il peut avoir comme nature :
– un groupe nominal : *__Près de la mare__, j'ai trouvé une tortue.*
– un mot invariable : *__Hier__, j'ai trouvé une tortue.*

L'attribut du sujet
Il apporte une précision sur le sujet.
Il peut avoir comme nature :
– un groupe nominal : *Louise est **une jeune fille**.*
– un adjectif : *Louise est **jeune**.*
(il est relié au sujet par un verbe d'état)

Le complément du nom
Il apporte une précision sur le nom.
Il peut avoir comme nature :
– un nom ou un groupe nominal : *Le chapeau **de paille** est sur la table.*
– un verbe à l'infinitf : *La machine **à laver** est en panne.*
– un mot invariable : *La journée **d'hier** était agréable.*
(relié au nom qu'il précise par un mot invariable)

Orthographe

1 L'écriture des sons [s], [z], [ʒ], [g], [k], [f] et les lettres muettes

Compétences : Différencier les sons [s] / [z], [ʒ] / [g], [k] et [f]. Connaître leurs différentes graphies. Savoir les écrire. Savoir reconnaître et écrire les lettres muettes.

Découvrons et manipulons

Sur la route, Pheng, avance aussi vite qu'il peut.
Le vélo, beaucoup trop grand pour lui, l'oblige à pédaler debout.
Après une longue descente, il aperçoit enfin le grand marché.
Pheng a le cœur qui bat. C'est la première fois qu'il va tout seul en ville.
Ne sachant pas où aller, il s'approche d'une femme assise derrière un énorme panier de bananes.
– Sabaidi ! Je cherche l'école Sophong.
– L'école Sophong ? Je ne peux pas t'aider petit !
Les écoles, je n'y ai jamais mis les pieds ! s'écrie la femme en riant.

Jeanne Failevic, *Le Livre de Rattana*,
© Oskar Éditeur, 2012.

1 **Lis à voix haute les mots en rouge.**
a) Quel son ont-ils en commun ?
b) Comment s'écrit-il ?

2 **Quelles sont les différentes manières d'écrire le son [f] dans les mots en vert ?**

3 **Lis à voix haute les verbes en bleu. Que remarques-tu ? À ton avis, à quoi servent les lettres muettes ?**

4 **Lis à voix haute les mots en violet. Que remarques-tu ? À ton avis, pourquoi y a-t-il des lettres muettes ?**

Je retiens

→ En français, un **son** correspond souvent à une **lettre** : vélo → [v] [e] [l] [o]
Mais parfois, un son peut s'écrire de différentes façons.

Le **son [s]** peut s'écrire :
- **s** : sur
- **c** (devant e et i) : ceci
- **sc** : la descente
- **ç** : le garçon
- **x** : six, soixante
- **ss** : assis
- **t** : l'opération

Le **son [z]** peut s'écrire :
- **s** : une fraise
- **z** : un zèbre

Le **son [ʒ]** peut s'écrire :
- **j** : un jeu
- **g** (devant e et i) : une girafe, gentil
- **ge** (devant a, o, u) : géant, un plongeon

Le **son [f]** peut s'écrire :
- **f** : un fantôme
- **ph** : un éléphant

Le **son [g]** peut s'écrire :
- **g** (devant a, o, u et les consonnes) : le gars
- **gu** (devant e et i) : une figue

Le **son [k]** peut s'écrire :
- **c** (devant a, o, u) : un cas, le cou, une cuillère
- **cc** : l'accordéon
- **qu** : la musique
- **ch** : la chorale
- **k** : le koala
- **ck** : un yack
- **q** : un coq

→ Une lettre peut donner plusieurs sons : la lettre **s** donne le son **[s]** et le son **[z]** : le soleil – la fraise.

→ Il existe aussi de nombreux mots dans lesquels on n'entend pas certaines lettres : ce sont des **lettres muettes**. Ces lettres sont le plus souvent à la fin des mots pour :
– marquer le **pluriel** : des banane**s** – des château**x**
– marquer le **féminin** : une ru**e** – la plui**e** – seul**e** – une heur**e**
– marquer **l'accord avec le verbe** : ils parl**ent** – je voi**s** – il peu**t**
– marquer son **appartenance à une famille de mots** : gran**d** (gran**d**ir)
Mais il peut aussi y avoir des lettres muettes en début et en milieu de mot : un **h**ôpital – se**p**t – vin**gt**

Je m'entraîne

Repérer et identifier les sons [s], [z], [ʒ], [g], [k]

5 * **Entoure en rouge les lettres qui font le son [s] et en bleu les lettres qui font le son [z].**

une version – l'ascension – relancer – la patience – le cerf – zoo – un hameçon – un lasso – une vision – le désert – un ascenseur – une serre – un bisou – dix – une addition – blason – potion – une chance – le dessert – épaissir – bizarre – un oiseau

6 * **Classe ces mots dans un tableau en fonction du son qu'ils contiennent.**

[k]	[g]	[ʒ]

d'accord – une équipe – germer – agréable – du cacao – un gorille – un canapé – une pique – un journal – un coquelicot – la musique – un kayak – une bague – une barque – du gâteau – un kimono – le coin – quelque – un coup – le lac – coquine – quoi – la kermesse

7 ** **Recopie et entoure en rouge les lettres qui font le son [s], en vert les lettres qui font le son [z] et en bleu les lettres qui font le son [k].**

une orchidée – une addition – un mannequin – une décision – une locution – une sacoche – l'azote – l'assiette – l'arcade – l'explosion – la transition – le parasol – le magasin – l'horizon – mon cousin – le trapèze – assaisonner

Écrire les sons [s], [z], [ʒ], [g], [k], [f]

8 * **Recopie les mots et écris le son [ʒ], le son [g] et le son [f] correctement à la place des pointillés.**

L'élé...ant – re...eter – une bla...ue – le ...ardin – la ...amille – l'ar...ent – ...entille – le ...ardien – le ...antôme – un ...iltre – dé...oûter* – ...uteux – la ...inale – mélan...er – véri...ier – ba...a...e

9 ** **Recopie les phrases et complète les mots avec les sons indiqués.**

a. [s] Il ...'a...oit ...ur une luge, avan...e avec ...es pieds et commen...e la de...ente.

b. [k] Les ...opains de la ...orale chantent pendant ...e Lucien joue de l'a...ordéon.

c. [z] ...oé regarde une ro...e au milieu du ga...on.

d. [g] Après son ...oûter*, il prend un cours de ...itare.

e. [f] Il y a trois ...ases de ...abrication.

Repérer et écrire les lettres muettes

10 * **Entoure les lettres muettes qui marquent l'accord du verbe.**

a. Ils mangent du chou.

b. Tu vois décidément très bien.

c. Demain, je peux venir très tôt.

d. Tu regardes un match de football.

e. Il peut toujours revenir en arrière.

11 ** **Entoure en rouge les lettres muettes qui marquent le féminin et en vert les lettres muettes qui marquent le pluriel.**

les belles cheminées – une amie – une chorale – la pluie – une heure – les savons – des pensées – une allée fleurie – les oiseaux – les vieux chemins – une peur bleue

J'écris – Je m'exprime

ORAL

12 **Lis les phrases, puis relève le(s) son(s) consonnes que tu entends de nombreuses fois. Indique si ce son est formé par une ou plusieurs lettres.**

a. Ce matin, les 7 nains sont partis avec des outils plein les mains.

b. Le zèbre arrosé hésita, puis se résigna à s'isoler.

c. Un chasseur qui chassait fit sécher ses chaussettes sur une souche sèche.

d. Un gentil rouge-gorge mangeait à côté d'une mésange étrange.

13 * **Choisis 3 sons, puis invente 3 phrases avec chaque son répété le plus grand nombre de fois possible. Aide-toi de l'exemple ci-dessous.**

Les bonobos sont des animaux trop rigolos !

À toi de jouer

Trouve toutes les lettres muettes, découvre le mot caché, puis écris une phrase avec ce mot.

du lait – une femme – une noix – un toit – une tenue

Autodictée

un guidon – un kangourou – un plongeoir – un ascenseur – un arrosoir – une balançoire – un acrobate – un accent – un coquillage – une orchidée – une potion

2 Le doublement des consonnes au début des mots

Compétence : Écrire sans erreur des mots qui commencent par *aff-*, *off-*, *eff-*, *acc-*, *app-*.

Découvrons et manipulons

Ce matin, je colle des affiches pour attirer du monde au concert. Je dois être efficace, alors j'accélère ! Nous avons un accord officiel avec la ville. Elle nous a offert la possibilité d'apporter notre matériel dans une salle de l'académie de musique afin d'y jouer toute la soirée. Cet après-midi, je vais retourner dans mon petit appartement pour dormir un peu. Après, je vais encore répéter avec les musiciens du groupe. Ce soir, j'ai envie que le public nous acclame !

1 a) Relève, dans le texte, les mots pour lesquels la deuxième lettre est un f.
b) Parmi ces mots, lesquels possèdent la consonne f doublée ?
c) Quelle est l'écriture la plus courante de ces mots ?

2 a) Relève, dans le texte, les mots pour lesquels la deuxième lettre est un p.
b) Quelle est l'écriture la plus courante de ces mots ?

3 a) Relève, dans le texte, les mots pour lesquels la deuxième lettre est un c doublé.
b) Quel est le son produit par le doublement de cette consonne ?
c) Quelle est l'écriture la plus courante de ces mots ?

MANIPULER
4 Classe les mots en 2 groupes : ceux dont la consonne est doublée au début du mot et ceux dont la consonne n'est pas doublée.
afin – accommoder – une affiche – accélérer – africain – un accord – accepter – une affaire – affamé – efficace – une offre – un accent – un acacia – un apprenti – un acrobate – apprivoiser – effondrement – offensif – apercevoir – un appareil – l'affection – après – appuyer – aplatir

MANIPULER
5 Complète les mots avec acc-, aff-, app-, eff-.
- Je t'...elle car il a eu un ...ident.
- Mon frère ...rend à parler anglais sans ...ent !
- J'ai ...rivoisé un petit chat ...amé.
- Elles ...rennent la nouvelle, cela les ...raie.

Je retiens

→ Les **mots commençant par [af], [ɛf], [ɔf]** s'écrivent souvent **aff-**, **eff-**, **off-** :
l'affiche – efficace – officiel – offert – effacer – offrir – une affaire – l'affection – affirmer – un effort

Attention ! *afin – africain*

→ Les **mots commençant par [ap]** s'écrivent souvent **app-** :
apporter – apparemment – l'application – un apprenti – un appareil – appuyer – apprendre – un appartement – apparaître*

Attention ! *après – un apiculteur – aplatir – apercevoir – apaiser*

→ Les **mots commençant par [ak]** s'écrivent souvent **acc-** :
un accord – acclamer – accrocher – accueillir – un accordéon – accommoder – une accusation

Attention ! un **ac**robate – une **ac**adémie – **ac**tuellement – un **ac**acia – un **ac**teur
On écrit aussi : **acqu**érir – **acqu**iescer – **acqu**itter
*Dans certains mots, **acc-** se prononce [aks] :* **acc**élère – un **acc**ent – **acc**epter – un **acc**ident – un **acc**essoire – un **acc**ès

Je m'entraîne

Identifier les mots qui commencent par aff-, off-, acc-, app-…

6 * **Dans chaque liste, trouve l'intrus.**

a. une affaire – effarer – afin – efficace
b. accorder – l'accueil – acclamer – un acrobate
c. l'apiculteur – l'appétit – applaudir – appliquer
d. accoster – accumuler – actuel – accomplir
e. accueillir – affirmer – offenser – aplatir

7 ** **Relève tous les verbes du texte qui commencent par acc-, aff-, app-, off-, eff-. Donne leur infinitif.**

Le détective appelle ses collaborateurs. Il a appris que Lambert, l'assassin, a effacé ses empreintes. Cependant, il a retrouvé une trace sur le manteau accroché au mur. Ce manteau, que sa femme a offert à Lambert, est une preuve supplémentaire. Plus tard, le détective accueille le juge, puis il affiche les preuves qu'il a trouvées. Avec tous ces éléments, le juge accusera Lambert d'avoir accompli ce crime. Les journalistes accourent : ils ont vite appris la nouvelle !

Écrire des mots qui commencent par aff-, off-, acc-, app-…

8 * **Recopie les phrases et complète les mots en ajoutant acc- ou ac-.**

a. L'…robate …use l'…adémie de ne pas l'avoir …euilli alors qu'il est le meilleur …tuellement.
b. L'…teur s'est blessé dans l'…ident.
c. Avec son …olyte, mon frère …roche des décorations à la fenêtre.
d. La situation est …ablante ! Il a commis un …te pitoyable !
e. L'…acia qui est posé sur le buffet en …ajou …euille agréablement la clientèle.

9 * **Recopie les phrases et complète les mots avec app- ou ap-.**

a. Il …araît* …rès l'…éritif dans mon …artement sans avoir prévenu avant.
b. Nous avons reçu un …el. L'…areil est réparé. Nous allons pouvoir reprendre l'…rentissage.
c. Mon …renti a une …arence d'homme rêveur, mais il …rend très vite.
d. Vont-ils s'…itoyer sur leur sort au lieu d'…rendre à faire autre chose ?
e. …aremment, ma sœur est …aisée depuis qu'elle a mis en …lication les principes du médecin.

10 * **Recopie les phrases et complète les mots avec aff-, af-, off-, eff-.**

a. …in de conclure cette …aire, il m'a envoyé le contrat et une lettre …ectueuse.
b. Cette …iche est …reuse ! On m'avait …irmé qu'elle ne serait pas aussi …rayante.
c. Je veux lui …rir un cadeau qui vient d'…rique.
d. Martin …ace toutes les traces de crayon.
e. Les enfants font un …ort pour ne pas avoir l'air …olés après avoir vu un …reux monstre !

11 ** **Recopie le texte et complète les mots avec acc-, aff-, app-, off-, eff-.**

Malgré les …arences, nous avions un …ord. Pendant que l'acrobate faisait son numéro, Freddy devait jouer de l'…ordéon. Je lui avais même donné un acompte ! Je voulais …rir un spectacle à mes amis de Lyon qui avaient eu un …ident. Mais quand l'acrobate …arut dans l'…artement après l'apéritif, Freddy n'était pas là ! …olé, je l'…elais. J'…ris avec …roi qu'il était mêlé à une …aire de vol ! C'était une …usation …reuse ! Freddy ne pouvait pas …omplir un acte si …ablant.

J'écris – Je m'exprime

12 ORAL **Forme 3 phrases avec uniquement des mots qui commencent par -acc, -aff, -app.**

L'accusé apparaît* affaiblit.

13 * **Écris 3 phrases en utilisant les verbes : afficher, effrayer, accorder.**

À toi de jouer

Devinettes.
Trouve les mots commençant par app-, eff-, off- et acc-. Puis écris une phrase avec ces mots.

a. Faire peur.
b. Battre des mains.
c. Instrument de musique à air avec un clavier.
d. Donner un cadeau.

Autodictée

J'ai accepté d'acheter une affiche dans cette boutique. Elle fera l'affaire. Je vais l'offrir à Jules, il pourra l'accrocher dans sa chambre afin de la décorer. J'espère que ses parents seront d'accord.

3 Les noms féminins terminés par *-ée*, *-té*, *-tée*, *-tié*

Compétence : Écrire sans erreur les mots féminins qui se terminent par *-ée*, *-té*, *-tée*, *-tié*.

Découvrons et manipulons

Élouan et moi, nous faisons une randonnée d'une durée de 6 heures.
La beauté du paysage est incroyable !
La traversée du fleuve est difficile et la montée est pénible.
Mais c'est vraiment une fierté d'arriver tout là-haut !
Nous partageons un pique-nique en toute amitié.
Se balader dans la nature, c'est la liberté.

1 Repère les noms en bleu.
a) Quel est leur genre ?
b) Quelle est leur terminaison ?
c) Par quel son se terminent-ils ?

2 Repère les noms en vert.
a) Quel est leur genre ?
b) Par quel son se terminent-ils ?
c) Quelles sont leurs terminaisons ? Que remarques-tu ?

3 Repère le nom en rouge.
a) Quel est son genre ?
b) Par quel son se termine-t-il ?
c) Comment s'écrit ce son ?

MANIPULER
4 Associe l'adjectif au nom qui correspond.
- réel – honnête – sale – pauvre – possible – aimable – ferme – obèse – obscure
- l'obscurité – la saleté – la pauvreté – la possibilité – l'amabilité – l'obésité – la fermeté – l'honnêteté – la réalité

MANIPULER
5 Classe ces noms selon leur terminaison (-ée, -tié, -té, -tée).
l'amitié – une assemblée – la pureté – une idée – une rangée – la poignée – la moitié – la loyauté – une mariée – la rareté – une marée – une dragée – la créativité – l'universalité – la ponctualité – une nuitée – la mortalité

MANIPULER
6 Transforme les groupes nominaux comme dans l'exemple.
une cave humide → l'humidité de la cave
a. un sol stable → ...
b. un homme généreux → ...
c. un bateau étanche → ...
d. une personne aimable → ...
e. un suspect coupable → ...

Je retiens

→ Les **noms féminins** terminés par le **son [e]** s'écrivent **-ée** :
une f**ée** – une randonn**ée** – la pur**ée** – une chemin**ée** – une poup**ée** – une soir**ée**
Exception : la clé

***Attention !** Certains noms masculins se terminent aussi par* **-ée** : le mus**ée** – le lyc**ée**...

→ Les **noms féminins** terminés par le **son [te]** s'écrivent **-té** :
la fier**té** – la cruau**té** – la liber**té** – l'égali**té** – la chari**té** – la rapidi**té** – une véri**té** – une difficul**té**

Attention !** on écrit* **-tée** *pour :* la dic**tée** – la je**tée** – la mon**tée** – la por**tée**... *ainsi que pour les noms qui désignent* ***un contenant *comme :* une pelle**tée** – une brouet**tée** – une assiet**tée**

→ Les **noms féminins** terminés par le **son [tje]** s'écrivent généralement **-tié** :
l'ami**tié** – une moi**tié** – la pi**tié**

Je m'entraîne

Identifier les noms féminins qui se terminent par *-ée, -té, -tié, -tée*

7 * **Recopie et entoure en rouge les noms féminins en -ée et en bleu les noms masculins en -ée.**
scarabée – fée – randonnée – purée – musée – cheminée – lycée – poupée – soirée – trophée – pygmée – apogée

8 * **Trouve l'intrus dans chaque liste.**
a. la fierté – la nouveauté – le pâté – la bonté
b. une allée – une soirée – une année – un musée
c. un invité – l'amitié – la pitié – la moitié
d. une pelletée – un lycée – une poignée – une assiettée
e. la dictée – le scarabée – la purée – la lignée

Écrire les noms féminins qui se terminent par *-ée, -té, -tié, -tée*

9 * **Écris le nom féminin terminé par le son [e] qui correspond à chaque verbe.**
penser → une pensée

a. dicter → ...
b. lever → ...
c. rentrer → ...
e. flamber → ...
f. arriver → ...
g. enjamber → ...

10 ** **Écris les noms féminins terminés par le son [-té] qui correspondent aux contraires de ces noms.**
a. la lenteur : la ...
b. la solidité : la ...
c. la propreté : la ...
d. la lourdeur : la ...
e. le défaut : la ...
f. le mensonge : la ...

11 ** **Recopie les phrases et complète les noms avec -té, -tée ou -tié.**
a. La devise de la France est « Liber..., Égali..., Fraterni... ».
b. Elle écrit sa dic... avec une grande rapidi... .
c. Sacha a repris une assiet... de frites.
d. Vous avez eu la générosi... de partager.
e. Ces objets antiques sont de toute beau... .

12 ** **Trouve le nom féminin qui se termine par le son [te].**
a. Se dit de quelqu'un qui manque d'assurance.
b. Se dit de quelque chose qui est résistant.
c. Quantité qu'on enlève avec une pelle.
d. C'est une sorte de chaussée qui longe la mer.
e. C'est une autre façon d'appeler un roi.

13 ** **Recopie et complète les noms féminins avec -é, -ée ,-tée, -té ou -tié.**
Je passe la moi... de la matin... et la fin de la journ... à travailler dans les champs. À chaque pelle..., je pense à la pur... que je vais manger ce soir avec voraci.... Je pose les outils à l'extrémi... du champ et j'attaque avec rapidi... la mon... de la colline. Je passe devant la porcherie et j'aperçois la por... de porcelets juste nés. La moi... des petits dorment au soleil ! Je sors la cl... et je m'apprête à passer la soir... chez moi près de la chemin... en toute simplici....

J'écris – Je m'exprime

14 ORAL **Transforme chaque adjectif en nom qui se termine par le son [e], [te] ou [tie]. Invente une phrase avec chacun d'eux.**
fidèle – ami – original – méchant – immense

15 ** **Invente des devinettes dont les réponses sont des mots en -ée, -tié, -té, -tée, comme dans l'exemple.**
véhicule qui se déplace dans l'espace → une fusée

16 ** **Trouve 3 qualités qui se terminent par le son [e], [te] ou [tie]. Explique pourquoi elles sont importantes pour toi dans un texte de 5 lignes.**

À toi de jouer

Devinettes.
Réponds aux devinettes par des noms féminins terminés par -ée, -tié ou -té.
- L'arme d'un chevalier.
- L'une ou l'autre des parties d'un tout.
- Endroit où l'on fait du feu dans une maison.
- Jouet d'enfant.
- Sentiment de sympathie que l'on éprouve pour une personne qui souffre.
- Caractère d'une personne sincère.

Autodictée

La championne aime la difficulté. Elle a une volonté de fer ! Elle traverse l'immensité de l'océan avec une efficacité incroyable. En deux jours, elle parcourt la moitié de la distance indiquée.

4 Les noms terminés par les sons [war], [œr], [ɛr]

Compétence : Connaître les différentes graphies des mots terminés par les sons [war], [œr], [ɛr].

Découvrons et manipulons

L'heure du crime

Minuit. Voici l'heure du crime.
Sortant d'une chambre voisine,
Un homme surgit dans le noir.
Il ôte ses souliers,
S'approche de l'armoire
Sur la pointe des pieds
Et saisit un couteau
Dont l'acier luit, bien aiguisé.
Puis, masquant ses yeux de fouine
Avec un pan de son manteau,
Il pénètre dans la cuisine
Et, d'un seul coup, comme un bourreau
Avant que ne crie la victime,
Ouvre le cœur d'un artichaut.

Maurice Carême, « L'Heure du crime », *Au Clair de la lune*,

1 a) Observe les noms en bleu. Par quel son se terminent-ils ? Comment celui-ci s'écrit-il ?
b) Quel est le genre de chacun de ces noms ?

2 a) Observe les noms en rouge. Par quel son se terminent-ils ? Comment celui-ci s'écrit-il ?
b) Quel est le genre de chacun de ces noms ?

MANIPULER
3 Classe ces mots selon leur terminaison.
une bouchère – une serpillière – une molaire – une paire – une conseillère – une meurtrière – l'atmosphère – une crinière – la mère – la guerre – une circulaire – une panthère – la chair

MANIPULER
4 a) Classe les noms en 2 groupes selon leur terminaison.
b) Observe le genre des noms dans chaque groupe. Que remarques-tu ?
un accessoire – un peignoir – une passoire – une poire – un manoir – un laboratoire – un soir – la mémoire – un territoire – la foire – un couloir – un rasoir – une balançoire – une histoire

MANIPULER
5 Classe les noms en 4 groupes selon l'orthographe du son final.
une sœur – la douceur – le beurre – une heure – une demeure – l'intérieur – un leurre – un cœur – la douleur

Je retiens

→ Les **noms masculins** terminés par le **son [war]** s'écrivent généralement **-oir** :
un peign**oir** – un man**oir** – un s**oir** – un coul**oir** – un abreuv**oir** – un ras**oir**

Attention ! un access**oire** – un laborat**oire** – un territ**oire** – l'iv**oire** – un interrogat**oire** – un grim**oire**

→ Les **noms féminins** terminés par le **son [war]** s'écrivent **-oire** :
une p**oire** – une pass**oire** – une hist**oire** – une balanç**oire** – la mém**oire** – la f**oire** – la vict**oire**

→ Les **noms masculins ou féminins** terminés par le **son [œr]** s'écrivent **-eur** :
le coiff**eur** – un navigat**eur** – la p**eur** – la coul**eur** – l'intéri**eur** – la pâl**eur** – la blanch**eur** – la fraîch**eur***

Attention ! le b**eurre** – un l**eurre** / une h**eure** – une dem**eure** / ma s**œur** – le c**œur**

→ Les **noms masculins ou féminins** terminés par le **son [ɛr]** s'écrivent généralement **-ère** :
une bouch**ère** – une serpilli**ère** – une conseill**ère** – un fr**ère** – l'atmosph**ère** – le p**ère** – la m**ère**

Attention ! une mol**aire** – une p**aire** – un locat**aire** / la m**er** / la ch**air** / la t**erre** – la gu**erre** – une pi**erre**

Je m'entraîne

Identifier et distinguer les sons [war], [œr], [ɛr]

6 * **a) Recopie et souligne en rouge les noms masculins et en bleu les noms féminins.**

b) Entoure les noms masculins dont la terminaison s'écrit de la même façon que celle des noms féminins.

un racloir – une passoire – une armoire – un couloir – un sautoir – une baignoire – la mémoire – un territoire – un peignoir – un arrosoir – un espoir – une mâchoire – un accessoire – un bougeoir

7 * **Trouve l'intrus dans chaque liste. Explique ta réponse.**

a. un malheur – le bonheur – une demeure – la peur

b. un chanteur – un voleur – la pâleur – le beurre

c. un facteur – la couleur – une heure – un menteur

d. un leurre – un animateur – la blancheur – la douleur

e. le cœur – le moteur – le chou-fleur – le facteur

8 * **Trouve l'intrus dans chaque liste.**

a. une bouchère – fière – une paire – une mère

b. une panthère – un maire – une salière – une crinière

c. la mer – la conseillère – la prière – la banquière

d. la carrière – l'atmosphère – la guerre – la taupinière

e. la bergère – la molaire – la manière – la grenouillère

Écrire les sons [war], [œr], [ɛr]

9 * **Recopie et complète les mots avec -oir ou -oire.**

la gl... – une vict... – le réfect... – un promont... – un bav... – une f... – une patin... – un man... – le pouv... – un ras... – un poch... – un tir... – un grim...

10 * **Recopie et complète les mots avec -eur ou -eurre.**

un camionn... – un navigat... – une h... – un râl... – la chal... – le b... – un port... – un chass... – un mass... – un chant... – un nag... – le plong... – la su...

11 * **Recopie et complète les mots avec -ère ou -aire.**

une milliard... – une théi... – une cuisini... – la lumi... – une fronti... – un fr... – une montgolfi... – un myst... – une parten... – une sorci... – la p... – une vip... – une mola... – l'atmosph...

12 ** **Recopie le texte et complète les mots avec -ère, -aire ou -erre.**

Léa pensa à sa carri.... Elle voulait devenir infirmi... comme sa grand-m... . Elle alla voir la conseill... qui lui expliqua comment devenir banqui..., boulang..., fermi..., mais pas infirmi... ! Elle lui donna une circul... qui expliquait les différentes options qu'elle avait. Léa la rangea dans ses aff... . En sortant, elle tomba par t... à cause d'une pi... .

J'écris – Je m'exprime

ORAL

13 **Donne le nom des métiers dessinés.**

14 * **Écris un poème de 6 vers avec des mots qui riment en [war], [œr] ou [ɛr]. Tu peux t'aider des mots de la leçon.**

15 ** **Complète ces mots, puis choisis-en 6 et écris une histoire de 5 à 10 lignes.**

- un nag... – un fact... – un dans...
- un tir... – un pouv... – un man...
- une théi... – une pi... – une panth...

À toi de jouer

Retrouve les mots qui correspondent à ces rébus. Écris une phrase avec chacun.

Autodictée

un couloir – un laboratoire – la victoire – la peur – le beurre – une paire – une crinière – l'atmosphère – une balançoire – une heure – la mémoire – la guerre – une pierre – le cœur – un interrogatoire

Je réinvestis mes connaissances

L'écriture des sons [s], [z], [ʒ], [g], [k], [f] et les lettres muettes

1 Recopie les phrases et complète les mots avec les sons indiqués.

a. [f] Ce ...otographe ...ascine le monde entier.

b. [k] Il faisait ...onstamment des ...aprices à la ...orale ...'il a...ompagnait d'un grand sourire.

c. [g] A...laé aime ...ider ses amis en ville.

d. [ʒ] Il ...oue avec une ...olie ...irafe en peluche.

e. [s] ...uzie range ...oi...ante ...u...ettes dans le ...ac.

2 Recopie les mots et complète les lettres finales muettes. Trouve un mot de la même famille.

lai... – un candida... – gro... – le galo... – lour... – un poignar... – absen... – épai... – le repo... – sour... – ba... – chau... – patien... – un trico... – une den... – délica... – discre... – rebon...

Le doublement des consonnes au début des mots

3 Dans chaque liste, trouve l'intrus.

a. appartenir – après – appartement – appliquer

b. acarien – accalmie – accord – accepter

c. affection – affairer – Afrique – afficher

d. accélère – accent – accès – accrocher

4 Recopie les phrases et complète les mots avec acc-, app-, ac- ou ap-.

a. L'...ord est ...liqué depuis cet ...rès-midi !

b. ...aremment, il ...use son voisin de tricherie.

c. ...rès l'...arition de sa sœur, il est rentré dans son ...artement.

d. Il s'...lique pour que le public ...récie son travail.

e. Nous nous ...limatons facilement à ces températures ...eptables.

5 Recopie les phrases et complète les mots avec aff-, eff- ou off-.

a. Le juge a fait l'...ort de conclure cette ...aire dans les règles en ...rant un temps de réflexion aux jurés.

b. L'ouvrier ...ace les graffitis : il est ...icace et fait des ...orts. De plus, il est ...amé et pressé de déjeuner.

c. J'...irme que cet ...reux pantalon ne peut pas faire l'...aire.

d. Tu as lu le titre qui s'...iche sur l'écran ? Le pont s'est ...ondré !

e. Le fromager ...ine le fromage dans cet entrepôt, puis il le place dans une boîte* du meilleur ...et !

Les noms féminins terminés par *-ée, -té, -tée, -tié*

6 Dans le texte, relève les noms féminins qui se terminent par -ée, -tié, -té, -tée et classe-les dans un tableau à 4 colonnes.

Cette année, 200 femmes ont participé à cette course de toute beauté. Elle a duré une heure et demie. La montée de la côte a laissé la moitié des participantes essoufflées. Les autres sont montées facilement ! La gagnante a réussi à remporter l'épreuve avec une grande rapidité et beaucoup d'efficacité !

7 Transforme les groupes nominaux comme dans l'exemple.

l'eau pure → la pureté de l'eau

les chiens méchants – la voiture rapide – la vitre fragile – le champignon rare – l'écriture lisible – l'aiguille immobile – l'artiste créatif – le poète sensible – le yaourt onctueux – l'enfant émotif – la plaine immense – la peau sensible – la belle vue – la plume légère – l'exercice difficile

8 Complète les mots avec -té, -tée, -tié ou -ée.

a. Dans la socié... de mes parents, on passe la moi... du temps à répartir les activi...s .

b. Pour fêter cette journ..., son père lui a servi une assiett... de pur... faite maison.

c. Respirer la fum... de la chemin... n'est pas bon pour la san... .

d. J'ai eu une pens... pour toi car j'ai découvert la beau... de cet endroit dont tu m'avais parlé !

e. Tu dois faire preuve de quali...s telles que l'efficaci... et la ponctuali... si tu souhaites avoir terminé avant le début de la soir... .

f. Aider un ami en difficul... renforce l'ami... .

Les noms terminés par les sons [war], [œr], [ɛr]

9 Dans chaque liste, trouve l'intrus.

a. un manoir – un laboratoire – un soir – un couloir

b. un grimoire – un interrogatoire – un abreuvoir – l'ivoire

c. la peur – la blancheur – une heure – la douleur

d. le beurre – un leurre – le coiffeur

e. une crinière – une molaire – une serpillière – une panthère

f. l'explorateur – le cœur – le chanteur – le tracteur

10 **Recopie les phrases et complète les noms avec -oir, -oire, -eur, -eure ou -eurre.**

a. J'ai rangé ton peign... et tes mouch...s dans l'arm... .

b. Il est tombé dans la baign... et il a attendu le doct... pendant une h... .

c. Cet access... de théâtre a une hist... incroyable !

d. J'ai retiré les pâtes de la pass... et j'ai mis du b... dedans.

e. Sur le perch..., un oiseau d'une belle blanch... chante.

11 **Complète les noms avec -ère, -aire, -erre ou -air.**

a. Le m... de la ville serre la main du commis... .

b. Cette jupe au ton cl... est trop ch... .

c. J'ai acheté des pommes de t... pour faire un gratin à ma m... .

d. Il a la même p... de lunettes que la boulang... .

e. Cette jeune panth... a une mol... qui pousse.

EXERCICES TRANSVERSAUX

12 **Recopie et complète ces mots avec la terminaison qui convient (-té, -ée, -oir, -oire, -eur, -eure) ou une lettre muette.**

a. J'ai rangé la bouill... et le bouge... à l'intéri... du placar... à côté de la chemin... .

b. Elle passe un quar... d'h... dans la baign... avant d'aller à la soir....

c. Il utilise un arros... pour arroser les plantes à la fin de la journ... quand la chal... diminu... .

d. Ce sorcier habite un man... hanté qui donne des fray...s à son doct... .

e. Je prends la liber... de m'appuyer sur l'accoud... et j'aperçoi... la pal... de mon voisin dont la nervosi... est visible.

13 **Recopie et complète ces mots avec acc-, aff-, app- et les sons [k], [g], [s], [z], [ʒ], [f].**

a. Les mu...i...iens ...ouent de l'...ordéon pendant ...e le publi... les ...lame.

b. L'...areil ...oto est ...a...é.

c. J'ai des ...ants, une paire de ...i...eaux et du ...a...é dans mes ...aires.

d. J'ai re...u un ...el, je dois vous ...itter ...ar il y a eu un ...ident dans la ...our de mon immeuble.

e. L'...ès à la rivière est ...ermé ...and l'eau envahit la ...one du par...ing.

14 **Lis ce texte.**

a) Relève 3 mots avec le son [s] écrit de différentes façons.

b) Relève 4 mots dans lesquels tu entends le son [k].

c) Relève 2 mots dans lesquels tu entends le son [g].

d) Trouve 4 mots qui ont une lettre finale muette. Indique pour quelle raison.

L'homme s'assoit contre le mur, il enlève ses gants, son casque et déboutonne son anorak vert. L'ascenseur est en panne. Il doit monter cinq étages. Il se repose un peu, puis il prend l'escalier, il grimpe les marches avec orgueil. Il ne veut pas arriver en retard à la cérémonie.

EXERCICES D'ÉCRITURE

15 **Choisis 5 traits de caractère qui te correspondent parmi ceux de la liste ci-dessous et écris un portrait de toi de 10 lignes environ.**

la sensibilité – la nervosité – l'amabilité – la ténacité – la gaieté – la fierté – l'honnêteté – la sincérité – la volonté – la fidélité – la générosité

16 **Écris 5 phrases pour décrire chaque photographie.**

5 L'accord du nom en genre et en nombre

Compétence : Écrire sans erreur le féminin et le pluriel des noms.

Découvrons et manipulons

À la lisière d'une forêt, se dresse un campement. Des roulottes, des **chevaux**, des hommes, des femmes, des enfants qui se roulent dans la poussière en riant. C'est la tribu du roi des Gitans, entouré de sa nombreuse famille, et de ses fils farouches et fiers. Bakthalo s'approche et, dans la langue des Tziganes, demande si on l'accepte pour la nuit. Dans la même langue, on lui répond qu'il peut rester. Le soir, autour du feu, après le repas, on échange des histoires, on parle des pays traversés : Bakthalo raconte son voyage, ce qu'il a vu, ce qu'il a entendu. La lune monte dans le ciel, la nuit est douce. Les musiciens sortent leurs instruments et commencent à jouer.

Bernard Chèze, *Contes à musique*, © Éditions du Seuil 2003.

1 **Quel est le genre des noms en bleu ? Qu'est-ce qui te l'indique ?**

2 **a) Donne les noms féminins qui correspondent aux noms soulignés. Que remarques-tu ?**
b) Trouve les noms féminins qui correspondent aux mots en vert. Que remarques-tu ?

3 **a) Les noms en rouge sont-ils au singulier ou au pluriel ? Qu'est-ce qui te l'indique ?**
b) Les mots en violet sont-ils au singulier ou au pluriel ? Comment le sais-tu ?
c) Donne le singulier du mot en gras.

MANIPULER

4 **Donne le nom féminin qui correspond à chaque nom masculin. Épelle*-les.**

- un ouvrier → une ...
- un ours → une ...
- un magicien → une ...
- un inspecteur → une ...
- un journaliste → une ...
- un lion → une ...

MANIPULER

5 **Donne le pluriel de ces groupes nominaux. Épelle*-les.**

- un bijou → des ...
- le temps → les ...
- la peau → ...
- un pneu → ...
- un vitrail → ...
- un entretien → ...
- un corail → ...
- le carnaval → ...

Je retiens

→ Le nom s'accorde avec le déterminant qui le précède.

→ Un nom est du **genre masculin** (un campement) ou du **genre féminin** (la lisière).
- Le **féminin des noms** se forme généralement en ajoutant un **e** au nom masculin : un ami → une ami**e**.
- Il peut aussi se former en **transformant la fin du nom masculin** : un musicien → une musicien**ne** ; un directeur → une direct**rice** ; un sportif → une sporti**ve**.
- Dans certains cas, le nom féminin **est identique** au nom masculin : un enfant → une enfant.
- Dans d'autres cas, il **est totalement différent** : un homme → une femme.

→ Un nom est **au singulier** (un homme / une femme) ou **au pluriel** (des hommes / des femmes).
- Le **pluriel des noms** se forme généralement en ajoutant un **s** au nom singulier : une vie → des vie**s**.

Attention ! *certains noms terminés par **-ou** au singulier prennent un **x** au pluriel :* des bijou**x** – des chou**x**.
- Les noms terminés au singulier par **-eau**, **-au**, **-eu** prennent un **x** au pluriel : un feu → des feu**x**.

Attention ! *il y a des exceptions :* des landau**s** – des bleu**s** – des pneu**s**...
- Les noms terminés au singulier par **-al** s'écrivent **-aux** au pluriel : un cheval → des chev**aux**.

Attention ! *il y a des exceptions :* des bal**s** – des carnaval**s** – des chacal**s** – des festival**s** – des récital**s**...
- Les noms terminés au singulier par **-s**, **-x**, **-z** ne changent pas au pluriel : un pays → des pays.

Je m'entraîne

Identifier le genre et le nombre des noms

6 * **Classe ces noms selon leur terminaison. Indique s'ils sont masculins ou féminins.**

coiffeuse – monitrice – plongeuse – musicien – collaboratrice – informaticienne – chercheur – comtesse – directrice – déesse – comédienne – gardien – actrice – maîtresse* – dresseuse – princesse – exploratrice – pharmacien

7 ** **Donne le genre des noms suivants.**

argent – eau – herbe – pétale – omoplate – bal – agrume – autographe – agrafe – abricot

8 ** **Relève les noms soulignés dans ces phrases et classe-les dans le tableau.**

	singulier	pluriel
masculin		
féminin		

- J'irai au carnaval, déguisée en cheval.
- Derrière le portail, se dressait une cathédrale avec de somptueux vitraux.
- Mon nez est long et crochu.
- Dans le trou de cet arbre, un hibou somnolait.
- Le lapin sauta les haies et détala.

9 *** **Donne le genre des noms suivants. Aide-toi d'un dictionnaire.**

après-midi – oasis – rail – tentacule – météorite

Former et écrire des noms féminins

10 * **Trouve le nom féminin qui correspond à chacun de ces noms masculins.**

a. un jongleur → une …
b. un paysan → …
c. le marié → …
d. ce fleuriste → …
e. le conseiller → …
f. un fermier → une …
g. un ami → …
h. son frère → …
i. un sculpteur → …
j. le loup → …

11 ** **Recopie ces phrases en remplaçant le nom entre parenthèses par le nom féminin correspondant.**

a. Cette (employé) travaille ici depuis deux ans.
b. La petite (berger) menait paître* le troupeau.
c. Je suis fan de l'(héros) de cette série.
d. Augustin adore les histoires d'(ogre).
e. Léa est devenue la (patron) de ce café.
f. Cette (dompteur) est remarquable !

Écrire les noms au pluriel

12 * **Mets au pluriel les noms suivants.**

• un ruisseau → des … • le pont → les … • mon ordinateur → mes … • ton jeu → vos … • son voilier → leurs …

13 ** **Écris ces groupes nominaux au pluriel.**

une balle – du métal – le feu – un voyou – mon bureau – un rubis – un dieu – le littoral – le bambou

14 ** **Réécris ces phrases en accordant les noms entre parenthèses.**

a. Michèle et André enlèvent les (noyau) des (prune) pour préparer de bons (clafoutis).
b. J'adore me promener sur les petits (chemin) et traverser les (ruisseau).
c. Vincente propose une (noix) à David.
d. Pedro a rapporté des (éventail) d'Espagne.
e. On dit que les (bijou) brillants attirent les (pie).

J'écris – Je m'exprime

ORAL

15 **Trouve 5 noms qui se terminent par un x au pluriel. Forme ensuite 5 phrases avec ces noms.**

16 ** **Fais la liste des choses que tu dois mettre dans une valise.**

- 5 noms fém. sing.
- 5 noms masc. sing.
- 5 noms fém. plur.
- 5 noms masc. plur.

À toi de jouer

Trouve dans cette image 10 noms masculins pluriels.

Autodictée

Les musiciennes s'installent. Elles ont déjà donné beaucoup de récitals, mais jamais dans ces lieux. Elles accordent leurs instruments pendant que les spectateurs et les spectatrices prennent place.

6 L'accord de l'adjectif en genre et en nombre

Compétence : Accorder les adjectifs dans le groupe nominal.

Découvrons et manipulons

Au cours des nuits fraîches et claires de l'automne ou de l'hiver, une lueur verdâtre peut apparaître dans le ciel des régions polaires. Ce phénomène lumineux s'appelle « une aurore boréale ».
Des particules électriques du vent solaire bombardent sans arrêt la Terre. Le champ magnétique terrestre dévie la plupart des particules et les renvoie dans l'espace. Mais quelques particules passent à travers le champ magnétique et pénètrent dans notre atmosphère près du pôle Nord et du pôle Sud. Quand ces particules entrent en collision avec des molécules d'air, elles libèrent de faibles quantités d'énergie **lumineuse**.

D'après Ann Love et Jane Drake, *Mon Grand Livre du ciel*, D.R.

1 a) Quel nom l'adjectif en bleu qualifie-t-il ?
b) Est-il au féminin ou au masculin ? Comment le sais-tu ?
c) Est-il au singulier ou au pluriel ? Comment le sais-tu ?

2 a) Donne le genre et le nombre de l'adjectif en rouge. Justifie ta réponse.
b) Que constates-tu ?

3 a) Observe l'adjectif en gras. Donne son genre et son nombre.
b) Trouve dans le texte le même adjectif au masculin. Que constates-tu ?

MANIPULER
4 Associie les adjectifs aux noms.

des gants •	• vert
des chaussettes •	• verte
un pantalon •	• verts
une jupe •	• vertes

MANIPULER
5 Complète les terminaisons des adjectifs.
- des filles radieu...
- les exercices fina...
- de beau... immeubles
- des temps nuageu...
- des matchs amica...
- de splendide... tapis

Je retiens

→ **L'adjectif** s'accorde en **genre** et en **nombre** avec le nom qu'il qualifie.
un jour clair – une journée clair**e** – des jours clair**s** – des journées clair**es**

→ Un adjectif peut être au **masculin** ou au **féminin**.
- Le **féminin** des adjectifs se forme généralement en ajoutant un **e** à l'adjectif masculin : clair → clair**e**.
- Le **féminin** de certains adjectifs se forme en modifiant la fin de l'adjectif masculin :
  – doublement de la consonne finale : bon → bon**ne**
  – changement de la consonne finale : lumineu**x** → lumineu**se** – rêveu**r** → rêveu**se**
  – changement de la terminaison : fra**is** → fra**îche*** – enti**er** → enti**ère**
- Les adjectifs qui se terminent par un **e** s'écrivent **de la même façon** au masculin et au féminin.
  un teint verdâtre → une lueur verdâtre

→ Un **adjectif** peut être au **singulier** ou au **pluriel**.
- Le **pluriel** des adjectifs se forme généralement en ajoutant un **s** à l'adjectif singulier : polaire → polaire**s**
- Les adjectifs terminés par **-eau** au singulier prennent un **x** au pluriel : beau → beau**x**
- Les adjectifs terminés par **-al** au singulier s'écrivent **-aux** au pluriel : brutal → brut**aux**

***Attention !** il y a des exceptions :* fatal**s** – natal**s** – naval**s** – final**s** – bancal**s** – glacial**s** – banal**s**

- Les adjectifs terminés par **-s** ou **-x** ne changent pas au pluriel : un vent frais → des vents frais

Je m'entraîne

Écrire les adjectifs au féminin

6 * **Écris ces adjectifs au féminin.**

a. premier
b. gelé
c. juteux
d. sportif
e. cruel
f. satisfait
g. bleu
h. sérieux
i. roux
j. menteur
k. vieux
l. doux
m. sec
n. mignon
o. faux

Écrire les adjectifs au pluriel

7 * **Recopie ces groupes nominaux et accorde les adjectifs entre parenthèses.**

a. ces (horrible) tableaux (peint)
b. des gens (formidable) mais (indiscret)
c. ces (incroyable) bijoux (royal)
d. de (long) fleuves (tumultueux)
e. de (beau) cadeaux (spécial)

8 ** **Écris ces adjectifs au masculin pluriel.**

a. nouvelle
b. normal
c. grand
d. neuve
e. égale
f. artificiel
g. murale
h. mauvais
i. transparent
j. génial

Accorder les adjectifs

9 * **Complète ces groupes nominaux avec les adjectifs entre parenthèses et accorde-les.**

a. (personnel) → une idée ... – des affaires ...
b. (cordial) → des paroles ... – des discours ...
c. (nouveau) → une ... veste – des ... pulls
d. (amical) → des gestes ... – une parole ...
e. (mou) → des tartes ... – des ballons ...

10 ** **Recopie ces phrases et remplace les noms soulignés par ceux entre parenthèses. Fais les accords nécessaires.**

a. On a attendu jusqu'au dernier <u>instant</u>. (secondes)
b. As-tu vu le nouvel <u>élève</u> ? (élèves)
c. C'était un <u>moment</u> familial très réussi ! (cérémonie)
d. Andrée a mené une <u>bataille</u> navale compliquée au cours de sa carrière. (combats)
e. Ce groupe joue un beau <u>chant</u> mélodieux. (musiques)

11 ** **Recopie ce texte et accorde les adjectifs entre parenthèses.**

Solitaire, le mont Tauhara surplombe aujourd'hui le lac Taupo et culmine à une altitude de 1088 m. Autrefois, les Maoris qui vivaient sur ses versants (fertile) avaient coutume de jeter leurs filets dans ses eaux (poissonneux) durant toute la (beau) saison et passaient les (long) mois d'hiver à chasser les oiseaux dans la montagne. Célèbre pour ses (nombreux) sources et ses forêts (giboyeux), ce volcan éteint a également joué un rôle (stratégique) pendant les guerres (tribal).

Isabelle Lafonta, *Histoires de voyages extraordinaires*,

J'écris – Je m'exprime

12 ORAL **Trouve 2 adjectifs pour enrichir chaque GN.**

des catapultes – un immeuble – les bijoux – la nourriture

13 ** **Écris 5 phrases sur l'un des thèmes suivants. Chaque phrase doit comporter 3 adjectifs.**

un animal de compagnie – une découverte

À toi de jouer

Tous ces adjectifs peuvent définir une chose, laquelle ?

brillants – ondulés – lisses – fourchus – hirsutes – gominés – filasses – courts – secs

Autodictée

Sa nouvelle chambre était spacieuse et très lumineuse, mais ce qu'il préférait, c'était ces incroyables arbustes plantés çà et là dans l'immense jardin juste à côté du terrain de rugby où il allait jouer demain !

Je réinvestis mes connaissances

L'accord du nom en genre et en nombre

1 * **Donne le genre des noms suivants.**

l'oiseau – les cuillères – votre penderie – leur rail – plusieurs encres – chaque moment – ce pays – des miroirs – ces atmosphères – nos hélices – mes omoplates – du pain – votre parcours

2 * **Trouve le nom féminin qui correspond à chacun de ces noms masculins ou inversement.**

a. un boulanger → …
b. une fille → …
c. un comédien → …
d. une narratrice → …
e. le roi → …
f. une joueuse → …
g. le facteur → …
h. ce musicien → …
i. le perdant → …
j. une cuisinière → …

3 ** **Recopie ces phrases en mettant tous les noms au féminin. Attention aux déterminants !**

a. Ce villageois est un pharmacien.
b. Le conseiller aide le client à choisir.
c. Un spectateur a hurlé en voyant surgir le tigre.
d. Mon frère et mon oncle sont des décorateurs.
e. J'ai vu un sportif courir à côté d'un cheval.

4 ** **Dans chaque liste, trouve l'intrus.**

a. creux – lieux – vœux – milieux – enjeux
b. landau – château – hameau – niveau – tuyau
c. radis – discours – pays – nez – huttes
d. chapiteau – hibou – pneu – vitrail – pou
e. pruneau – chou – travail – doudou – cheveu

5 ** **Écris ces groupes nominaux au singulier.**

des tapis – tes anneaux – les secours – des nez – des truites – des carnavals – mes cheveux – des détails – ces veaux – les travaux – les pies – des hiboux – tes oraux – des coraux – ses yeux – ses pinceaux – des soucis – les milieux – ces cactus – leurs dos

6 *** **Recopie ces phrases en écrivant les groupes nominaux soulignés au pluriel.**

a. On fait <u>un vœu</u> quand on voit <u>une étoile</u> filer dans <u>le ciel</u>.
b. Il y a <u>un château</u> et <u>une rivière</u> dans <u>ce hameau</u>.
c. Dans <u>cette eau</u>, on a découvert <u>du métal</u>.
d. Le garagiste change <u>le pneu</u> et vérifie <u>le niveau</u> des liquides.
e. Le fermier arrive vers <u>le villageois</u>, avec <u>son troupeau</u>.

L'accord de l'adjectif en genre et en nombre

7 * **Complète ces groupes nominaux avec les adjectifs entre parenthèses et accorde-les.**

a. un manteau … – une chemise … (usé)
b. une … amie – un … camarade (vieux)
c. un … indice – cette … maison (nouveau)
d. ton air … – une situation … (sûr*)
e. sa … tête – son … visage (joli)

8 * **Recopie ces groupes nominaux et accorde les adjectifs entre parenthèses.**

a. tes récits (fou)
b. les survêtements (blanc)
c. des amis (joyeux)
d. ces bâtiments (monumental)
e. des murs (végétal)

9 ** **Recopie ces groupes nominaux et accorde les adjectifs entre parenthèses.**

a. des (petit) formes (mauve)
b. des (beau) jardinières (fleuri)
c. des (long) expéditions (risqué)
d. des voies (souterrain) (profond)
e. des (vieux) tantes (malheureux)

10 *** **Recopie ce texte en accordant les adjectifs entre parenthèses.**

Les (principal) foyers de peuplement correspondent à de (grand) civilisations (agricole). En Asie du Sud-Est et en Inde, la population a augmenté grâce à la maîtrise, très (ancien), des systèmes d'irrigation et de la culture du riz. Cette céréale qui nécessite une main-d'œuvre (important) constitue aujourd'hui encore la base de l'alimentation.

Yvette Veyret, *Notre planète la Terre*,
paru aux Éditions Bayard, © Yvette Veyret.

EXERCICES TRANSVERSAUX

11 * **Forme tous les groupes nominaux possibles en utilisant un déterminant, un nom, un adjectif.**
- les – chaque – quelques – l' – une
- pays – hiver – festivals – porte – plat
- lointains – musicaux – secrète – glacial – appétissant

12 * **Indique la nature, le genre et le nombre des mots soulignés.**

a. Cette talentueuse guitariste jouera ici bientôt.
b. Des sangliers traversèrent soudain le chemin.
c. L'agile acrobate se lança dans les airs.
d. La journaliste calme et sereine prend la parole.
e. Leur dentition est exceptionnelle.
f. Votre expédition paraît* risquée.

13 ** **Recopie et accorde les adjectifs dans les groupes nominaux.**

a. des tables et des chaises (doré)
b. un geste et un réflexe (vif)
c. une assiette et un bol (profond)
d. une émission et un épisode (quotidien)
e. tes chaussettes et mes chaussures (bleu)
f. un sac et un foulard (assorti)

14 ** **Transforme ces groupes nominaux comme demandé.**

a. un vieux et gros lion → (pluriel – féminin)
b. la fille brune et frisée → (pluriel – masculin)
c. ma belle nièce audacieuse → (pluriel – masculin)
d. tes chiens vifs et affectueux → (singulier – féminin)
e. cet exceptionnel et génial copain → (singulier – féminin)
f. un vieux lion agressif → (pluriel – féminin)

15 ** **Recopie ces phrases en remplaçant les mots soulignés par ceux entre parenthèses. Attention aux accords !**

a. Ces nouveaux magasins sont immenses. (boutiques)
b. Le dernier étage est profond. (étagère)
c. C'est mon ancien livre bleu. (sacoches)
d. C'est un garçon différent et triste. (situation)
e. Je m'allonge dans les doux coussins moelleux. (couette)
f. J'ai envie d'un chocolat chaud. (soupe)

16 ** **Recopie ce texte en choisissant les mots entre parenthèses qui conviennent.**

Je me mis à courir, Stella sur mes (talon/talons), et me retrouvai bientôt sous l'ombre (rafraîchissante/rafraîchissantes) des (arbres/arbre). Je découvris un sentier (étroit/étroite) qui montait sur la colline, dans ce qui me parut être la (bons/bonne) direction. Je le suivis, donc, ne m'arrêtant de courir que lorsque le sentier devenait trop (raide/raides). La vie des (animal/animaux) palpitait dans toute la forêt. Des (oiseau/oiseaux) caquetaient et poussaient des (cri/cris) (perçantes/perçants) au-dessus de moi, et j'entendais toujours le même (hurlement/hurlements) se propager dans les (arbre/arbres), mais il était plus lointain, à présent.

Michael Morpurgo, *Le Royaume de Kensuké*, trad. D. Ménard, © Éditions Gallimard Jeunesse.

17 ** **Recopie ce texte en accordant les mots entre parenthèses.**

Il existe quatre (grand) (type) d'êtres (vivant). Les (animal) englobent les invertébrés et les (vertébré). Les (végétal) regroupent les (plante) qui produisent des (graine) et celles qui n'en produisent pas. Les (champignon) forment une famille à part. Enfin, les (microbe) comportent les (virus) et les (bactérie).

Yvette Veyret, *Notre planète la Terre*, paru aux Éditions Bayard, © Yvette Veyret.

EXERCICES D'ÉCRITURE

18 * **Écris 5 phrases avec ces 5 adjectifs.**

nombreuses – important – cruelle – entière – vieil

19 ** **Ouvre le dictionnaire au hasard. Repère et note le premier nom de la page. Fais cela 5 fois de suite. Fais de même en cherchant 5 adjectifs. Écris ensuite 5 phrases avec ces mots. Ton texte peut être drôle et absurde.**

20 ** **Imagine que tu arrives dans ce lieu. Écris 10 lignes qui expliquent ce que tu y découvres. Utilise le plus d'adjectifs possible.**

7 L'accord sujet-verbe

Compétences : Connaître et appliquer les règles de l'accord du verbe avec son sujet.

Découvrons et manipulons

Le chef de la meute s'arrête. Tous les loups de la meute écoutent. Au loin, un chasseur et son chien se cachent derrière un rocher. L'homme, attentif et silencieux, les observe. Il regarde les loups avec ses jumelles.
– Où vont-ils ? se demande le chasseur.
Dans la meute, les louves sentent le danger. Elles ont peur pour leurs louveteaux. Les chasseurs traquent la meute depuis quelques jours. Ils vont devoir trouver un autre endroit pour se mettre à l'abri des hommes.

1 a) Quels sont les sujets des verbes en rouge ?
b) Comment as-tu fait pour les identifier ?
c) Où les sujets sont-ils placés par rapport aux verbes ?
d) Observe les terminaisons de ces verbes. Lequel est au singulier ? Lequel est au pluriel ? À ton avis, pourquoi ?

2 a) Quel est le sujet du verbe en vert ?
b) Pourquoi le verbe est-il au pluriel ?

3 a) Quels sont les sujets des verbes en bleu ?
b) Avec quels noms s'accordent-ils ?

4 Quel est le sujet du verbe en violet ? Où est-il situé par rapport au verbe ?

5 Trouve les sujets des verbes soulignés. Explique pourquoi les verbes sont au singulier ou au pluriel.

MANIPULER

6 Trouve un sujet pour les phrases suivantes et justifie ta réponse.

a. ... semblent joyeux à l'idée de partir.
b. ..., comme toujours, font une sieste.
c. Pourquoi mangent-... des bonbons ?
d. Sur le fleuve, navigue ... .
e. Quel bonheur ! s'exclame ... .

Je retiens

→ Le verbe s'accorde toujours avec son sujet, en nombre et en personne.
Il (sujet) **cherche** (verbe) des traces de loup. – Des chasseurs (sujet) **traquent** (verbe) la meute.

→ Quand un sujet contient plusieurs groupes nominaux au singulier, le verbe est au pluriel.
Un chasseur (groupe nominal) et son chien (groupe nominal) [sujet] **se cachent** (verbe) derrière un rocher.

→ Le sujet peut être composé d'un **nom noyau** complété par d'autres mots. Le verbe s'accorde alors avec le nom noyau. Le **chef** (nom noyau) de la meute [sujet] **entend** (verbe) des bruits au loin.

→ Le **sujet** est généralement placé **avant le verbe**. Quand on pose une question ou que l'on rapporte les paroles de quelqu'un, le sujet est **placé après le verbe** (sujet inversé).
Il (sujet) **regarde** (verbe) les loups. – Où **vont** (verbe)-ils (sujet) ? **se demande** (verbe) le chasseur (sujet).

→ Le sujet peut être séparé du verbe par un ou plusieurs mots. L'homme, (sujet) attentif et silencieux, les **observe** (verbe).

***Attention !** plusieurs verbes peuvent s'accorder avec le même sujet.* Les loups (sujet) **écoutent** (verbe 1) et **observent** (verbe 2).

Pour identifier le sujet, il faut poser la question « Qui est-ce qui...? » ou « Qu'est-ce qui...? » avant le verbe.

Je m'entraîne

Identifier le sujet du verbe

7 * Recopie ces phrases et entoure le sujet des verbes soulignés.

a. Camille et Sonia jouent du piano tous les lundis.
b. Au coin de la rue, une dame apparut.
c. Penses-tu venir chez moi ce soir ?
d. Julie, la plus courageuse, décida de partir.
e. Sous la porte grouillent les fourmis.

8 ** Entoure les verbes conjugués et souligne les sujets.

a. La trappe en bois rouge est difficile à atteindre.
b. Connais-tu l'histoire de la Belle et la Bête ?
c. Les artistes chantaient, jouaient et dansaient.
d. Aline, on ne sait pourquoi, rentra à la maison.
e. « Quels beaux paysages ! » déclara Léo.

9 * Recopie le texte. Entoure les verbes conjugués et souligne leurs sujets.**

Nasreddine faisait un voyage en bateau. Soudain, la tempête se déchaîna et le bateau commença à prendre l'eau. […] Les marins et les voyageurs se mirent tous à la tâche : chacun, un seau à la main, vidait l'eau du bateau et la jetait dans la mer. Tous, sauf Nasreddine qui faisait tout à fait le contraire : il prenait l'eau dans la mer et la versait dans le bateau. Le capitaine, en le voyant, poussa un cri :
– Mais que fais-tu, malheureux ?

Jihad Darwiche et David B., *Sagesses et Malices de Nasreddine, le fou qui était sage*, © Albin Michel.

Accorder le verbe avec son sujet

10 * Souligne les sujets et fais une croix sous le nom noyau lorsqu'il y en a un. Complète les verbes avec la terminaison du présent qui convient.

a. Les amies de ma mère jou... aux cartes.
b. Nous entend... le tonnerre.
c. Anna et son frère regard... un film.
d. Les couleurs du ciel chang... au crépuscule.
e. Un troupeau de moutons rentr... à la bergerie.

11 ** Complète les phrases avec un sujet. Justifie ton choix.

a. Manges-... des endives ?
b. ..., malgré leurs efforts, arrivent en retard.
c. Au bout du chemin, surgit ... .
d. Viendrez-... nous voir en avril ?

12 * Réécris ces phrases en conjuguant les verbes entre parenthèses au présent.**

a. À quel endroit (pouvoir)-on voir tout le paysage ?
b. Sur les rails, les roues du train (résonner).
c. Dans mon jardin (pousser) de mauvaises herbes.
d. Les gens du village, fous de joie, (s'agiter).

J'écris – Je m'exprime

ORAL

13 Supprime les mots qui séparent le sujet du verbe entre parenthèses, puis conjugue le verbe au présent.

a. Ma sœur, pour s'amuser, (se déguiser) souvent.
b. Les explorateurs, désireux de découvrir de nouveaux territoires, (partir) à l'aventure.
c. La voiture, garée derrière le camion, (être) la nôtre.

14 * Écris la fin de ces phrases.

a. Le jongleur ... **b.** Les écuyères ...

15 ** Réécris le texte en remplaçant « le loup » par « les loups » et « il » par « ils ». Attention aux accords !

Qui est le loup ? Le loup se déplace en groupe. Le loup, souvent sauvage, habite dans la forêt. Il mange de la viande. Il chasse du gibier.

À toi de jouer

Retrouve 3 verbes à l'infinitif et 3 noms de poissons, puis utilise-les pour écrire 3 phrases.

S	A	U	M	O	N	E	M
T	N	Y	E	P	J	I	O
R	G	A	U	R	I	L	A
U	U	N	O	E	P	T	N
I	I	U	R	N	G	E	A
T	L	U	V	D	E	P	G
E	L	I	S	R	A	R	E
P	E	C	H	E	R	O	R

Autodictée

Louis et Paul se retrouvent au bord du lac. Les deux amis s'installent pour pêcher. Assis sur une caisse en bois, Louis s'endort. L'appât au bout de son hameçon est dévoré par les poissons. Paul relève sa ligne et attrape une belle truite.

8 Participe passé en *-é* ou infinitif en *-er*

Compétence : Distinguer le participe passé en *-é* de l'infinitif en *-er*.

Découvrons et manipulons

– Il lui est arrivé d'embaucher des jeunes pendant les vacances. Je m'en souviens très bien. Rappelle-toi. Géminy prenait ses congés. Ton père a employé plusieurs fois des étudiants, en juillet et en août pour Noël, et aussi à Pâques.
– Ils étaient déclarés et très bien payés. Papa ne les a pas arnaqués. De quoi ils auraient voulu se venger ?
Basile retrouve sa mine d'intellectuel soucieux.
– Ça, ma vieille, c'est ce qu'il faudrait savoir.

Yves Hugues, *Zigotos de Zoo : Faim de loup*,

1 **a) Observe les verbes en rouge**
b) Donne leur infinitif.
c) À quel temps sont-ils conjugués ?
d) Avec quel auxiliaire sont-ils conjugués ?
e) Comment s'appelle la partie du verbe soulignée ? Quelle est sa terminaison ?
f) Remplace la partie soulignée par le participe passé du verbe finir ou prendre. Que constates-tu ?

2 **a) Observe les verbes en bleu.**
b) Quelle est leur terminaison ? Que peux-tu en déduire ?
c) Remplace-les par le verbe finir ou prendre. Que constates-tu ?

MANIPULER
3 **Remplace les mots soulignés par le verbe à l'infinitif prendre, puis par son participe passé pris. Choisis la phrase correcte et ajoute la bonne terminaison -er ou -é.**
- Il a aim... mes jouets.
- Il faut déviss... l'ampoule.
- Elles ont demand... un taxi.
- Ils jouent à lanc... des cailloux.
- L'enfant, épuis... par la soirée, s'endormit.

MANIPULER
4 **Complète ces phrases avec l'infinitif ou le participe passé du verbe entre parenthèses.**
- (aller) Il est ... au parc. Elle doit ... au parc.
- (installer) Pour ... ce logiciel, il faut lire la notice. Tu as ... ce logiciel.
- (parler) Nous voulons te ... . Il a ... à sa mère.
- (aider) Il a ... la troupe. Si tu veux m'..., retrouve-moi à 6 heures.

Je retiens

→ **Il ne faut pas confondre** le **participe passé en -é** (ou **-ée**, **-és**, **-ées**) des verbes en **-er** avec l'infinitif de ces verbes, qui est invariable.

→ Un verbe à **l'infinitif** peut toujours être remplacé par un autre verbe à l'infinitif.
Il lui est arrivé d'**embaucher** des jeunes. → Il lui est arrivé de **voir** des jeunes.

→ **Le participe passé** s'emploie avec les auxiliaires **avoir** ou **être**, aux temps composés.
Quand le participe passé est employé avec le verbe **être**, il **s'accorde avec le sujet**.
Ton père a employ**é** des étudiants. **Il** est arriv**é**. – **Elle** est arriv**ée**.

→ **Le participe passé** peut aussi s'utiliser **seul**, comme un adjectif. Il **s'accorde** alors comme un adjectif.
Mon père, arriv**é** tôt, est déjà reparti. – Ma mère, arriv**ée** tôt, est déjà repartie.

→ On peut remplacer le participe passé en **-é** par le participe passé d'un verbe en **-dre**, **-ir**, **-oir**, etc.
Mon père est **arrivé**. → Mon père est **pris**.

Je m'entraîne

Identifier le participe passé

6 * **Recopie les phrases, entoure les sujets et souligne les participes passés. Justifie leur terminaison.**

a. La comédienne est revenue cet après-midi.
b. Sonia est allée à son cours de judo.
c. Les plantes vertes sont restées à l'intérieur.
d. Il est resté seul dans un coin.
e. Nous sommes partis à sa recherche.

7 ** **Recopie les phrases et souligne les participes passés. Justifie leur terminaison.**

a. Bertrand a trouvé des coquillages.
b. Les enfants, amusés par le spectacle, sourient.
c. Le lion est sorti de sa tanière.
d. La tempête a déraciné les arbres.
e. La table réservée par vos parents se trouve ici.

Accorder le participe passé

8 * **Recopie et complète ces phrases avec le participe passé entre parenthèses qui convient.**

a. Elle est (allé/allée) faire des courses.
b. Nous avons (vu/vus) un accident de voiture.
c. Ils sont (devenu/devenus) riches !
d. Elles sont (tombé/tombées) sur les rochers.
e. Vous êtes (monté/montés) par les escaliers.

9 ** **Recopie ces phrases et complète le participe passé avec la bonne terminaison.**

a. Les secouristes sont venu... pour les sauver.
b. Elle est monté... après le déjeuner.
c. Les basketteurs sont arrivé... en demi-finale.
d. Les brocanteurs sont resté... jusqu'à 18 heures.
e. Ses parents sont parti... pour le voir.

10 ** **Recopie ces phrases et complète-les avec un sujet qui convient.**

a. ... ont joué.
b. ... sommes retournés.
c. ... sont allées au match ce soir.
d. ... est levée.
e. ... a nagé.

11 ** **Recopie et complète ces phrases avec le bon auxiliaire en fonction du participé passé.**

a. Les enfants ... bu une orangeade.
b. La marée ... montée très rapidement.
c. La voisine ... fermé sa fenêtre.
d. Les corbeaux ... affamés.
e. Les travaux ... terminés.

12 *** **Réécris ces phrases avec le participe passé des verbes entre parenthèses. Attention aux accords !**

a. Elle est (partir) sans dire un mot.
b. Les spectateurs sont (venir) avec plaisir.
c. Nos voisins ont (acheter) une maison (abandonner).
d. Les arbres (toucher) par la foudre sont (devenir) tout noirs.
e. Louna, (éblouir) par le soleil, a (cligner) des yeux.

J'écris – Je m'exprime

13 ORAL **Invente une phrase avec chacun de ces verbes conjugués au passé composé.**

rester – prendre – pouvoir – venir – choisir

14 ** **Invente 5 phrases avec les verbes suivants conjugués au passé composé. Aide-toi du dessin.**

monter – descendre – entrer – sortir – marcher

À toi de jouer

Trouve les participes passés qui se cachent dans ces charades et forme une phrase avec chacun d'eux.

- Mon premier est un animal qui ronronne.
  Mon second est la troisième lettre de l'alphabet.
- Mon premier est un rongeur.
  Mon second se trouve entre S et U dans l'alphabet.
- Mon premier est une petite étendue d'eau.
  Mon deuxième compose une phrase.
  Mon troisième se trouve au milieu du visage.

Autodictée

L'ogresse est allée en forêt. Les deux petites filles sont venues la voir. Elles ont apporté des friandises à déguster. Mais l'ogresse a eu envie de manger les petites filles. Quand l'ogre est rentré à la maison, elles étaient attachées à côté de la marmite. L'ogre a libéré les enfants.

Je réinvestis mes connaissances

L'accord sujet-verbe

1 * Recopie les phrases, souligne les sujets en bleu et les verbes en rouge.

a. Louis, avec son air malicieux, trouve la solution.
b. Pourquoi aimes-tu venir ici ?
c. Les enfants jouent et mangent un gâteau.
d. « Quel beau tableau ! » s'exclame Lola.
e. Vois-tu le panneau ?

2 * Réécris les phrases en conjuguant les verbes entre parenthèses au présent de l'indicatif. Pense à les accorder avec leur sujet.

a. Nina, un peu fatiguée, (proposer) de goûter*.
b. L'huître* et la moule (être) des bivalves.
c. Comment (vouloir)-tu y arriver ?
d. « Les soldats (attaquer) ! » (hurler) le garde.
e. J'(enfiler) mon maillot de bain.

3 ** Recopie les phrases et complète avec un sujet qui convient.

a. ... ramasses des châtaignes.
b. Veulent-... prendre des boissons ?
c. ..., un peu amer, donne son trésor.
d. Sur la place du village, commence ... .
e. ... disputons une partie de tennis.

4 * Recopie le texte. Conjugue les verbes entre parenthèses au présent et accorde-les avec leur sujet.**

Cette fois, Cham (rester) absent toute la journée. Et, le soir venu, il ne (revenir) pas. Dhydra (marcher) de long en large dans le cachot, nerveuse. De temps en temps, elle (s'arrêter) et (tendre) l'oreille. Rien. Aucun pas ne (résonner) dans l'escalier.

– Miroir, (murmurer)-t-elle. Miroir, montre-moi mon fils !

Des vapeurs vertes et jaunes (tourbillonner) sous la surface de verre. Puis elles (s'écarter), et Cham apparaît.

Marie-Hélène Delval, *Les Dragons de Nalsara, aux mains des sorciers*, © Éditions Bayard.

Participe passé en *-é* ou infinitif en *-er*

5 * Recopie ces phrases, souligne les participes passés en rouge et les verbes à l'infinitif en bleu.

a. Il est allé se brosser les dents.
b. J'ai aimé ramasser des fraises.
c. Vous êtes arrivés pour regarder le match.
d. Pour terminer, ils ont commandé un millefeuille !
e. A-t-il été vérifier dans le panier rouge ?

6 * Transforme les phrases comme dans l'exemple.

apporter une salade → Elle a apporté une salade.

a. décorer le sapin → Ils ...
b. nettoyer les vitres → J'...
c. rencontrer des amis au parc → Tu ...
d. régler un conflit → Nous ...
e. aimer les animaux → Elle ...

7 ** Recopie le texte avec le verbe entre parenthèses à l'infinitif ou au participe passé.

Il a rejoint la place Saint-Pierre et puis s'est (cacher) derrière le kiosque à journaux. Le minibus est (arriver), a attendu quelques minutes.

Il l'a (regarder) s'(éloigner) sur le quai et disparaître, puis s'est (diriger) vers la place Esquirol.

Il a (passer) la journée au jardin des Plantes et dans les parages, Grand-Rond, monument aux morts, cathédrale Saint-Étienne, et retour au jardin.

Jean-Jacques Marimbert, *Les Ailes de Camille*, © Casterman, 2015.

8 * Complète ces phrases avec le participe passé ou l'infinitif des verbes. Attention aux accords !**

a. tomber
Ils sont ... dans une flaque.
Les crampons lui permettent de ne pas ... !
Il lui est ... dessus dès la nuit ... !
C'est mal ... ; tu arrives trop tard.

b. annoncer
Les résultats sont ... par le maire.
On peut ... la nouvelle demain.
Ont-elles ... leur venue ?
Les chansons ... n'ont pas toutes été chantées !

c. aller
Elles sont ... faire une partie de tennis.
Il faut ... en direction du moulin.
Ils sont ... rejoindre des amis en ville.
Il s'en est ... par un beau matin d'hiver.

L'accord de l'attribut

9 * Réécris les phrases en remplaçant le sujet en gras par le sujet proposé. Attention aux accords !

a. **Elle** se sent fatiguée aujourd'hui. (Il)
b. **Nos amis** sont de grands intellectuels. (Elles)
c. **Les plantes** semblent sèches. (La fleur)
d. **Les rats** passent pour des animaux malins ! (Le chat)
e. **Les pollutions** sont dangereuses pour la peau. (Le soleil)

10 ⁑ **Recopie ces phrases et complète-les avec des adjectifs ou des groupes nominaux attributs du sujet qui conviennent.**

a. En regardant le tableau, ils ont l'air ….

b. Depuis quelques mois, le temps semble ….

c. Je suis … de voir que les choses prennent cette tournure.

d. Amina reste ….

e. Les coussins sont ….

L'accord du participe passé

11 * **Réécris ces phrases en les complétant avec le participe passé des verbes entre parenthèses.**

a. Nous sommes (aller) chercher de l'eau.

b. Il a (manger) deux parts de tarte.

c. Elle est (venir) pour son entretien.

d. Les participantes sont (arriver) à l'heure.

e. Ils ont (aimer) la quiche lorraine.

12 ⁑ **Souligne les sujets et conjugue les verbes entre parenthèses au passé composé.**

La pluie (tomber) toute la journée. Les feuilles des arbres (tremper). Les promeneurs (rester) chez eux. Les enfants (ne pas venir) jouer…

Une seule personne (sortir) par un temps pareil : c'est le chasseur d'escargots ! Il (penser) que le temps était idéal pour trouver des escargots. Ses filles (venir) avec lui car elles adorent chercher ces petites bêtes !

EXERCICES TRANSVERSAUX

13 ⁑ **a) Recopie ce texte et complète les verbes avec -er, -é, -ée, -és ou -ées.**

b) Souligne en rouge les sujets, en bleu les verbes conjugués, en vert les verbes à l'infinitif.

c) Entoure les attributs du sujet.

Pour travers… la mer sans danger, nous nous sommes embarqu… sur un navire de commerce. Les passagers sont pour la plupart des hommes. Ils paraissent us… par la mer. Leurs yeux semblent délav… par le sel et le vent. Leurs peaux brûl…* par le soleil donnent l'impression qu'ils sont très vieux ! Hier soir, ils ont racont… leurs aventures. Certains sont all… se couch… tôt. Moi, je voulais écout… jusqu'au bout. J'ai allum… ma lanterne, je me suis allong… dans un coin. Ils ont oubli… ma présence.

14 ⁑ **a) Conjugue les verbes au passé composé. Accorde les participes passés si nécessaire.**

b) Souligne les attributs et pense à les accorder.

rester un grand navigateur

→ Elle **est restée** une grande navigatrice.

a. être content de voir du monde → Elles …

b. avoir l'air d'un garçon sérieux → Léon …

c. sembler intéressé → Les stagiaires …

d. passer pour solide → Ces grilles …

e. être futé → Nos filles …

15 ⁂ **Réécris ces phrases en conjuguant les verbes entre parenthèses au passé composé.**

a. L'actrice (partir) tôt pour le tournage.

b. Les tractopelles (descendre) dans la carrière.

c. J'(voir) un arc-en-ciel apparaître*.

d. Les acrobates (descendre) par une corde du haut du chapiteau.

e. Des flammes (monter) du sous-sol.

EXERCICES D'ÉCRITURE

16 * **Écris 5 phrases sur le modèle suivant.**

Il **est allé** au parc **pour jouer**.

17 ⁑ **Écris en 5 ou 6 lignes la suite d'une de ces histoires au passé composé.**

- Histoire 1 : Les deux danseuses sont arrivées longtemps avant le spectacle. Elles ont enfilé leur tutu et leurs chaussons…
- Histoire 2 : Le skieur a dévalé la pente, il a fait quelques beaux virages, puis il est tombé. Le public en a eu le souffle coupé, mais…
- Histoire 3 : La météo a été mauvaise durant tout le festival. Les comédiens ont été obligés d'aménager les lieux. Les spectateurs ont apprécié…

18 ⁂ **Écris la description de la scène ci-dessous au passé composé. Utilise le plus possible de verbes d'état et d'attributs du sujet.**

11 a ou à, et ou est, mes ou mais, son ou sont, ou ou où, on/on n' ou ont

Compétences : Distinguer et écrire sans erreur les homophones grammaticaux *a/à, et/est, mes/mais, son/sont, ou/où* et *on/on n'/ont*.

Découvrons et manipulons

Dans un très grand fleuve, dans un pays désert <u>où</u> l'homme n'avait jamais mis le pied, vivaient de nombreux caïmans. Ils étaient plus de cent <u>ou</u> plus de mille. [...]
« Je suis ton ami le caïman qui a fait avec toi le voyage jusqu'à la mer. »
En entendant cette voix connue, le Surubí sortit de sa grotte.
« Ah, je ne t'avais pas reconnu ! dit-il affectueusement à son vieil ami. [...]
« Il est vrai qu'il ne me reste que peu de dents et que certaines sont cassées. **Mais** savez-vous ce qu'elles vont croquer, demain, ces dents ? »

Horacio Quiroga, « La Guerre des caïmans », *Contes de la forêt vierge*, trad. A. Boule-Chritauflour, © Éditions du Seuil.

1 Lis les mots en rouge. Quelle est la nature du mot « a » ? Par quel autre mot peux-tu le remplacer ?

2 Lis les mots en bleu. Quelle est la nature du mot « est » ? Par quel autre mot peux-tu le remplacer ?

3 Lis les mots en vert. Lequel peux-tu remplacer par « ton » ? Lequel peux-tu remplacer par « étaient » ?

4 Lis les mots soulignés. Lequel peux-tu remplacer par « ou bien » ?

5 Lis le mot en gras et propose un homophone. Comment s'écrit-il ?

Je retiens

→ **A**, sans accent, est le verbe **avoir** conjugué au présent de l'indicatif. Il peut être remplacé par **avait** (verbe **avoir** à l'imparfait) : Il **a** fait le voyage. → Il **avait** fait le voyage.
À, avec accent, est un **mot invariable** : Il répond **à** son vieil ami.

→ **Est** est le verbe **être** conjugué au présent de l'indicatif. Il peut être remplacé par **était** (verbe **être** à l'imparfait) : Il **est** vrai. → Il **était** vrai.
Et est un **mot invariable**. Il unit deux noms, deux verbes, deux adjectifs : Le caïman **et** son ami parlent.

→ **Mais** est un **mot invariable** ; il peut être remplacé par **pourtant** :
Mes dents sont cassées **mais** je vais vous croquer ! → Elles sont cassées **pourtant** je vais vous croquer !
Mes est un **déterminant** ; il est le pluriel de **ma** ou **mon** : **Mes** dents sont cassées. → **Ma** dent est cassée.

→ **Sont** est le verbe **être** conjugué au présent de l'indicatif. Il peut être remplacé par **étaient** (verbe **être** à l'imparfait) : Ces dents **sont** cassées. → Ces dents **étaient** cassées.
Son est un **déterminant** ; il peut être remplacé par **mon** ou **ton** : **son** vieil ami → **mon** vieil ami

→ **Ou** est un **mot invariable** ; il peut être remplacé par **ou bien** : Ils étaient plus de cent **ou bien** plus de mille.
Où est un **mot invariable** qui indique une idée de lieu ou de moment : Une rivière **où** le caïman vivait.

→ **Ont** est le verbe **avoir** conjugué au présent de l'indicatif. Il peut être remplacé par **avaient** (verbe **avoir** à l'imparfait) : Les caïmans **ont** une peau épaisse. → Les caïmans **avaient** une peau épaisse.
On est un pronom ; il peut être remplacé par **il** : **On** imagine ce pays désert. → **Il** imagine ce pays désert.

Attention ! *ne confonds pas* ***on*** *et* ***on n'*** *: devant un verbe commençant par une voyelle, la négation peut se confondre avec la liaison :* **On** est amis. → **On n'**est pas amis.

Je m'entraîne

Identifier et écrire *a* et *à*

6 * **Recopie et complète ces phrases avec a ou à.**

a. Ses conseils sont bons … suivre.
b. … partir d'ici, Paolo … eu besoin d'aide.
c. Éva … dérapé … cause des gravillons. Elle … donc peur de reprendre son vélo.
d. Mégane vit maintenant … Barcelone et elle y … de très bons amis.
e. Le nouvel athlète … fait ses preuves : … la piscine, il nage … merveille.

Identifier et écrire *et* et *est*

7 * **Remets les mots dans l'ordre pour former des phrases avec et et est.**

a. soigneusement – au musée. – Le – est – livre – conservé
b. la – obligés – balayette. – d'utiliser – et – la – pelle – est – On
c. de ce film – est – incroyable – La – et – fin – surprenante. – tellement
d. est – aucune envie – vraiment trop tôt – Il – et – je n'ai – de me presser.
e. est-elle – de son prix ? – et – contente – de ses résultats – Magaly

Identifier et écrire *mes* et *mais*

8 * **Recopie ces phrases en remplaçant le point rouge par mes ou mais.**

a. • que peuvent-ils bien regarder ainsi ?
b. Je mets de l'ordre dans • affaires.
c. Je te prêterai • plus puissantes cartes, • n'oublie pas de me les rendre !
d. Un courant d'air me saisit, • poils se hérissent, • il ne fait pourtant pas froid.
e. • chiens Coco et Nana sont petits • grassouillets.

Identifier et écrire *son* et *sont*

9 * **Recopie ces phrases. Si le mot souligné peut être remplacé par étaient, écris-le en rouge.**

a. Son parapluie s'est retourné.
b. Tes copains sont très sympathiques.
c. Ce sont des mirabelles qui sont très juteuses.
d. Son maillot est mouillé, mais ses chaussettes sont déjà sèches.
e. À qui sont ces lunettes ?

Identifier et écrire *ou* et *où*

10 * **Recopie seulement les phrases où le mot souligné peut être remplacé par ou bien.**

a. Le jour où tu es parti, j'ai beaucoup pleuré.
b. J'hésite : le noir ou le vert ?
c. Préfères-tu aller à la montagne ou à la mer ?
d. Où iras-tu lors de ton voyage en Sicile ?
e. Il risque d'oublier sa guitare ou son harmonica…

Identifier et écrire *ont*, *on* et *on n'*

11 ** **Recopie et complète ces phrases avec ont, on ou on n'.**

a. … a beau dire, ces cascadeurs … du courage !
b. …-ils le choix ? … ne dirait pas.
c. Beaucoup de spectateurs … pleuré ; … ne s'attendait pas à une telle émotion…
d. … venait souvent dans ce coin, mais … y venait que pour faire plaisir à notre père.
e. … dirait bien qu'ils … choisi de partir et … est pas prêt de les revoir de sitôt !

J'écris – Je m'exprime

ORAL
12 **Trouve une phrase pour chaque homophone de la leçon. Épelle*-le à chaque fois.**

13 ** **Écris 5 phrases pour décrire une sortie au musée avec ou, où et ont, on, on n'.**

À toi de jouer

Dans cette grille, retrouve 12 homophones de la leçon.

C	U	M	A	I	S	F	O	N	T
É	B	E	X	Q	O	A	T	Ù	C
L	L	S	V	O	R	I	S	O	N
P	O	Ù	U	U	T	E	O	I	É
O	S	E	R	B	Ù	S	O	E	T
N	X	R	S	O	N	T	F	À	S

Autodictée

Avec mes cousins, on a l'intention d'aller au cinéma ou à la piscine. Mais c'est difficile de choisir quand on est nombreux. Lucie et moi, on a alors décidé de tirer à la courte paille.

12 se ou ce, ses ou ces, c'est ou s'est

Compétences : Distinguer et écrire sans erreur les homophones grammaticaux *se, ce, ses, ces* et *c'est, s'est*.

Découvrons et manipulons

Depuis que nous avons quitté Sydney, nous avons eu orage sur orage, chacun d'eux nous poussant plus au nord dans la mer de Corail. Le câble du gouvernail s'est cassé. […]
À l'exception de ces deux sommets, toute l'île semblait recouverte de forêt. D'après ce que je pouvais voir, il n'y avait aucun signe de présence humaine. […]
C'est à ce moment-là que je sentis une douleur cuisante dans la nuque, dans le dos et dans mes bras aussi. Une grande méduse blanche flottait juste à côté de moi et me touchait avec ses tentacules. […] Je sentis mes muscles se raidir. Je voulus battre des pieds pour me rapprocher du rivage, mais ce fut impossible.

Michael Morpurgo, *Le Royaume de Kensuké*, trad. D. Ménard,
© Éditions Gallimard Jeunesse.

1 a) Observe les mots en bleu. Que remarques-tu ?
b) Lequel peux-tu remplacer par « sa » ?

2 a) Observe le mot en vert. Quelle est sa nature ?
b) Trouve ce même mot à la fin du texte. A-t-il la même nature ?
c) Par quel autre mot peux-tu remplacer chaque « ce » ?
d) Trouve un homophone de « ce » dans le texte.

3 a) Observe les mots en rouge. Quelle est leur différence ? Quel est leur point commun ?
b) Par quel type de mot est suivi « s'est » ?

MANIPULER
4 Choisis le bon mot et justifie ta réponse.
- Gaëtane est partie pour Hambourg (ce/se) matin.
- Lui aussi a remarqué (ces/ses) étranges lumières.
- Le champion (s'est/c'est) retiré de la compétition.
- Il est inutile de (ce/se) presser.
- Sonia enfouit sa tête dans (ces/ses) mains.
- Et (s'est/c'est) à ce moment-là que Joe arriva.

MANIPULER
5 Ajoute s' ou c'.
- … est bientôt le départ de la transat !
- Je crois qu'il … est résigné.
- La ferme … est beaucoup agrandie.
- … est moi qui ai été nommé à ce poste.

Je retiens

→ **Se** est un **pronom** ; il est toujours placé **devant un verbe**. Il peut être remplacé par **me** ou **te** :
Il **se** raidit. → Je **me** raidis.
Ce peut être un **déterminant** ; il accompagne toujours **un nom**. Il peut être remplacé par **le**.
Ce peut aussi être un **pronom** : il est alors placé **devant un verbe** ou devant **qui**, **que**, **dont** :
à **ce** moment-là → **le** moment / **Ce** fut impossible. → **Cela** fut impossible.

→ **Ses** est un **déterminant** ; il est le pluriel de **son** ou **sa**. On l'utilise si l'on peut dire **les siens** ou **les siennes**. Il peut être remplacé par **mes** ou **tes** : **ses** tentacules → **mes** tentacules
Ces est un **déterminant** ; il est le pluriel de **ce**, **cet** et **cette**. On l'utilise si l'on peut dire **ceux-là** ou **celles-là**. Il peut être remplacé par **les** : **ces** deux sommets → **les** deux sommets

→ **C'est** est le **pronom ce** suivi du verbe **être** à la 3e personne du singulier du présent de l'indicatif. Il peut être remplacé par **ceci est** (mais la phrase transformée n'est pas belle) : **C'est** à ce moment-là…
S'est est le **pronom se** suivi du verbe **être** à la 3e personne du singulier du présent de l'indicatif.
S'est est toujours suivi par le participe passé du verbe conjugué : Le câble **s'est** cassé.

Je m'entraîne

Identifier et écrire *se* et *ce*

6 * **Recopie uniquement les phrases dans lesquelles le mot souligné est un déterminant.**

a. Ce matou est le roi du quartier.
b. Maud ne connaissait pas ce jeune comédien.
c. Ce qu'il regardait le fit éclater de rire.
d. Se doucher est conseillé avant de dormir.
e. Le téléphone sonna et Karim se dépêcha de décrocher.

7 ** **Remets les mots dans l'ordre pour écrire des phrases avec se et ce.**

a. soir / promèneront. / et / Hugo / se / Camille / Ce
b. disputent / frères / pour / se / ce / Les / jeu.
c. se / ce / sont / tôt / matin. / Ils / réveillés
d. ne / se / Ce / jamais / chien / promène / seul.
e. gâteau-là. / Cyrille / se / sur / rua / ce

8 ** **Recopie et complète les phrases avec se ou ce.**

a. ... que David préfère, c'est la tarte aux myrtilles.
b. ... bambin semblait tellement joyeux que tout le monde ... retournait sur son passage.
c. Zoé aime ... baigner dans ... ruisseau frais.
d. Son père a jeté tout ... dont il ne ... servait plus.
e. Il ne ... souvient pas d'avoir croisé ... voisin.

Identifier et écrire *ses* et *ces*

9 * **Réécris les phrases en choisissant le mot entre parenthèses qui convient.**

a. La vache et (ces/ses) petits veaux broutaient.
b. (Ces/Ses) maisons sont vraiment délabrées.
c. Marguerite attend (ces/ses) petits-enfants.
d. Avec toutes (ces/ses) algues, (ces/ses) cheveux étaient bons à relaver !
e. (Ces/Ses) vacanciers profitent de la montagne et de (ces/ses) équipements touristiques.

10 ** **Recopie et mets les groupes nominaux soulignés au pluriel.**

a. Olive termina son exercice très rapidement !
b. Isidore a ôté sa chaussure pour enfiler son chausson.
c. Cet enfant vient de Rome.
d. Où as-tu trouvé cette merveille ? Dans ce magasin, là-bas ?
e. Il écarquilla son œil en regardant ce tableau.

Identifier et écrire *s'est* et *c'est*

11 * **Réécris les phrases en ajoutant s' ou c'.**

a. ...est bien la première fois qu'il vient ici !
b. Ce pompier ...est montré très performant !
c. ...est sûr*, Quentin ...est bien amusé.
d. Si les danseuses ne rentrent pas encore sur scène, ...est qu'il y a un problème.
e. La camionnette a ralenti, puis ...est immobilisée.

12 ** **Recopie et complète les phrases avec s'est ou c'est.**

a. À la prochaine réunion, ... toi qui parleras.
b. Le chaton ... faufilé jusqu'ici ; ... là que je l'ai retrouvé.
c. ... demain qu'il saura s'il ne ... pas trompé.
d. Le cycliste ... brillamment illustré dans cette course : ... un réel exploit !
e. Son père ... retourné, puis ... mis à chanter.

J'écris – Je m'exprime

13 * **Écris 3 phrases sur le modèle proposé.**

C'est dimanche que Natacha s'est entraînée*.

14 ** **Observe cette photo et écris 5 lignes dans lesquelles il y aura les homophones suivants : se, ce, ses, ces, c'est et s'est.**

À toi de jouer

Trouveras-tu le seul se qui n'est entouré que de voyelles ?

O	S	E	E	A	S	E
K	I	R	A	S	P	A
U	P	T	V	U	A	U
O	S	E	S	E	S	E

Autodictée

C'est maintenant… Il se lève, réajuste ses lunettes et se répète qu'il est capable de réaliser ce record. Il s'est préparé dur et c'est aujourd'hui qu'il peut gagner.

13 la, là ou l'a/l'as, si ou s'y, sans ou s'en

Compétences : Distinguer et écrire sans erreur les homophones grammaticaux *la, là ou l'a/l'as, si ou s'y, sans ou s'en.*

Découvrons et manipulons

En ce temps-là, vivait dans la forêt un bien étrange animal. On disait qu'il était si grand que ses oreilles touchaient les nuages. On racontait que sa peau, sans poil, était froide et lisse comme la neige. Cette immense créature ne se nourissait que de rêves… Elle s'en emparait, le soir venu, lorsque tous les hommes dormaient. C'est pourquoi personne ne l'avait jamais vue. On prétendait qu'il fallait traverser quatre mers et franchir douze montagnes pour trouver l'endroit où elle vivait. Mais personne ne s'y était jamais rendu.

1 a) Lis à voix haute les 2 mots en bleu. Que remarques-tu ?
b) Par quel mot peux-tu remplacer celui qui est souligné ? Quelle est la nature de ce mot ?

2 a) Lis à voix haute les 2 mots en rouge. Que remarques-tu ?
b) Par quel mot peux-tu remplacer celui qui est souligné ?
c) Reformule la phrase où se trouve « s'y » en remplaçant « personne » par « je ». Que constates-tu ?

3 a) Lis à voix haute les 2 mots en vert. Que remarques-tu ?
b) Reformule la phrase où se trouve « s'en » en remplaçant « Elle » par « Je ». Que constates-tu ?

MANIPULER
4 Choisis le mot qui convient et justifie ta réponse.
- Hector est toujours en retard, son père ne (s'y/si) fera jamais.
- Lou ne répondait pas, il (la/l'a) rappelée plus tard.
- La ligne de départ est (la/là).
- (S'y/Si) tu n'y arrives pas, essaie encore !
- Margot a un frère, elle (sans/s'en) occupe souvent.

Je retiens

→ **La** est un **déterminant**. Il peut être remplacé par **une** : **la** mer → **une** mer
Il peut être aussi un **pronom**, complément du verbe : Il regarde **la mer**. → Il **la** regarde.
Là est un **mot invariable**. Il désigne un **lieu** ou un **moment**. Il peut être remplacé par **ici** (-ci) ou **en ce moment** : Viens **là**. → Viens **ici**. – **Là**, je suis occupée. → **En ce moment**, je suis occupée.
L'a/l'as est le **pronom la** ou **le** (**l'**) suivi du verbe **avoir** conjugué au présent de l'indicatif.
Il peut être remplacé par **l'avait/l'avais** (verbe **avoir** à l'imparfait) :
Il a regardé la créature. → Il **l'a** regardée. → Il **l'avait** regardée.
Tu as regardé la créature. → Tu **l'as** regardée. → Tu **l'avais** regardée.

→ **Si** est un **mot invariable**. Il peut être remplacé par **tellement** ou exprimer la **condition** :
Elle était **si** grande. → Elle était **tellement** grande.
Si tu veux trouver la créature, il faudra traverser quatre mers.
S'y est le **pronom se** (**s'**) suivi du **pronom y**. Il est toujours placé devant un verbe.
Il peut être remplacé par **me** (**m'y**) ou **te** (**t'y**) :
Il doit traverser quatre mers pour **s'y** rendre. → Je dois traverser quatre mers pour **m'y** rendre.

→ **Sans** est un **mot invariable** qui signifie « **qui n'a pas de** » :
Une peau **sans** poils. → Une peau **qui n'a pas de** poils.
S'en est le **pronom se** (**s'**) suivi du **pronom en**. Il est toujours placé devant un verbe. Il peut être remplacé par **me** (**m'en**) ou **te** (**t'en**) :
Elle **s'en** empare. → Je **m'en** empare.

Je m'entraîne

Identifier et écrire *la*, *là* et *l'a/l'as*

5 * **Recopie ces phrases en choisissant le mot entre parenthèses qui convient.**

a. Ce moment-(la/là) viendra bientôt.
b. Hier, Jules ne (la/l'a) pas reconnu.
c. (La/Là) sonnette retentit ; qui peut être (là/l'a) ?
d. (La/Là) tourterelle prit (la/l'a) brindille et (la/l'a) transporta jusqu'à son nid.
e. Rebecca (la/l'a) empruntée mais elle ne (l'as/l'a) pas encore rendue.

6 ** **Recopie et complète ces phrases avec la, là l'a ou l'as.**

a. Hugo avala goulûment* ... dernière part de tarte.
b. Je l'ai vu, il était ... il y a quelques secondes !
c. Le chiot ... regardée et s'est précipité vers elle.
d. Je t'assure que ... , ce n'est pas possible.
e. ...-tu averti que nous venons ?

Identifier et écrire *si* et *s'y*

7 ** **Recopie et complète ces phrases avec si ou s'y.**

a. Et ... nous y allions, finalement ?
b. L'eau est ... bonne qu'il ... jette d'un coup !
c. C'est un domaine auquel je ne comprends rien mais Léo ... intéresse beaucoup.
d. ... tu as peur, rapproche-toi de nous.
e. Ce village est ... mignon, ne peut-on pas ... arrêter ?

Identifier et écrire *sans* et *s'en*

8 * **Recopie ces phrases en choisissant le mot entre parenthèses qui convient.**

a. Mina préfère les yaourts (sans/s'en) morceaux.
b. Isabelle était là, Céline (sans/s'en) doutait.
c. Elle (sans/s'en) moque complètement !
d. (Sans/S'en) indication, je risque de me perdre...
e. Farid arriva, (sans/s'en) avoir prévenu à l'avance.

9 * **Recopie et complète ces phrases avec sans quand il signifie « qui n'a pas de » et s'en quand tu peux le remplacer par « m'en ».**

a. L'oiseau est reparti ... tarder.
b. Le garagiste semble bien ... occuper.
c. Je pense qu'il ... souvient.
d. Tu es venu ... les enfants ?
e. Il fait froid mais elle ne ... plaint pas.

10 ** **Recopie et complète ces phrases avec sans et s'en.**

a. Chloé ... alla, ... se retourner.
b. ... crème, Hanna risque de prendre un coup de soleil, alors elle ... met sur le nez.
c. ... plus attendre, Luc ... alla rejoindre les autres.
d. Il ... approcha, ... écouter nos conseils.
e. Yann était parti ... qu'on ... aperçoive.

J'écris – Je m'exprime

11 ORAL **Formule une phrase qui comportera là, si et s'en.**

12 * **Écris une phrase qui comportera la, s'y et sans.**

13 ** **Observe cette image et écris un texte de 5 lignes dans lequel tu utiliseras la, là, s'y et sans.**

À toi de jouer

Sudoku d'homophones.
Remplis cette grille pour que chaque ligne, chaque colonne et chaque bloc contienne là, sans, si et la.

			si
		là	
	sans	si	
	là		

Autodictée

Noé ne s'y attendait pas. Là, devant cet indice inespéré, sans bouger un cil, il réfléchissait. Et si le mystère était résolu ? Un bruit derrière lui se fit entendre… Il était si concentré qu'il ne s'en soucia pas.

14 quel(s)/quelle(s) ou qu'elle(s), leur ou leurs

Compétences : Distinguer et écrire sans erreur les homophones grammaticaux *quel(s)/quelle(s)* ou *qu'elle(s)*, *leur* ou *leurs*.

Découvrons et manipulons

Le chemin, jonché d'aiguilles, allait tout droit, le soleil filtrait à travers les hautes branches : quelle jolie promenade ! [...]
La lumière, la splendeur des fleurs, leurs parfums entêtants m'ont submergée. [...] Le vent chassait les nuages au-dessus de la montagne et on avait l'impression qu'elle nous tombait dessus. [...] Quel bonheur de retrouver le silence du désert et celui de mes compagnons, la douceur blonde des dunes, leur patience infinie. [...] Alors je me suis souvenue que, de toute notre traversée, je ne leur avais pas dit mon nom.

Jean-Claude Mourlevat, *La Rivière à l'envers : Hannah*,
© Pocket jeunesse, un département d'Univers Poche.

1 a) Lis à voix haute les 3 mots en rouge. Que remarques-tu ?
b) Compare les 2 mots soulignés.
c) À quel groupe nominal appartiennent-ils ?
d) Avec quel nom noyau sont-ils accordés ?
e) À quelle classe de mot appartiennent-ils ?
f) Observe l'autre mot en rouge et remplace « elle » par « il ». Que constates-tu ?

2 a) Lis à voix haute les 3 mots en bleu. Que remarques-tu ?
b) Compare les 2 mots soulignés. Devant quel type de mot sont-ils placés ?
c) À quelle classe de mots appartiennent-ils ?
d) Observe l'autre mot en bleu. Devant quel type de mot est-il placé ?
e) Quel groupe nominal du texte remplace-t-il ?
f) À quelle classe de mots appartient-il ?

MANIPULER

3 Complète avec qu'elle(s) si tu peux le remplacer par qu'il(s), sinon complète avec quel(s) ou quelle(s).
- Comprends-tu ce ... dit ?
- ... sont grandes !
- ... bonne idée !
- Avec ... outils va-t-elle réparer cette machine ?
- ... récit émouvant !
- De ... histoires parles-tu ?

MANIPULER

4 Complète avec leur ou leurs. Justifie tes choix.
- Jack regardait attentivement ... mouvements.
- La vieille dame ... proposa une tasse de thé.
- Le singe surgit et s'empara de ... appareil photo.
- ... plus jeune frère était très calme.
- Devant ... yeux ébahis, elle ... raconta ... avenir.

Je retiens

→ **Quel** est un **déterminant. Il s'accorde** en genre et en nombre avec le nom qu'il détermine.
Quel bonheur ! – **Quelle** jolie promenade ! – **Quels** livres ? – **Quelles** histoires ?
Qu'elle est la contraction de « que elle ». **Qu'elle** peut être remplacé par **qu'il**.
On avait l'impression **qu'elle** nous tombait dessus. → On avait l'impression **qu'il** nous tombait dessus.

→ **Leur** peut être un **déterminant**. Il est souvent placé devant un nom. **Il s'accorde** avec le nom qu'il détermine.

***Attention !** au féminin, on écrit aussi* **leur** : **Leur** parfum. – **Leurs** parfums. – **Leur** fleur. – **Leurs** fleurs.

Leur peut être un **pronom**, complément du verbe. Il est toujours placé devant un verbe. Il est alors **invariable** et ne prend jamais de **s**.
Je ne **leur** avais pas dit mon nom. → Je n'avais pas dit mon nom <u>à mes compagnons de voyage</u>.

Je m'entraîne

Identifier et écrire *quel(s), quelle(s)* et *qu'elle(s)*

5 * **Recopie et complète les phrases avec les déterminants quel ou quelle.**

a. Il est magnifique : ... beau costume !
b. À ... heure sommes-nous attendus ?
c. Victoire de l'équipe B, ... exploit !
d. Mais ... mouche t'as piqué ?
e. ... spectacle et ... ambiance !

6 ** **Réécris les phrases en choisissant le mot entre parenthèses qui convient.**

a. C'est la musique (quelles/qu'elles) préfèrent.
b. (Quelle/Qu'elle) coiffure aura-t-il choisie ?
c. Manon adore manger ce (qu'elle/quelle) cuisine.
d. Dommage (quelle/qu'elle) ne vienne pas...
e. (Quelles/Qu'elles) aiment les serpents est vraiment surprenant !

7 *** **Recopie et complète les phrases avec quel, quels, quelle, quelles, qu'elle ou qu'elles.**

a. ... surprise nous réserve-t-il encore ?
b. Marissa m'a dit ... repasserait ici demain.
c. ... duels endiablés !
d. Il a encore perdu ses cartes, ... dommage !
e. ... viennent à pied m'embête un peu, par ... rues vont-elles passer ?

Identifier et écrire *leur* et *leurs*

8 * **Recopie et complète les phrases avec les déterminants leur ou leurs.**

a. Ces deux garnements ont égaré ... ballon.
b. Ils enfilent ... gants et prennent ... luge.
c. À travers ... lunettes, ils voient la vie en rose.
d. Les trois copines s'amusent à enfouir ... orteils dans le sable.
e. Guillaume et Kamel s'occupent de ... petites sœurs.

9 ** **Recopie uniquement les phrases où leur est un pronom invariable.**

a. Marc leur a promis de les emmener au zoo.
b. Il lui faudra du temps pour leur pardonner.
c. Leur construction va bientôt s'effondrer.
d. Les fourmis se dirigent vers leur fourmilière.
e. Myriam leur a envoyé une carte de Bolivie.

10 ** **Recopie et complète les phrases avec leur ou leurs. Indique si leur/leurs est un déterminant ou un pronom.**

a. Quelle réussite, ... spectacle était vraiment drôle !
b. ... bicyclettes sont rangées là-bas.
c. Dès demain, il faudra ... annoncer la nouvelle !
d. Mélanie récupéra ... affaires afin de les ... rendre au plus vite.
e. Les violoncellistes s'accordaient et, déjà, le son de ... instruments me faisait vibrer.

J'écris – Je m'exprime

ORAL

11 **Pose 4 questions en utilisant les déterminants : quel – quelle – quels – quelles.**

12 * **Écris 2 phrases : la première avec quelle et leur et la seconde avec quel et leurs.**

13 ** **Écris 2 phrases sur ce modèle.**

Quel ... et quelle ..., lorsqu'elle ...

14 ** **Écris un court texte en t'aidant de la photographie. Utilise au moins une fois chacun de ces mots : quel(s), quelles(s), qu'elle(s), leur, leurs.**

À toi de jouer

Trouveras-tu dans ce rébus un mot qui se prononce pareil qu'un mot de la leçon ? Comment s'écrit-il ?

Autodictée

Charlie aimait leur raconter des histoires de héros. Dans leurs yeux qui scintillaient, elle pouvait voir à quel point cela les émerveillait. Toutes ces légendes qu'elle leur offrait, elle les tenait elle-même de son grand-père.

Je réinvestis mes connaissances

a ou à, et ou est, mes ou mais, son ou sont, ou ou où, on/on n' ou ont

1 * Recopie ces phrases en complétant par a ou à.

a. … sa place, je prendrais le chemin de gauche.
b. Cette maison … un toit tout délabré.
c. Miguel se retourna … mi-parcours.
d. Émilie … quelques jeux dans son sac.
e. … quelques pas de la maison, il … sifflé et son chien … surgi des bosquets.

2 * Recopie et complète les phrases avec et ou est.

a. Il … trop tôt pour annoncer les résultats.
b. Nous n'aurons pas le temps de découvrir la côte … la montagne, il faut choisir.
c. …-elle fière de sa prestation ?
d. Diego … sa sœur iront au marché … à la plage.
e. Ce n'… pas parce qu'il … petit … mince qu'il n'… pas fort !

3 * Recopie et complète ces phrases avec le mot entre parenthèses qui convient.

a. Je vais ranger (mes/mais) habits dans la valise.
b. Le ciel est gris (mes/mais) le sable est brûlant*.
c. Cet après-midi, j'arroserai (mes/mais) plantes.
d. Elles viendront (mes/mais) elles sont pressées.
e. Tout est calme (mes/mais) j'ai peur.

4 ** Remets les mots dans l'ordre pour former des phrases avec son et sont.

a. La – nourriture. - et – sont – recherche – son – de – renardeau – à la – renarde
b. frère – partis – Mon – et – oncle – sont – en randonnée. – son
c. tour ! – hamster – a disparu – Son – à – son
d. sont – Son – et – son – perdus. – bonnet – écharpe
e. son – colis – va – et – André – chercher – chéquier. – son
f. et – Tom ? – cachés – Où – sont – Ninon – son – ami

5 * Recopie et complète les phrases avec ou ou où.

a. Vais-je l'attendre ici … à l'intérieur ?
b. Le jour … tu viendras, voudras-tu jouer … te promener ?
c. Regarde ces images, … vois-tu une différence ?
d. … se cachait-il : derrière ce mur … sous le lit ?
e. … que nous allions, il y avait des moustiques … des guêpes !

6 ** Recopie et complète ces phrases avec on, on n' ou ont.

a. … a pas le droit de franchir cette ligne.
b. Ces deux voitures … la même puissance.
c. … a besoin d'eux pour faire un match.
d. Ils n'… malheureusement pas le temps.

se ou ce, ses ou ces, c'est ou s'est

7 * Recopie et complète les phrases avec se ou ce.

a. Camille … calmera toute seule.
b. Farid … renseigne sur … tournoi.
c. … garer sur … parking est interdit.
d. … matin, le soleil … levait alors que j'ouvrais l'œil.
e. … petit malin a … qu'il veut en souriant !

8 * Recopie ces phrases en complétant par ses ou ces.

a. … basketteurs félicitent leurs adversaires.
b. Il était si énervé que … narines tremblaient.
c. Clara oubliait systématiquement … affaires.
d. Ce sont … petits moments qui sont importants !
e. Gabriel sourit et … yeux se remplirent d'étoiles.

9 * Réécris ces phrases avec la forme correcte.

a. (C'est/S'est) une sacrément belle histoire !
b. Nathan (c'est/s'est) interrompu de lui-même.
c. Le plombier (c'est/s'est) engagé à le réparer.
d. Elle (c'est/s'est) retournée et (c'est/s'est) à ce moment qu'elle l'a vu !
e. « (C'est/S'est) déjà l'heure de partir ! » (c'est/s'est) écrié Maël.

la, là ou l'a/l'as, si ou s'y, sans ou s'en

10 ** Recopie et complète les phrases avec la, là ou l'a.

a. … pelouse a été arrachée ici et … .
b. Timéo inspecta … salle puis … quitta.
c. … petite sœur d'Inès … attendue toute … journée.
d. …, Adèle ne serait certainement pas d'accord !

11 * Recopie ces phrases en complétant par si ou s'y.

a. … tu y vas, je te suivrai.
b. … tu ne sais pas faire de vélo, apprends, c'est … important !
c. Liam était dans le jardin, il … reposait.
d. La décision était prise, mais ils … opposèrent.
e. … demain il fait beau, Gaël … rendra en skateboard.

12 * **Recopie et complète cette comptine avec sans ou s'en.**

Pierrot-...-tête fait sa valise.
C'est pas la peine qu'on lui dise
Ce qu'il faut mettre à l'intérieur,
Pierrot ... souvient un quart d'heure.
Donc il ... va ... pyjama,
... chaussons et ... brosse à dents.
Ne te fais pas de mauvais sang !
Dit Pierrot-...-tête à maman.
... mentir, mon copain Vincent,
Des pyjamas, il en a cent !

Claire Derouineau, *Mots futés pour écrire sans se tromper*, © Actes Sud Junior.

quel(s)/quelle(s) ou qu'elle(s), leur ou leurs

13 ** **Recopie et complète les phrases avec quel, quels, quelle, quelles, qu'elle ou qu'elles.**

a. ... parfums va-t-il choisir pour sa glace ?
b. ... histoire ! Il faut ... nous disent la vérité !
c. Les rollers ... a choisis sont pour les professionnels, ... après-midi sportif en vue !
d. Devinez à ... couleurs je pense.
e. De ... type d'instrument n'aimes-tu pas jouer ?

14 ** **Recopie et complète les phrases avec leur ou leurs, puis indique si c'est un pronom invariable ou un déterminant.**

a. À ... tour, ils avancèrent devant le guichet.
b. ... cheveux étaient trop emmêlés, on a dû ... couper.
c. Éva ... apporta le thé et ... gâteaux préférés.
d. C'était déjà l'heure de ... promenade.
e. ... bouches bougeaient, mais Fanny n'entendait pas ... cris.

EXERCICES TRANSVERSAUX

15 ** **Complète ce texte avec les formes correctes.**

(Quelle/Qu'elle) pluie torrentielle ! Les fillettes ont (leur/leurs) vêtements complètement trempés car même (leur/leurs) anorak ne les protège plus assez. Elles courent mais ne savent pas sous (quel/quelle/qu'elle) arbre s'abriter. Une fois l'averse passée, dès (quelle/quelles/qu'elle/qu'elles) se regardent, toutes dégoulinantes, elles éclatent de rire. Avec (quel/quels/quelle/quelles) jeu vont-elles poursuivre (leur/leurs) après-midi ?

16 ** **Complète ce texte avec les formes correctes.**

Ça fait plusieurs années que M. Sherlock Holmes, le célèbre détective, fait régulièrement appel (à/a) (mes/mais) services. (C'est/S'est/Ces/Ses) plutôt drôle, d'ailleurs, de dire régulièrement, parce que moi (et/est) ma bande (on/ont) s'appelle Les irréguliers de Baker Street… (Et/Est) (c'est/s'est/ces/ses) moi qui dirige toutes les opérations. (On/On n') (et/est) pas toujours bien vus (l'a/l'as/là) (ou/où) l'(on/ont) passe ; toujours (à/a) fouiner pour découvrir ce qu'il ne faut pas, plus rapides que les lévriers des courses de riches (et/est) puis, il faut bien le dire, pas toujours très propres.

Béatrice Nicodème, *Wiggins et le Perroquet muet*, © Éditions Syros.

17 ** **Complète ce texte avec les formes correctes.**

(Si/S'y) le silence total (se/ce) fait, le concert va pouvoir commencer (sans/s'en) tarder. Seul le piano (et/est) (la/là/l'a) au milieu de (la/là/l'as) scène. (La/Là/L'a) pianiste (si/s'y) installe (et/est) commence (à/a) jouer. Pendant trente minutes, le public (la/là/l'a) écoutée, puis elle (sans/s'en) va sous un tonnerre d'applaudissements (si/s'y) mérité.

18 ** **Complète ce texte avec les formes correctes.**

(Où/Ou) (son/sont)-elles passées ? Je cherche (mes/mais) lunettes (et/est) (leur/leurs) étui depuis une heure, (mes/mais) impossible de les trouver ! Elles (on/ont) été perdues, (ou/où) bien mon frère (a/à) décidé de les cacher dans (son/sont) placard. (On a/On n') a pas idée de faire un (si/s'y) mauvais coup (a/à) son aîné* ! Paul (et/est) vraiment incorrigible.

EXERCICES D'ÉCRITURE

19 * **Écris 5 phrases sur le modèle de la phrase en bleu.**

Mes histoires **sont** drôles, **mais** personne ne rit !

20 ** **Écris 5 phrases sur le modèle de la phrase en bleu.**

À la piscine, **c'est** drôle de faire des saltos !

21 ** **Écris 3 phrases qui devront contenir :**

- c'est – ou – là – ses
- quelles – où – sont – mais
- si – on n' – ce – est

15 Les mots invariables

Compétences : Identifier et écrire sans erreur les mots invariables les plus courants.

Découvrons et manipulons

Odette s'arrête sur le palier. Elle pose sa valise. Elle cherche ses clés. Quand elle les trouve, ses écouteurs se sont enroulés autour… Ce petit sac n'est finalement pas très pratique ! Elle retournera certainement aux puces demain pour en dénicher un autre. Soudain, la porte s'ouvre : Corinne est là, rayonnante.
« J'ai une surprise pour toi ! Depuis ton départ, j'ai vraiment bien travaillé ! »
Odette sourit mais elle n'est pas étonnée… Depuis qu'elles se connaissent, Corinne met beaucoup d'énergie à transformer l'appartement dès qu'Odette part en voyage. Mais là, lorsqu'elle découvre le salon, Odette écarquille les yeux. Elle n'aurait quand même jamais imaginé cela…

1 **Repère la phrase en bleu. Relis-la en remplaçant le sujet par « Ces petites sacoches ». Quels mots ne varient pas ?**

2 **a) Observe le mot en rouge. À partir de quel mot est-il formé ?**
b) Ce mot varie-t-il quand tu remplaces le sujet du verbe par « Nous » ?

3 **Trouve d'autres mots invariables dans le texte.**

MANIPULER

4 **Forme les mots invariables correspondants à ces adjectifs.**
affreux → affreusement
vif – volontaire – long – stupide – faux – frais – rapide – doux – gai – silencieux – rapide – immense

MANIPULER

5 **Retrouve l'adjectif à partir duquel est formé chacun de ces mots invariables.**
patiemment – brillamment – seulement – apparemment – violemment – gentiment – prudemment – méchamment – bruyamment

MANIPULER

6 **Transforme ces phrases en remplaçant le sujet par « vous » et en mettant tous les noms au pluriel. Relève les mots qui ne varient pas.**
Il va chez le dentiste. – Prudemment, il sort du tunnel. – Je ne mange jamais rapidement. – Pendant longtemps il a regardé l'étoile. – Avant, il dormait très tard.

Je retiens

→ **Les mots invariables** sont des mots qui **s'écrivent toujours de la même façon** : ils ne s'accordent ni en genre ni en nombre.
Il s'était senti seul **pendant si longtemps**. → Elles s'étaient senties seules **pendant si longtemps**.

→ Les mots invariables qui se terminent en **-ment** sont souvent formés à partir de l'adjectif au féminin : affreuse → affreuse**ment**

→ Les mots invariables sont très fréquents. Il n'y a pas de règle particulière pour apprendre leur orthographe.

aujourd'hui	quand	avant	alors	combien	dans	ailleurs	jamais
hier	lorsque	après	cependant	assez	dehors	parmi	toujours
autrefois	soudain	désormais	ainsi	bien	devant	partout	parfois
bientôt	d'abord	déjà	pourtant	beaucoup	chez	environ	souvent
maintenant	ensuite	depuis	malgré	trop	ici	rien	surtout…

Je m'entraîne

Identifier un verbe à l'infinitif et un verbe conjugué

7 * **Trouve l'intrus dans chaque groupe.**

a. bondir – finit – aplatir – mentir – maigrir

b. émettre – combattre – mettons – admettre – rabattre

c. salis – devenir – écrit – dis – fuit

d. allez – vas – vais – aller – allons

e. tondre – prends – perdre – vendre – fondre

8 * **Recopie les verbes à l'infinitif dans ce texte. Souligne leur terminaison.**

Pendant son temps libre, Marius aime fabriquer des tours immenses. Manon préfère combattre des extraterrestres et courir derrière son ballon. Quant à Eliot et Margaux, ils adorent défendre leurs idées pendant des heures, sans se chamailler. Et moi, ce qui me fait plaisir, c'est de cuisiner de bons petits plats pour régaler toute la famille !

9 ** **Recopie le tableau, puis complète-le avec les verbes de ces phrases.**

verbes à l'infinitif	verbes conjugués

a. Pour soigner mon chien, le vétérinaire doit le manipuler délicatement.

b. Plus que quelques minutes et nous arriverons !

c. Être calme résout bien des problèmes.

d. Où sont les pastilles à sucer ?

e. Quel plaisir de vous revoir ici… Vous serez toujours les bienvenus !

Donner l'infinitif d'un verbe conjugué

10 * **Trouve l'infinitif des verbes suivants.**

nous sommes – tu allais – je crois – il parvient – je me lève – vous faites – vous finiriez – je choisis – elles regarderont – il reconnaîtra* – on ira – tu peux – nous pensons – elle voudra

11 ** **Entoure les verbes conjugués de ces phrases et donne leur infinitif.**

a. La balle rebondit quatre fois avant de s'arrêter.

b. Ils finissaient leur goûter* quand Malo arriva.

c. Quel dommage, tu ne verras jamais la fin !

d. Le libraire triait, couvrait et rangeait les B.D.

e. Elle aime suivre sa sœur partout où elle va !

f. Nous voulions connaître* son secret.

12 ** **Entoure en bleu les verbes à l'infinitif. Entoure en rouge les verbes conjugués et donne leur infinitif.**

Les pigeons parviennent à aligner des objets du plus grand au plus petit. Les rats réussissent à classer des sons qu'ils écoutent entre les « longs » et les « courts ». Quand la différence est trop subtile, ils ne répondent pas plutôt que de faire une bêtise. Ils ont conscience de pouvoir se tromper.

Florence Pinaud, *Respecter les animaux à petits pas*, © Actes Sud, 2013.

13 ** **Souligne les verbes conjugués de ces phrases et donne leur infinitif.**

a. Les jardiniers ont tondu le gazon hier matin.

b. Les mauvaises herbes envahissaient le coin du mur et celui-ci se fissurait lentement.

c. Une hirondelle a survolé le jardin, s'est posée sur le puits et a rejoint son nid où ses petits l'attendaient.

d. De rage, elle claqua la porte et s'enfuit.

e. L'histoire racontée était très amusante.

J'écris – Je m'exprime

ORAL

14 **Trouve 2 verbes qui commencent par la lettre R et dont l'infinitif se termine comme chanter, comme prendre et comme vouloir. Forme une phrase ensuite avec chacun d'entre eux.**

15 * **Écris la recette de la potion pour devenir un champion d'orthographe. Utilise 6 verbes à l'infinitif.**

Préparer un grand saladier…

À toi de jouer

Ces lettres se sont mélangées !
Remets-les dans l'ordre pour reconstituer trois verbes à l'infinitif.

POCMDERNER   RIFOFR

RUMQANE

Autodictée

Depuis 1974, pour pouvoir voter en France, il faut avoir plus de dix-huit ans, l'âge de la majorité. Au Japon, par exemple, on devient majeur à vingt ans.

2 Le verbe conjugué

Compétences : Connaître les règles de variations des terminaisons d'un verbe. Identifier les marques de temps et de personne. Situer des actions dans le passé, le présent et le futur.

Découvrons et manipulons

Georges regarda attentivement Grandma. Elle était véritablement minuscule. Ses jambes étaient si courtes qu'il lui fallait un tabouret pour poser ses pieds, et sa tête n'arrivait qu'à la moitié du dossier de son fauteuil.
– Papa m'a dit que c'était bien pour un homme d'être grand, dit Georges.
– N'écoute pas ton papa, dit Grandma. Écoute-moi.
[…] Et ne mange plus de chocolat. Mange plutôt du chou.
– Du chou ? Oh, non ! protesta Georges. Je n'aime pas le chou.
– Que tu aimes ou pas, peu importe, coupa Grandma.
Ce qui compte, c'est ce qui est bon pour toi. À partir de maintenant, tu mangeras du chou trois fois par jour. Des montagnes de choux.

Roald Dahl, *La Potion magique de Georges Bouillon*, trad. M. Farré, © Éditions Gallimard Jeunesse.

1 Observe les verbes en bleu.
a) Quelles sont leurs terminaisons ?
b) Quel pronom sujet est placé devant ?
c) À ton avis, à quel temps sont-ils conjugués ?

2 Observe le verbe en rouge.
a) Quelle est sa terminaison ?
b) Quel pronom sujet est placé devant ?
c) À ton avis, à quel temps est conjugué le verbe ?

3 Observe les verbes en vert.
a) À quels temps du passé sont-ils conjugués ?
b) Lequel est conjugué à un temps composé ?

MANIPULER
4 Indique si les verbes sont conjugués à un temps du présent, du passé ou du futur.
tu aimeras – j'ai pris – il alluma – tu as su – nous prenons – vous saviez – nous saurons – vous avez entendu – vous allez – elles crurent – ils demanderont – je peux – elle voulut – on sera

MANIPULER
5 Complète avec un pronom sujet qui convient Explique ton choix.
… nageais – … verras – … sentirent – … voyions – … ramassèrent – … sont sorties – … a partagé – … feront – … ai – … paya – … saluerez – … partent – … dépasseront – … attendent – … luttions.

Je retiens

→ Un verbe peut être conjugué à un **temps simple** ou à un **temps composé**.

→ Le verbe conjugué à un temps simple est formé d'un **radical** et d'une **terminaison**.
Le présent, le futur, l'imparfait et le passé simple sont des temps simples : tu manger/as (radical + terminaison)

→ La terminaison varie selon :
- La personne (je, tu, il, elle, on, nous, vous, ils, elles) : tu regard**es** – il regard**e** – nous regard**ons** – les oiseaux regard**ent** (marque de personne)
- Le temps (passé, présent, futur) : tu regard**ais** – elle regard**e** – vous regard**erez** – ils regard**eront** (marque de temps)

→ Pour trouver si le verbe est au passé, au présent ou au futur, on peut s'aider en cherchant un **marqueur de temps** dans la phrase.
À partir de maintenant (marqueur de temps), tu **mangeras** (futur). – Aujourd'hui (marqueur de temps), nous **partons** (présent). – Hier (marqueur de temps), ils **sont allés** (passé composé) au cinéma.

→ Le verbe conjugué à un **temps composé** est formé d'un **auxiliaire** (avoir ou être) et d'un **participe passé**. Le **passé composé** est un temps composé : Papa m'**a dit**. (auxiliaire avoir + participe passé)

Attention ! *certains verbes changent de radical lorsqu'ils sont conjugués.*
faire : je fais – nous ferons – vous faites – ils font.

Le présent de l'indicatif : verbes en *-ir*

10 * **Réécris ces phrases en conjuguant les verbes entre parenthèses au présent.**

a. Lentement, mon panier (s'alourdir).
b. Je ne (désobéir) jamais !
c. Le jeune chaton (se blottir) contre moi.
d. Cette proposition ne lui (convenir) pas.
e. Ils (sortir) du parc et (partir) vers l'ouest.

11 ** **Réécris ces phrases en conjuguant les verbes entre parenthèses au présent.**

a. Luc et Clara (parvenir) à leurs fins.
b. Les hirondelles (nourrir) leurs petits.
c. Ton oncle (tenir) à t'emmener à la pêche.
d. Mes amies et moi (sentir) les arômes des fleurs.
e. Les étudiants (réfléchir) à leur avenir.

Le présent de l'indicatif : *être, avoir* et verbes fréquents

12 * **Réécris ces phrases avec le sujet indiqué.**

a. Ils ont mal aux dents. Ils vont chez le dentiste.
→ Tu ...
b. Nous venons de terminer la partie.
→ Je ...
c. Tu fais de ton mieux et tu as bien raison !
→ Vous ...
d. Prends-tu la bonne décision ?
→ ...-nous ...
e. Il est étrange. Il dit des mots en dormant !
→ Elles ...

13 ** **Réécris ce texte en conjuguant les verbes entre parenthèses au présent.**

Ce matin, les enfants (faire) de la cuisine. C'(être) une surprise pour leurs parents. Paul (aller) vite au marché et (revenir) avec un panier rempli : ils (avoir) désormais tout ce qu'il faut. Les parents ne se doutent de rien. Ils (aller) se régaler.

Le présent de l'indicatif : verbes en *-oir*

14 * **Conjugue ces verbes au présent, avec les sujets indiqués.**

a. revoir → tu ... / il ... / les randonneurs ...
b. pouvoir → Yanis et ses copains ... / je ... / vous ...
c. vouloir → je ... / ils ... / elle ...
d. voir → ta sœur et toi ... / je ... / elles ...
e. devoir → Naël et sa mère ... / tu ... / nous ...

15 * **Réécris ces phrases en conjuguant les verbes entre parenthèses au présent.**

a. Les écureuils (devoir) faire des provisions.
b. Nous (pouvoir) parcourir 11 000 km demain !
c. Je (voir) ce film pour la troisième fois et vous le (revoir) aussi avec plaisir.
d. Elles (vouloir) à tout prix t'accompagner.
e. La météo (prévoir) un temps maussade.

EXERCICES TRANSVERSAUX

16 ** **Complète ce tableau comme l'exemple.**

	temps (passé, présent, futur)	pronom sujet	infinitif
dormais	passé	je / tu	dormir
faites			
vois			
irons			
prennent			
veux			
doit			
compreniez			
sera			

17 ** **Réécris ce texte en conjuguant les verbes au présent.**

Lorsque les élèves de l'Académie Supérieure de Sorcellerie de Mlle Jollidodue arrivèrent dans la cour de récréation, le jour de la rentrée, un soleil tropical écrasait l'école. Les premières années étaient les seules à venir à pied, car elles ne savaient pas encore voler ; les autres, et bien sûr les professeurs, franchissaient les hautes murailles sur leurs balais, telle une nuée de corbeaux – un spectacle impressionnant.

Jill Murphy, *Amandine Malabul la sorcière et la fourmi*, trad. J.-F. Ménard, © Éditions Gallimard Jeunesse, 2006.

EXERCICES D'ÉCRITURE

18 ** **Écris la suite avec 5 phrases au présent.**

Nous sommes au théâtre. Nous nous préparons à ...

19 ** **Imagine que tu es un oiseau. Écris un texte qui raconte ta journée en utilisant des verbes conjugués au présent.**

8 L'imparfait de l'indicatif : verbes en *-er*, *-dre*, *-ir*

Compétences : Identifier et conjuguer à l'imparfait de l'indicatif les verbes qui se terminent en *-er*, *-dre* et *-ir* à l'infinitif.

Découvrons et manipulons

Chaque matin, les enfants du village regardaient les pêcheurs partir en mer, puis ils se dirigeaient vers la plage. Youna écoutait le bruit des vagues et observait ses amis jouer sur le sable. Kenza finissait un château de sable qu'elle avait commencé la veille. Deux enfants au loin choisissaient des coquillages pour décorer le château de sable. À midi, lorsqu'ils entendaient leurs mamans les appeler pour le déjeuner, ils abandonnaient leur construction et se précipitaient chez eux.

1 a) À quel temps les verbes en bleu sont-ils conjugués ? Comment le sais-tu ?
b) Quelles sont leurs terminaisons ?
c) Quels sont leurs sujets ?
d) Donne leurs infinitifs.

2 a) Observe les verbes en vert.
b) Donne leurs infinitifs.
c) Conjugue-les à toutes les personnes.
d) Que remarques-tu ?

3 a) Observe le verbe en rouge. Quelle est sa terminaison ?
b) Quel est son sujet ?
c) Donne son infinitif.

MANIPULER
4 Conjugue les verbes aux personnes indiquées.
- je commençais → tu ... / nous ...
- il payait → nous ... / vous ...
- elle distinguait → nous ... / tu ...
- tu fondais → nous ... / vous ...

Je retiens

→ **L'imparfait** de l'indicatif **est un temps du passé**. Il est utilisé le plus souvent pour décrire quelqu'un ou quelque chose ou pour parler d'une action longue ou habituelle.
Chaque matin, les enfants du village **regardaient** les pêcheurs.

→ À l'imparfait, les terminaisons sont les mêmes pour tous les verbes : **-ais**, **-ais**, **-ait**, **-ions**, **-iez**, **-aient**.

chanter :		**entendre :**		**partir :**		**finir :**	
je	chant**ais**	j'	entend**ais**	je	part**ais**	je	finiss**ais**
tu	chant**ais**	tu	entend**ais**	tu	part**ais**	tu	finiss**ais**
il, elle, on	chant**ait**	il, elle, on	entend**ait**	il, elle, on	part**ait**	il, elle, on	finiss**ait**
nous	chant**ions**	nous	entend**ions**	nous	part**ions**	nous	finiss**ions**
vous	chant**iez**	vous	entend**iez**	vous	part**iez**	vous	finiss**iez**
ils, elles	chant**aient**	ils, elles	entend**aient**	ils, elles	part**aient**	ils, elles	finiss**aient**

→ Pour conjuguer les verbes comme **finir** à l'imparfait de l'indicatif, on place, à toutes les personnes, **-iss-** entre le radical et la terminaison.
Deux enfants chois**iss**aient des coquillages.

Attention! *il y a quelques cas particuliers :*
– *pour les verbes en* ***-cer****, le* ***c*** *devient* ***ç*** *devant* ***-ais****,* ***-ait****,* ***-aient*** : **lancer** → il lan**ç**ait
– *pour les verbes en* ***-ger****, on ajoute un* ***e*** *devant* ***-ais****,* ***-ait****,* ***-aient*** : **longer** → ils long**e**aient
– *pour les verbes en* ***-guer****, le radical conserve le* ***u*** *devant* ***-ais****,* ***-ait****,* ***-aient*** : **naviguer** → je navig**u**ais
– *pour les verbes en* ***-yer****, on conserve le* ***y*** *à toutes les personnes :* **payer** → je payais
Attention ! *à nous, vous :* **payer** → nous pa**yi**ons, vous pa**yi**ez
Pour les verbes en ***-eler*** *et en* ***-eter*** *on ne double pas la consonne :* **acheter** : il achetait – **appeler** : il appelait

Je m'entraîne

Identifier les verbes conjugués à l'imparfait

5 * **Relève les verbes conjugués à l'imparfait, puis donne leur infinitif.**

a. J'attendais mon père quand la foudre tomba.
b. Elle fut surprise. Il partait sans elle.
c. Les garçons lançaient des pierres sur le lac gelé. Soudain, la glace se brisa.
d. Les sportifs dégustaient leur déjeuner quand l'entraîneur* arriva.
e. Les élections se tinrent le jour où tu fêtais ton anniversaire.

Conjuguer les verbes à l'imparfait

6 * **Complète ces phrases avec un pronom sujet ou un groupe nominal.**

a. ... rugissaient dans le zoo.
b. ... empruntais une maison au bord de la mer.
c. ... tendions les bras vers eux !
d. C'est arrivé quand ... tondiez la pelouse.
e. Vérifiait-... souvent ses freins ?

7 * **Recopie ces phrases et conjugue les verbes entre parenthèses à l'imparfait.**

a. Léo (répondre) au téléphone.
b. Ils (finir) de manger.
c. Nous (agir) comme des robots.
d. Le chauffeur (charger) son camion.
e. Je (rendre) mon contrôle en dernier.
f. L'infirmier (examiner) le patient.

8 ** **Réécris les phrases en utilisant le sujet demandé.**

a. Je m'élançais sur la piste. → Nous ...
b. Vous jetiez les vieux papiers. → Il ...
c. Nous changions de tenue → Je ...
d. Il avançait plus vite que moi. → Vous ...
e. Tu obéissais toujours. → Ils ...
f. Elle payait avec de petites pièces. → Nous ...

9 *** **Écris les phrases suivantes en utilisant tous les sujets proposés.**

a. échanger des cartes → je / Pierre et moi / ils
b. bâtir une maison → tu / vous / elles
c. bondir d'un coup ! → il / mes sœurs / nous
d. commencer un projet → Lucie / mon oncle / ils
e. rayer une phrase → je / Lise et moi / ils

10 ** **Réécris le texte en conjuguant les verbes entre parenthèses à l'imparfait.**

Les enfants (jouer) à cache-cache dans la forêt. Mickaël (compter) pendant que les autres (se cacher). Il (tendre) l'oreille et il (partir) à la recherche de ses copains.
Luigi, le plus petit, (tomber) souvent dans la boue et il (salir) son pantalon. Lucie (entendre) Mickaël arriver et elle (essayer) de ne plus faire aucun bruit.

J'écris – Je m'exprime

ORAL

11 **Réponds aux questions suivantes en utilisant des verbes conjugués à l'imparfait.**

Quand tu étais petit ...
a. ... que mangeais-tu au petit déjeuner ?
b. ... quelles activités aimais-tu faire ?
c. ... que faisais-tu pendant les vacances ?

12 * **Écris 5 phrases en utilisant chacun de ces verbes conjugués à l'imparfait.**

choisir – descendre – aimer – mentir – défendre

13 ** **Imagine une histoire de 10 lignes à partir de cette illustration.**

À toi de jouer

Déchiffre ce rébus et écris la phrase qui correspond.

Autodictée

Elle pâlissait quand elle entendait les trompettes sonner. Cela signifiait que le spectacle commençait. Elle essayait de se rassurer en regardant les visages réjouis des spectateurs. Mais, lorsque les clowns finissaient leur numéro, son tour arrivait. Alors, courageusement, elle se lançait sur la piste !

9 L'imparfait de l'indicatif : *être* et *avoir* et verbes fréquents

Compétences : Identifier et conjuguer à l'imparfait de l'indicatif les verbes *être, avoir, aller, faire, dire, venir, prendre, pouvoir, voir, devoir, vouloir.*

Découvrons et manipulons

Son père était psychologue, sa mère ingénieur en informatique. Ensemble, ils avaient créé un programme pour son éducation. Tout était prévu : le poids en grammes pour chaque ration d'épinards ; l'heure à laquelle il devait se coucher le samedi 3 juillet ; les baisers et les câlins auxquels il avait droit [...]. Une seule chose le gênait ; de temps en temps l'ordinateur annonçait : « Aujourd'hui, 16 h 32 : bêtise. » Ses parents savaient qu'un enfant normal, parfois, fait des bêtises. « C'est inévitable, disaient-ils, et même indispensable à son équilibre. »

Bernard Friot, « Programme » dans *Nouvelles histoires pressées*, © Éditions Milan.

1 Observe les verbes en rouge.
a) Quelle est leur terminaison ?
b) À quel temps sont-ils conjugués ?
c) Sont-ils au singulier ou au pluriel ? Pourquoi ?

2 Observe le verbe en bleu.
a) Quelle est sa terminaison ?
b) À quel temps est-il conjugué ?
c) Est-il au singulier ou au pluriel ? Pourquoi ?

MANIPULER

3 Conjugue ces verbes à l'imparfait aux personnes indiquées. Épelle* leur terminaison.

- **être** → tu ... / elles ...
- **voir** → nous ... / je ...
- **aller** → il ... / vous ...
- **devoir** → je ... / nous ...
- **faire** → vous ... / elles ...
- **pouvoir** → tu ... / ils ...
- **dire** → elle ... / nous ...
- **vouloir** → je ... / vous ...
- **venir** → tu ... / elles ...

Je retiens

→ À l'imparfait, les verbes **être** et **avoir** et les verbes **aller**, **faire**, **dire**, **venir**, **prendre**, **pouvoir**, **voir**, **devoir**, **vouloir** prennent les mêmes terminaisons : **-ais**, **-ais**, **-ait**, **-ions**, **-iez**, **-aient**.

être : j'ét**ais**	nous ét**ions**	**avoir :** j'av**ais**	nous av**ions**
tu ét**ais**	vous ét**iez**	tu av**ais**	vous av**iez**
il, elle, on ét**ait**	ils, elles ét**aient**	il, elle, on av**ait**	ils, elles av**aient**

aller : j'all**ais**	**faire :** je fais**ais**	**dire :** je dis**ais**	**venir :** je ven**ais**
tu all**ais**	tu fais**ais**	tu dis**ais**	tu ven**ais**
il, elle, on all**ait**	il, elle, on fais**ait**	il, elle, on dis**ait**	il, elle, on ven**ait**
nous all**ions**	nous fais**ions**	nous dis**ions**	nous ven**ions**
vous all**iez**	vous fais**iez**	vous dis**iez**	vous ven**iez**
ils, elles all**aient**	ils, elles fais**aient**	ils, elles dis**aient**	ils, elles ven**aient**

prendre : je pren**ais**	**pouvoir :** je pouv**ais**	**voir :** je voy**ais**	**devoir :** je dev**ais**	**vouloir :** je voul**ais**
tu pren**ais**	tu pouv**ais**	tu voy**ais**	tu dev**ais**	tu voul**ais**
il, elle, on pren**ait**	il, elle, on pouv**ait**	il, elle, on voy**ait**	il, elle, on dev**ait**	il, elle, on voul**ait**
nous pren**ions**	nous pouv**ions**	nous voy**ions**	nous dev**ions**	nous voul**ions**
vous pren**iez**	vous pouv**iez**	vous voy**iez**	vous dev**iez**	vous voul**iez**
ils, elles pren**aient**	ils, elles pouv**aient**	ils, elles voy**aient**	ils, elles dev**aient**	ils, elles voul**aient**

Attention ! *le verbe* ***faire*** *ne s'écrit pas comme il se prononce.*
Attention ! *le verbe* ***voir*** *conserve le* ***y*** *et prend le* ***i*** *de la terminaison de l'imparfait aux deux personnes du pluriel :* nous voyions, vous voyiez.

Je m'entraîne

Identifier les verbes *être*, *avoir* et les verbes fréquents conjugués à l'imparfait

4 * **Relève les verbes conjugués à l'imparfait. Entoure leur terminaison et donne leur infinitif.**

a. Il n'y avait plus de pain, alors il s'en alla.
b. Je voyais la tempête arriver.
c. Elle décida de venir, car il faisait beau.
d. Nous avions deux heures d'attente.
e. On venait de partir quand ils entrèrent.
f. Vous étiez heureuses de les voir.

Conjuguer les verbes *être*, *avoir* et les verbes fréquents à l'imparfait

5 * **Complète ces phrases avec un groupe nominal ou un pronom sujet qui convient.**

a. ... avais une voiture et ... voulais te la montrer.
b. Venaient-... de loin ?
c. Avant, ... voulions couper les arbres.
d. Pour me faire plaisir, ... disait des poèmes.
e. ... deviez prendre l'avion une fois par an.
f. ... allais sûrement* être en retard.

6 ** **Recopie ces phrases et conjugue les verbes entre parenthèses à l'imparfait.**

a. Je (faire) un origami pour toi.
b. Elles (aller) certainement être déçues.
c. Ils (venir) discuter avec nous.
d. Nous (vouloir) voyager donc nous (devoir) prendre nos passeports.
e. Il (dire) qu'il (être) chef d'orchestre.

7 ** **Réécris les phrases avec le sujet demandé.**

a. Je voyais des étoiles. → Nous ...
b. Mes amis faisaient une promenade → Leila ...
c. Il pouvait courir durant 4 heures. → Tu ...
d. J'allais danser ce soir. → Elles ...
e. Tu pouvais patiner longtemps. → Toi et moi ...
f. Nous voulions faire ce voyage. → Vous ...

8 *** **a) Réécris le texte en remplaçant elles par tu.**
b) Réécris le texte en remplaçant elles par nous.

Elles allaient au bord de la mer. Elles prenaient leurs planches à voile. Elles voulaient aller jusqu'au phare, mais pour cela, elles avaient besoin de vent, sinon, elles ne pouvaient pas avancer.

J'écris – Je m'exprime

ORAL

9 **Raconte le début d'un conte que tu connais ou que tu imagines en utilisant des verbes conjugués à l'imparfait. Commence par « Il était une fois... ».**

10 * **Écris 4 phrases en commençant par les mots ci-dessous. Utilise les verbes devoir, faire, dire, être et conjugue-les à l'imparfait.**

- Chaque été, nous ...
- Tous les matins, elle ...
- Tous les ans, tu ...
- Autrefois, ils ...

11 ** **Observe ce personnage et raconte en 4 ou 5 phrases ce qu'il fait. Commence par « Chaque jour... » et conjugue les verbes à l'imparfait.**

À toi de jouer

Retrouve 6 verbes conjugués à l'imparfait, puis donne leur infinitif.

P	I	A	F	D	I	T	P
A	L	L	A	I	S	U	O
L	I	E	I	S	O	S	U
I	R	E	S	I	R	C	V
D	E	V	I	E	Z	A	I
U	V	A	O	Z	U	R	O
R	V	E	N	A	I	S	N
A	A	V	S	T	O	A	S

Autodictée

La nuit était belle. Sous la tente, j'avais un peu peur des animaux sauvages. Mes parents me disaient de ne pas m'inquiéter. Nous faisions le moins de bruit possible pour ne pas réveiller les lions.

10 Le passé simple *(3es personnes)* : verbes en *-er*, *-dre*, *-ir*

Compétences : Identifier et conjuguer les verbes qui se terminent en *-er*, *-dre* et *-ir* à l'infinitif aux 3es personnes du passé simple.

Découvrons et manipulons

La vieille secoua la tête et dit : « Hé, chers enfants ! qui vous a conduits ici ? Entrez, venez chez moi ! Il ne vous sera fait aucun mal. »
Elle les prit tous deux par la main et les fit entrer dans la maisonnette. Elle leur servit un bon repas, du lait et des beignets avec du sucre, des pommes et des noix. Elle prépara ensuite deux petits lits. Hansel et Gretel s'y couchèrent.

Hansel et Gretel, Contes d'Europe, © Rue des enfants.

1 Observe les verbes en bleu.
a) Quelle est leur terminaison ?
b) Quels sont leurs sujets ?
c) À quel temps sont-ils conjugués ?
d) Donne leurs infinitifs. Que remarques-tu ?

2 Observe le verbe en vert.
a) Quelle est sa terminaison ?
b) Quel est son sujet ?
c) À quel temps est-il conjugué ?
d) Donne son infinitif.

3 Observe le verbe en rouge.
a) Quelle est sa terminaison ?
b) Quel est son sujet ?
c) À quel temps est-il conjugué ?
d) Donne son infinitif.
e) Remplace « elle » par « elles ». Que remarques-tu ?

MANIPULER
4 Classe ces verbes conjugués selon leur terminaison. Donne leur infinitif. Que remarques-tu ?
elle s'adoucit – il regarda – elles salirent – il perdit – elles mangèrent – ils commencèrent – elle gagna – il pâlit – on ralentit – elles vendirent – ils finirent – il joua – elle dansa – ils volèrent – elle descendit – ils mordirent

MANIPULER
5 Conjugue ces verbes au passé simple à la 3e personne du pluriel.
- il mena → elles ...
- on joua → ils ...
- elle avança → ils ...
- on arrondit → elles ...
- il fendit → elles ...
- elle partit → ils ...
- il agit → ils ...
- on grandit → elles ...

Je retiens

→ **Le passé simple** est un **temps du passé** qui s'utilise surtout à l'écrit, aux 3es personnes du singulier et du pluriel. Dans les récits, il est associé à l'imparfait. Il exprime une action précise, limitée dans le temps.
Ils **marchaient** (imparfait) dans la forêt lorsqu'ils **remarquèrent** (passé simple) une maison.

→ Au passé simple, les terminaisons des 3es personnes du singulier et du pluriel sont :
- Pour les verbes en **-er** à l'infinitif : **-a** et **-èrent**. **pousser** : il, elle, on pouss**a** ; ils, elles pouss**èrent**
- Pour les verbes en **-dre** à l'infinitif : **-it** et **-irent**. **entendre** : il, elle, on entend**it** ; ils, elles entend**irent**
- Pour les verbes en **-ir** à l'infinitif : **-it** et **-irent** : **partir** : il, elle, on part**it** ; ils, elles part**irent**

***Attention !** les verbes comme **finir** ont les mêmes terminaisons à la 3e personne du singulier au **passé simple** et au **présent** : **-it**. Pour connaître* le temps des verbes, il faut alors utiliser le contexte.*
Il fouill**a** la maison et trouv**a** des diamants et des perles dont il rempl**it** sa poche. (**passé simple**)
Il fouill**e** la maison et trouv**e** des diamants et des perles dont il rempl**it** sa poche. (**présent**)

Je m'entraîne

Identifier les verbes en -*er*, -*dre*, -*ir* conjugués au passé simple

6 * **Recopie uniquement les verbes conjugués au passé simple. Entoure la terminaison en bleu quand le verbe est au singulier, et en rouge quand le verbe est au pluriel.**

il mangea – elles jouèrent – il entend – elle remue – ils passèrent – elles pensent – ils montèrent – elles repartirent – ils finirent – elle regarde – on vendit – elles nagèrent – il mordit – elle confond

7 ** **Recopie ces phrases. Souligne en bleu les verbes en -er conjugués au passé simple, en vert les verbes en -ir et en rouge les verbes en -dre.**

a. Elles partirent longtemps, mais elles n'oublièrent pas leurs amis.

b. Le chaton pourchassa un peu la souris, puis il cessa de jouer avec.

c. Le trappeur pista sa proie de très loin, puis il sentit qu'il l'avait ratée.

d. Les boules de glace fondirent sous le soleil et bientôt il ne resta que de l'eau.

e. Les skieurs descendirent les pistes rapidement. Enfin, ils rentrèrent au chalet.

8 ** **Recopie seulement les phrases au passé simple, souligne le verbe conjugué et donne son infinitif.**

a. Lucie finit ses devoirs et part voir son frère.

b. La plante fleurit, puis des feuilles poussèrent.

c. Elle réagit bizarrement lorsque je l'ai croisée.

d. Elle attrapa son sac et y enfouit ses lunettes.

e. La couleur s'adoucit si on ajoute de l'eau.

Conjuguer des verbes en -*er*, -*dre*, -*ir* au passé simple

9 * **Complète les verbes au passé simple avec la terminaison qui convient.**

- il rempl...
- elles diminu...
- elles se balanc...
- elle repart...
- on discut...
- elle termin...
- on s'envol...
- on oubli...
- il fond...

10 ** **Réécris ces phrases au passé simple.**

a. La nouvelle se répand rapidement.

b. Les danseuses finissent à 18 h.

c. Les marins naviguent et pêchent en pleine mer.

d. Il coupe le tissu, puis il fabrique un drapeau.

e. Elles rangent leurs sacs et nourrissent les chats.

11 ** **Complète le texte en conjuguant ces verbes au passé simple.**

monter – s'emparer – revêtir – brandir – tendre – partir

Le guerrier ... sa tenue de combat et ... de son bouclier. Il ... sur son cheval. Son compagnon lui ... le drapeau. Il le ... bien haut et ... au combat.

J'écris – Je m'exprime

12 ORAL **Reformule ce texte à voix haute en mettant les verbes au passé simple.**

Le jeune loup s'éloigne de la meute ; il se perd. Au bout de quelques heures, il hurle pour appeler ses semblables. La louve l'entend, elle franchit de nombreux obstacles et le retrouve sain et sauf.

13 * **Complète ces phrases avec un verbe conjugué au passé simple.**

- L'ogre dévorait son festin, tout à coup ...
- Le bateau arrivait au port, mais soudain ...

14 ** **Écris la suite de cette histoire en 10 lignes. Utilise le passé simple.**

Le compte à rebours prit fin et la fusée décolla. Seul dans sa cabine, l'astronaute ...

À toi de jouer

Replace les phrases de ce conte dans le bon ordre.

Quelques années plus tard, il revint et raconta tout ce qu'il avait découvert.
Quand il fut assez grand, il prépara son sac et partit découvrir le monde.
Il s'installa au village et y resta jusqu'à la fin de ses jours.
Depuis le jour où il vint au monde, Lucien voulut voyager.

Autodictée

Le loup entendit un bruit dans la forêt : il ralentit. Il regarda autour de lui, flaira le sol et prit la direction du nord. Il finit par retrouver la meute. Les loups choisirent de passer la nuit dans une grotte où ils purent dormir.

11 Le passé simple *(3es personnes)* : *être* et *avoir* et verbes fréquents

Compétences : Identifier et conjuguer les verbes *être, avoir, aller, faire, dire, venir, prendre, pouvoir, voir, devoir, vouloir* aux 3es personnes du passé simple.

Découvrons et manipulons

Un soir, sa mère eut une idée. Elle servit à dîner une soupe aux pois cassés, des filets de hareng, du petit salé aux lentilles et, pour finir, du fromage de chèvre, de sorte que, la nuit suivante, Marie ne put dormir tellement elle avait soif. Pendant deux heures elle resta dans son lit à se répéter :

– Je n'irai pas dans la cuisine, je n'irai pas dans la cuisine…

Mais pour finir elle y alla, en espérant que la fée ne sortirait pas. Hélas, à peine le robinet tourné la fée s'en échappa et vint en voletant se percher sur l'épaule de Marie. […]

Au premier mot qu'elle voulut dire pour raconter la chose à ses parents, Marie cracha une couleuvre.

Pierre Gripari, « La Fée du robinet », dans *Contes de la rue Broca*,

1 Observe les verbes en rouge.
a) Donne leurs infinitifs ?
b) Quel est le sujet de chacun de ces verbes ?
c) Quelles sont leurs terminaisons ?
Que remarques-tu ?

2 Lis la phrase soulignée. Remplace « elle » par « les filles ». Épelle* la terminaison du verbe.

3 Conjugue tous les verbes en rouge à la 3e personne du pluriel.

MANIPULER

4 Donne l'infinitif de ces verbes conjugués au passé simple.

il eut – elles purent – ils vinrent – il voulut – elles firent – elle prirent – ils eurent – on fut – il dit

MANIPULER

5 Conjugue les verbes au passé simple à la personne demandée.

a. aller au commissariat → Marie …
b. dire que le soleil brillait → Ils …
c. voir une sorcière → Il …
d. prendre le métro → Les filles …
e. pouvoir voyager souvent → Nos amis …

Je retiens

→ Le **passé simple** est un **temps du passé** qui exprime une **action courte et précise**.
Un soir, sa mère **eut** une idée. Mais pour finir elle y **alla**.

être : il, elle, on **fut** / ils, elles **furent**	**avoir :** il, elle, on **eut** / ils, elles **eurent**	**dire :** il, elle, on **dit** / ils, elles **dirent**
aller : il, elle, on all**a** / ils, elles all**èrent**	**faire :** il, elle, on **fit** / ils, elles **firent**	**pouvoir :** il, elle, on **put** / ils, elles **purent**
venir : il, elle, on **vint** / ils, elles **vinrent**	**prendre :** il, elle, on pr**it** / ils, elles pr**irent**	**vouloir :** il, elle, on voul**ut** / ils, elles voul**urent**
voir : il, elle, on **vit** / ils, elles **virent**	**devoir :** il, elle, on **dut** / ils, elles **durent**	

***Attention !** le verbe **dire** a la même terminaison à la 3e personne du singulier au passé simple et au présent : **-it** : Il dit.* Elle lui dit (raconte) qu'elle **a** soif. Elle lui dit (raconta) qu'elle **avait** eu soif.

Je m'entraîne

Identifier les verbes *être*, *avoir* et les verbes fréquents conjugués au passé simple

6 * **Recopie uniquement les phrases dans lesquelles il y a un verbe au passé simple et souligne-le.**

a. Chang dit qu'il n'aime pas les endives.
b. Ma mère fit comme si rien n'était arrivé.
c. Les fourmis purent se régaler car des miettes étaient tombées.
d. Marianne dut se dépêcher car l'orage approchait.
e. Ils mangent leur soupe car ils adorent ça.
f. Il lui dit qu'il avait aimé faire ce jeu.

Conjuguer les verbes *être*, *avoir* et les verbes fréquents au passé simple.

7 * **Complète ces phrases avec le verbe entre parenthèses au passé simple qui convient.**

a. Les gens (prit/prirent) la première rue à droite.
b. On (dut/doit) l'emmener en hélicoptère.
c. Ils (disent/dirent) leurs premiers mots à 1 an !
d. Après la pluie, elle (peut/put) enfin sortir.
e. Éblouie, elle ne (vit/virent) plus rien pendant un moment.
f. Épuisés, les sportifs (alla/allèrent) se reposer.

8 ** **Réécris les phrases en conjuguant les verbes au passé simple et en utilisant les sujets proposés :**

a. pouvoir parler anglais → il ... / mes fils ...
b. faire des compliments → elles ... / Julie ...
c. avoir de la chance → ma famille ... / ils ...
d. voir dans la nuit → elle ... / Nils et Lison ...
e. être en avance → les candidats ... / elle ...
f. devoir se lever tôt → ils ... / Nina ...
g. venir en aide à quelqu'un' → elles ... / ma sœur ...

9 ** **Réécris les phrases en conjuguant les verbes au passé simple.**

a. On doit mettre des gants pour jouer dehors en raison de la neige.
b. Leïla peut s'arrêter en chemin, mais elle ne veut pas passer par là.
c. Il est malade. Il va chez le médecin. Il doit se reposer.
d. L'enfant fait un signe, puis il voit son ami lui répondre.
e. Mes copains font du roller. Après, ils viennent à la maison.

10 *** **Complète ces phrases avec un verbe qui convient conjugué au passé simple.**

a. Ils ... surpris par la marée montante.
b. Les touristes ... de loin pour admirer ce trésor.
c. La jument ... voir son poulain au bout du champ.
d. On ... un feu dans la cheminée.
e. Elles ... si froid qu'elles ... un énorme rhume.

J'écris – Je m'exprime

ORAL
11 **Termine la phrase de 5 manières différentes en utilisant ces verbes au passé simple.**

voir – devoir – aller – être – avoir

L'athlète prit son élan et ...

12 * **Écris en 5 à 6 lignes la suite de l'histoire en conjuguant les verbes au passé simple.**

Il était une fois un extra-terrestre* qui s'était trompé de chemin. Il vint sur Terre et ...

À toi de jouer

Complète ces mots croisés.

1. Voir au passé simple à la 3e personne du singulier
2. Vouloir au passé simple à la 3e personne du pluriel
3. Pouvoir au passé simple à la 3e personne du singulier
4. Devoir au passé simple à la 3e personne du pluriel
5. Faire au passé simple à la 3e personne du singulier
6. Avoir au passé simple à la 3e personne du pluriel

Autodictée

Jeanne vit un jour un reportage sur l'escalade. Elle eut l'occasion d'essayer ce sport, puis devint très forte dans cette discipline. Elle voulut la faire découvrir à sa meilleure amie. Elles firent des compétitions ensemble et eurent de nombreuses récompenses !

12 Le passé composé

Compétences : Identifier un verbe conjugué au passé composé et comprendre sa formation. Conjuguer des verbes au passé composé.

Découvrons et manipulons

Il m'a regardé d'un air perplexe. Je l'ai interrogé :
– Alors ? Vous avez trouvé quelque chose ?
Il a soupiré. […]
À ce moment-là, la sonnette de la porte a carillonné et j'ai fait un bond. C'était un client qui voulait déposer une bague.
Le docteur Watson lui a dit qu'il venait d'arriver d'un malheur et qu'il fallait appeler tout de suite.
L'homme est reparti à toute vitesse, et le docteur et moi avons attendu.

Béatrice Nicodème, *Un rival pour Sherlock Holmes*,

1 **a) Observe les verbes en bleu. À quel temps sont-ils conjugués ? Comment le sais-tu ?**
b) Quel est l'auxiliaire utilisé ?
c) Quel est l'infinitif de chaque verbe ?

2 **a) Observe le verbe en rouge. À quel temps est-il conjugué ?**
b) Quel est l'auxiliaire utilisé ?
c) Remplace « l'homme » par « les femmes ». Quel mot a changé ? Pourquoi ?
d) À ton avis, la terminaison du participe passé change-t-elle aussi ? Pourquoi ?

3 **Relis le texte. Relève tous les verbes au passé composé. Donne leur infinitif.**

MANIPULER
4 **Classe les verbes suivants en fonction de l'auxiliaire avec lequel ils se conjuguent au passé composé.**
avoir – aller – croire – arriver – naître* – vouloir – dire – venir – rester – partir – être – grandir

MANIPULER
5 **Remplace il par elle, par ils, puis par elles dans la phrase suivante. Épelle* les terminaisons des participes passés.**
Il est allé au parc, il a mangé une barbe à papa, puis il est rentré chez lui.

Je retiens

→ **Le passé composé** est un temps du passé formé de **deux mots** : l'auxiliaire **avoir** ou **être** conjugué au présent et le **participe passé** du verbe.

Il	a	**soupiré**.		Il	est	**reparti**.
	auxiliaire **avoir** au présent	participe passé du verbe **soupirer**			auxiliaire **être** au présent	participe passé du verbe **repartir**

→ La terminaison du participe passé est :
- **-é** pour les verbes dont l'infinitif est en **-er** : **carillonner** → La sonnette de la porte a carillonn**é**.
- **-i** pour les verbes dont l'infinitif est en **-ir** : **repartir** → L'homme est repart**i** à toute vitesse.
- **-u, -is, -t** pour les autres verbes : **attendre** → Le docteur et moi avons attend**u**. – **prendre** → Vous avez pr**is** le train – **faire** → J'ai fai**t** un bond.

→ Les auxiliaires **être** et **avoir** se conjuguent également au passé composé :
- **avoir :** participe passé **eu** : j'ai eu – tu as eu – ils ont eu.
- **être :** participe passé **été** : j'ai été – tu as été – ils ont été.

***Attention !** lorsque le participe passé est employé avec l'auxiliaire **être**, il **s'accorde en genre et en nombre** avec le sujet du verbe.* **Il** est all**é** au parc. – **Ils** sont all**és** au parc. – **Elle** est all**ée** au parc. – **Elles** sont all**ées** au parc.

Je m'entraîne

Identifier les verbes conjugués au passé composé

6 * **Recopie uniquement les verbes conjugués au passé composé. Souligne en rouge ceux qui sont conjugués avec l'auxiliaire être et en bleu ceux qui sont conjugués avec l'auxiliaire avoir.**

j'ai vu – ils choisissent – nous sommes partis – il jouera – vous avez aimé – elle a pris – ils ont cru – tu appelles – nous préparions – vous êtes allés

7 ** **Souligne les verbes conjugués au passé composé et retrouve leur infinitif.**

Il m'a souri d'un air cruel, et il a serré très fort la poignée de sa canne, qui représentait une tête d'oiseau. Il y a eu comme un déclic. L'inconnu a tiré dessus et une longue lame métallique est sortie du fourreau. Une canne-épée !

Béatrice Nicodème, *Un rival pour Sherlock Holmes*, © Le Livre de poche jeunesse.

Conjuguer les verbes au passé composé

8 * **Complète les phrases avec la forme conjuguée de l'auxiliaire qui convient pour former un passé composé.**

a. J'... déjeuné avec ma tante
b. Elle ... venue avec son frère.
c. Nous ... rejoint nos cousins.
d. Ils ... partis tard dans la nuit.
e. ...-tu été satisfaite de tes résultats ?

9 * **Réécris les verbes en utilisant le sujet indiqué.**

a. Elle a compris. → Les enfants ...
b. Tu as modifié. → Le journaliste ...
c. Ils sont intervenus. → Je ...
d. Nous sommes descendus. → Élisa et toi ...
e. Mehdi est tombé. → Les feuilles ...

10 ** **Conjugue les verbes entre parenthèses au passé composé. Attention aux accords !**

a. Elle (entendre) un avion. Elle s'(dire) : « l'aéroport est proche. »
b. Nous (monter) dans le bus. Ensuite, nous (prendre) le train.
c. Vous (supprimer) les obstacles. La course nous (sembler) plus facile.
d. Marthe (revenir) hier après-midi.
e. En allant à l'école, j'(rencontrer) des amis. Nous (finir) le chemin ensemble.

11 ** **Réécris le texte au passé composé.**

Un agent de police, furieux, arrive. Il se penche vers la conductrice pour la gronder. Je n'entends pas ce qu'elle lui répond, mais, deux secondes après, l'agent repart en chantonnant.

Nicolas de Hirshing, *Sauvons la maîtresse*, coll. « J'aime lire », © Bayard Éditions.

J'écris – Je m'exprime

ORAL

12 **Dis ces phrases en les commençant par hier.**

a. Je prépare le match. → Hier, ...
b. Nous agissons avec précaution. → Hier, ...
c. Vous nous réveillez avec vos cris. → Hier, ...
d. Elles comprennent grâce à tes explications. → Hier, ...

13 * **Écris 4 phrases au passé composé. Aide-toi de la photographie.**

À toi de jouer

Retrouve l'étiquette qui correspond à ces indices.

Je suis un verbe au passé composé.
Je suis conjugué avec l'auxiliaire être.
Je suis au féminin.
Je suis à la 1re personne du singulier.

je suis content | il est arrivé | j'ai été | j'ai grandi | tu as mangé | je suis partie | nous sommes venues | nous avons joué

Autodictée

À l'horizon, le soleil s'est couché. La nuit est tombée doucement. Les mouettes se sont tues. Puis le vent s'est levé et les nuages ont disparu. La mer a commencé à monter et les vagues ont formé de gros rouleaux.

13 Les temps du passé dans le récit

Compétences : Connaître et utiliser les temps du passé en fonction de l'action.

Découvrons et manipulons

Ce qui était écrit sur le ticket d'or

Charlie passa la porte en coup de vent. Il cria : « Maman ! Maman ! Maman ! » Mrs. Bucket était dans la chambre des grands-parents, en train de leur servir la soupe du soir. « Maman ! » hurla Charlie en fonçant sur eux comme un ouragan. « [...] J'ai trouvé un peu d'argent dans la rue, alors j'ai acheté deux bâtons de chocolat, et dans le second, il y avait le ticket d'or, et il y avait plein de gens autour de moi qui voulaient le voir, et le marchand est venu à mon secours, et je suis rentré en courant, et me voici !

Roald Dahl, *Charlie et la chocolaterie*, trad. E. Gaspar, © Éditions Gallimard Jeunesse.

1 Ce texte est-il écrit au présent, au passé ou au futur ? Explique ta réponse.

2 a) À quel temps sont conjugués les verbes en bleu ?
b) Indiquent-ils des actions qui durent ou des actions terminées ?

3 a) À quel temps sont conjugués les verbes en vert ?
b) Indiquent-ils des actions de courte durée ou de longue durée ?
c) Indiquent-ils des actions terminées ou non ?

4 a) À quel temps sont conjugués les verbes en rouge ?
b) Indiquent-ils des actions de courte durée ou de longue durée ?
c) Indiquent-ils des actions terminées ou non ?

MANIPULER
5 Classe les verbes dans le tableau en fonction du temps auquel ils sont conjugués.

Imparfait	Passé composé	Passé simple

il a été – nous avions – il entendit – je voulais – il eut – elle est allée – elles furent – vous preniez – ils ont vu – ils virent – elle vit – tu avais – elle cru – elle a vu – ils ont pu – je voulais

Je retiens

→ **L'imparfait**, **le passé composé** et **le passé simple** sont des **temps du passé**.
Ils sont souvent utilisés ensemble dans un récit. On utilise :
- l'imparfait pour indiquer une action qui dure ou qui se répète, et pour décrire un paysage, une personne. Mrs. Bucket **était** en train de servir la soupe.
- le passé simple pour indiquer une action de courte durée et qui est terminée. Il **passa** la porte en coup de vent.
- le passé composé pour indiquer une action qui est terminée. J'**ai trouvé** un peu d'argent dans la rue, alors j'**ai acheté** deux bâtons de chocolat.

→ Quand **deux actions** se déroulent **en même temps**, on utilise :
- l'imparfait pour décrire la situation ;
- le passé simple ou le passé composé pour décrire les actions successives.

Les grands-parents **étaient** (imparfait) dans leur chambre, quand il **entra** et **hurla** (passé simple).

Les grands-parents **étaient** (imparfait) dans leur chambre, quand il **est entré** et **a hurlé** (passé composé).

→ Le **passé simple** est surtout utilisé **à l'écrit**.

Je m'entraîne

Identifier les temps du récit

6 **Souligne en rouge les verbes conjugués au passé simple et en bleu les verbes conjugués à l'imparfait.**

Hélas, elle déboucha sur un lac gelé qui s'étendait à perte de vue. Elle était prise au piège. Jetant un coup d'œil par-dessus son épaule, elle aperçut la Bête, toute proche, vêtue de fourrures blanches. Pour lui échapper, Belle n'avait d'autre issue que de s'aventurer sur la glace. Alors qu'elle progressait à petits pas sur la surface gelée, la Bête se jeta sur elle d'un bond spectaculaire, lacérant l'étoffe de sa robe de ses griffes. Déséquilibrée, Belle tomba à la renverse et sa tête heurta la glace.

Vanessa Rubio-Barreau, *La Belle et la Bête, le roman du film*, © Éditions Gallimard Jeunesse.

Conjuguer des verbes aux temps du passé en respectant la logique du récit

7 **Recopie ces phrases au passé en les complétant avec le verbe entre parenthèses qui convient.**

a. La neige tombait. Alors il (décidait / décida) de rentrer.

b. Il prit rendez-vous chez le médecin qu'il (avait / eut) l'habitude de consulter.

c. Julia a pleuré car elle (est tombée / tomba) de sa chaise.

d. J'allais les rejoindre quand elles (décidaient / ont décidé) de prendre l'autre chemin.

e. Il (pleuvait / a plu) tellement fort que la rivière a débordé.

f. La nuit (tombait / tomba) lorsque je t'ai appelé.

8 **Conjugue les verbes entre parenthèses à l'imparfait pour les actions longues, et au passé simple pour les actions courtes. Souligne le mot qui t'a aidé à choisir le temps.**

a. Il (explorer) cette île* depuis toujours.

b. Tout à coup, elle (découvrir) le monstre.

c. Depuis des années, elles (déjeuner) ensemble le samedi midi.

d. Il (arriver) et il (cheminer) tranquillement, quand soudain, il (se rendre) compte de son erreur.

e. Souvent, elle (traîner*) pour faire ses devoirs. Ce soir-là, elle (travailler) très rapidement.

9 **Conjugue au temps du passé qui convient les verbes entre parenthèses.**

a. Elle (bondir) quand son pied (heurter) un caillou.

b. Le chien (mordre) l'enfant qui l'(embêter).

c. Le marin (naviguer), mais le vent (tomber).

d. Il (s'endormir) quand un bruit le (faire) sursauter.

e. L'invité (sonner) alors que nous (finir) notre dîner*.

J'écris – Je m'exprime

ORAL

10 **Invente 5 phrases avec une action terminée au passé simple et une action non terminée à l'imparfait. Aide-toi du modèle suivant.**

Le petit poisson nageait tranquillement, quand soudain il se trouva nez à nez avec un requin.

11 **Raconte cette histoire en quelques lignes. Utilise l'imparfait et le passé composé.**

À toi de jouer

Retrouve 3 lettres qui n'apparaissent qu'une seule fois dans la grille. De quel verbe s'agit-il ? À quel temps et à quelle personne est-il conjugué ?

O	G	U	A	P	Z
G	F	Z	J	O	S
U	L	S	J	I	L
H	V	H	Z	V	J
A	H	T	U	P	P

Autodictée

Elsa prononça la formule magique. Tom, son meilleur ami, se transforma en statue ! Pour rompre le sortilège, elle se résigna à demander de l'aide à la sorcière. Celle-ci accepta à condition qu'Elsa lui rapporte trois araignées. Son ami reprit un aspect normal et Elsa fut soulagée !

Je réinvestis mes connaissances

L'imparfait de l'indicatif : verbes en *-er*, *-dre*, *-ir*

1 * Complète les verbes avec la terminaison de l'imparfait qui convient.

a. Nous arriv... de loin, nous nous sent... épuisés.
b. Ils jou... du piano depuis longtemps.
c. Le bonhomme de neige fond... sous le soleil.
d. L'averse s'annonç... pour bientôt.
e. Nous ne disting... plus la rive.

2 ** Réécris les phrases à l'imparfait.

a. Autrefois, les hommes préhistoriques (dessiner) sur les murs des grottes.
b. Ce peintre (s'installer) ici car les paysages l'(inspirer).
c. Vous (fabriquer) des maquettes.
d. Quelques années auparavant, nous (jouer) ensemble dans une pièce de théâtre.
e. (Aimer)-tu le train quand tu (partir) pour Londres ?

L'imparfait de l'indicatif : *être*, *avoir* et verbes fréquents

3 * Complète les phrases avec un sujet qui convient.

a. ... allais devenir pilote.
b. ... preniez un bain de soleil.
c. ... se rendait au gymnase seul. Mais ... revenait avec eux.
d. Que faisiez-... dans cette région ?
e. ... devaient gagner ! ... pouvaient le faire !

4 ** Complète les phrases avec les verbes entre parenthèses conjugués à l'imparfait.

a. Ton père (être) en forme. Il (aller) bien.
b. Tu (penser) que je ne (pouvoir) pas te rejoindre ?
c. Je (devoir) préparer l'exposition car des acheteurs (venir) voir mes tableaux.
d. Vous n'(avoir) pas de jumelles, or, je (vouloir) voir cet animal.
e. Elles (faire) un voyage, elles (être) heureuses.

Le passé simple (3es personnes) : verbes en *-er*, *-dre*, *-ir*

5 * Réécris ces phrases avec le marqueur de temps indiqué et conjugue les verbes au passé simple.

a. Il fendait la foule. → Soudain, il ...
b. Elles avançaient très vite. → Tout à coup, elles ...
c. Ils démolissaient la maison. → En une heure, ils ...
d. Elle dévorait son repas. → Sans attendre, elle ...
e. Ils finissaient les travaux. → Vite, ils ...

6 ** Repère les verbes conjugués, puis réécris ces phrases au passé simple.

a. Les pêcheurs quittaient le port. Ils pêchaient en mer toute la nuit, puis ils rentraient au petit matin.
b. Zoé attendait ton retour. Elle préparait une surprise avec tes amis.
c. Marc entendait l'annonce. Il n'en saisissait pas le sens.
d. Ils agitaient les pruniers, puis ils remplissaient leurs paniers.
e. Il fixait le rendez-vous, puis il s'évaporait.

Le passé simple (3es personnes) : *être*, *avoir* et verbes fréquents

7 * Relève les verbes conjugués au passé simple. Justifie ta réponse.

elle alla – il devait – on était – elles firent – il dut – il prit – elle prenait – elle put – ils virent – on disait – elle fait – il allait – ils eurent

8 * Conjugue les verbes entre parenthèses au passé simple.**

a. Les enfants (faire) des blagues à leurs amis.
b. Elle (avoir) de très bons résultats à son examen.
c. Ils ne (pouvoir) réserver le train.
d. On (aller) les voir jouer leur pièce de théâtre.
e. Pendant l'excursion, elles (voir) de nombreuses espèces différentes.

Le passé composé

9 * Complète les phrases avec l'auxiliaire être ou avoir conjugué pour former le passé composé.

a. J'... été heureux de voyager, mais j'... eu peur.
b. Il ... couru très vite. Il ... gagné la course !
c. Nous ... allés voir un spectacle de danse.
d. Vous ... venus à la gare, mais le train ... arrivé en retard.
e. Il ... perdu ses clés. Il nous ... demandé de l'aide.

10 ** Souligne les verbes conjugués au passé composé : en bleu s'ils sont conjugués avec l'auxiliaire avoir, en rouge s'ils sont conjugués avec l'auxiliaire être. Puis complète le participe passé avec la terminaison qui convient. Attention aux accords !

a. Comment as-tu compri... ?
b. Nous avons ment... pour ne pas le vexer.
c. Ils sont tomb... dans l'escalier. J'ai d...* intervenir.
d. Tu as appr... beaucoup de choses cette année.
e. Elle a dîn...*, puis elle est all... dormir.

Les temps du passé dans le récit

11 * **Classe ces verbes dans un tableau selon le temps auquel ils sont conjugués.**

imparfait	passé composé	passé simple

il dut – je faisais – ils ont été – elle prit – il a mangé – nous caressions – vous avez téléphoné – il fit – ils allèrent – il fut – on a cru – je volais – ils rapetissaient – nous avons lu – ils nagèrent – elles sautillaient – j'ai aimé – ils sont partis

12 * **Recopie ces phrases en choisissant le verbe entre parenthèses à la forme qui convient.**

a. L'aigle (plana / planait), et brusquement il (descendit / descendait).

b. Elle (accéléra / a accéléré) dès qu'elle (entendit / entendait) la deuxième coureuse derrière elle.

c. Mon oncle (jouait / a joué) souvent du piano. Cet hiver-là, il (donna / donnait) un concert inoubliable.

d. Ils (furent / étaient) tellement surpris qu'ils en (oublièrent / oubliaient) leurs sacs !

e. L'enfant affamé (mordit / mordait) d'un coup sec la pomme qu'il (vint / venait) de trouver.

13 ** **Dans chaque phrase, conjugue un verbe à l'imparfait et l'autre au passé simple. Aide-toi du contexte.**

a. Nous (discuter) tranquillement, mais, en un instant, il (s'éclipser).

b. Il (observer) les autres depuis des heures, d'un coup il (sauter) dans l'eau.

c. Je (chercher) mes amis quand je les (voir) sortir de la maison.

d. J'(aider) ma mère à faire des confitures, soudain j'(avoir) une nouvelle idée de recette.

e. Les vaches (brouter) lorsqu'un chien (surgir).

14 *** **Recopie ces phrases en choisissant le verbe entre parenthèses au temps qui convient. Attention ! il y a plusieurs possibilités.**

a. Il (était / a été / fut) tard quand tu (franchissais / as franchi) la porte.

b. Nous (admirions / avons admiré) le soleil qui se (couchait / est couché / coucha) dans l'océan.

c. Mathilde (luttait / a lutté / lutta) longtemps contre le sommeil, puis elle (finissait / a fini / finit) par s'endormir.

d. On (partait / est partis / partit) chaque été au même endroit, mais, cette fois-ci, nos parents (changeaient / ont changé / changèrent) d'avis !

EXERCICES TRANSVERSAUX

15 * **Réécris le texte en conjuguant les verbes au temps du passé qui convient.**

Après avoir monté les escaliers, Lila entre dans le grenier. Elle cherche l'interrupteur et elle allume la faible lumière. Elle voit alors un immense coffre au fond de la pièce. Intriguée par son contenu, elle choisit de l'ouvrir pour en savoir plus. Quelle surprise ! Le coffre regorge de trésors !

16 ** **Conjugue les verbes aux temps indiqués entre parenthèses.**

a. J'(grimper → passé composé) les escaliers. Nous (avoir → imparfait) du retard.

b. Un jour, il (partir → passé simple) sans prévenir. Vous (être → imparfait) très surpris.

c. Ils (se promener → imparfait). Soudain, un animal (surgir → passé simple) sur le chemin.

d. Elles (user → passé simple) de malice. Elles (réussir → passé simple) à trouver une issue.

e. Tu (acheter → imparfait) un livre quand il (appeler → passé simple).

17 *** **Recopie le texte en conjuguant les verbes aux temps indiqués.**

Cette nuit-là, après le coucher du soleil, quand la nuit (être → passé simple) bien épaisse, Tristan, qui (connaître → imparfait) très bien la région, (partir → passé simple) avec Gouvernal. Ils (arriver → passé simple) enfin à Lantien après un long trajet. Tristan (descendre → passe simple) de cheval et (entrer → passé simple) dans la ville.

Béroul, *Tristan et Iseut*, trad. ancien français
D. Poirion, © Éditions Gallimard.

EXERCICES D'ÉCRITURE

18 **Écris un conte qui débute par « Il était une fois... ». Utilise l'imparfait, le passé composé et le passé simple.**

19 **Raconte cette histoire au passé.**

14 Le futur simple : verbes en *-er*, *-dre*, *-ir*

Compétences : Identifier et utiliser les verbes qui se terminent en *-er*, *-dre* et *-ir*, à l'infinitif, au futur simple.

Découvrons et manipulons

GRAND STANDIGNE

Un jour on démolira
ces beaux immeubles si modernes
on en cassera les carreaux
de plexiglas ou d'ultravitre
on démontera les fourneaux
construits à polytechnique
on sectionnera les antennes
collectives de tévision
on dévissera les ascenseurs
on anéantira les vide-ordures
on broiera les chauffoses
on pulvérisera les frigidons
quand ces immeubles vieilliront
du poids infini de la tristesse des choses.

Raymond Queneau, « Grand Standigne »
in Courir les rues, © Éditions Gallimard.

1 **Observe les verbes en rouge.**
a) **À quel temps sont-ils conjugués ? Comment le sais-tu ?**
b) **Quelle est leur terminaison ?**
c) **Quel est leur sujet ?**
d) **Donne leur infinitif.**

2 **Observe le verbe en vert.**
a) **Quelle est sa terminaison ?**
b) **Quel est son sujet ?**
c) **Donne son infinitif.**

MANIPULER
3 **Dis ce poème à la 1re personne du singulier.**

MANIPULER
4 **Dis ce poème à la 1re personne du pluriel.**

Je retiens

→ Au **futur simple**, les verbes qui se terminent en **-er**, en **-dre** et en **-ir** à l'infinitif ont les terminaisons suivantes : **-rai**, **-ras**, **-ra**, **-rons**, **-rez**, **-ront**.

chanter	finir	partir	réussir
je chante**rai**	je fini**rai**	je parti**rai**	je réussi**rai**
tu chante**ras**	tu fini**ras**	tu parti**ras**	tu réussi**ras**
il, elle, on chante**ra**	il, elle, on fini**ra**	il, elle, on parti**ra**	il, elle, on réussi**ra**
nous chante**rons**	nous fini**rons**	nous parti**rons**	nous réussi**rons**
vous chante**rez**	vous fini**rez**	vous parti**rez**	vous réussi**rez**
ils, elles chante**ront**	ils, elles fini**ront**	ils, elles parti**ront**	ils, elles réussi**ront**

→ Au futur simple, les verbes qui se terminent en **-dre** perdent le **e** : entendre → entendra

entendre		répondre	
j' entend**rai**	nous entend**rons**	je répond**rai**	nous répond**rons**
tu entend**ras**	vous entend**rez**	tu répond**ras**	vous répond**rez**
il, elle, on entend**ra**	ils, elles entend**ront**	il, elle, on répond**ra**	ils, elles répond**ront**

→ Pour les verbes en **-yer**, le **-y** se transforme en **-i** devant un **-e** muet.
payer : je pai**erai** – tu pai**eras** – il, elle, on pai**era** – nous pai**erons** – vous pai**erez** – ils, elles pai**eront**

Je m'entraîne

Identifier les verbes en *-er*, *-dre* et *-ir* conjugués au futur

5 * **Relève uniquement les verbes conjugués au futur. Donne leurs infinitifs et classe-les dans ce tableau.**

infinitif en -er	infinitif en -dre	infinitif en -ir

rêva – prenais – finissent – découvrira – aida – quitteront – ai – ajoutons – ouvrira – refusez – entendra – alla – tiédissent – fuira – avertirai – désobéirez – refusais – tombais – reprendrons

6 ** **Recopie les phrases, puis souligne les verbes conjugués au futur. Entoure en rouge les terminaisons.**

a. Ils viennent de partir à l'instant mais ils arriveront rapidement.

b. Jeanne repeindra bientôt sa chambre.

c. Je découvrirai les volcans de Sicile cet été, puis j'y retournerai avec toi à l'automne.

d. Céline triera ses affaires et tu ne l'aideras pas !

e. Vous apprendrez le russe l'année prochaine.

Conjuguer les verbes en *-er*, *-dre* et *-ir* au futur

7 * **Conjugue ces verbes au futur aux personnes indiquées et entoure leur terminaison.**

a. apprendre → j'...
b. pousser → tu ...
c. sentir → on ...
d. vendre → elle ...
e. approfondir → elle ...
f. partir → ils ...
g. attendre → nous ...
h. perdre → vous ...
i. convertir → je ...
j. prendre → je ...

8 ** **Conjugue ces verbes au futur à toutes les personnes.**

a. descendre
b. mentir
c. penser
d. rêver
e. défendre
f. choisir

9 ** **Réécris ces phrases avec le sujet indiqué.**

a. Tu repenseras à cette histoire dans quelques mois. → Je ...

b. Tu comprendras quand tu finiras de lire ce livre. → Elle ...

c. Nous arriverons vite et nous gagnerons la médaille ! → Elles ...

d. Nous ne terminerons pas en avance. → Tu ...

e. Tu entendras un concert merveilleux. → Nous ...

10 *** **Écris les phrases en conjuguant les verbes au futur.**

a. Tu m'attendais pour partir car nous visitions ce musée ensemble.

b. Dès le matin, le soleil brille, mais le vent sévit toute la journée.

c. Les fleuves débordent et dévastent tout sur leur passage.

d. Vous inspectiez les falaises et vous découvriez des grottes jusque-là inconnues.

e. Je rends les livres à la bibliothèque demain.

11 *** **Transpose ce texte au futur.**

Au loin, on entend un hululement. Un jeune panda surgit d'un bosquet. Il quitte sa mère et forme un groupe avec d'autres jeunes pandas. Ceux-ci se déplacent beaucoup. Dans la forêt, ils finissent par trouver leur bonheur : un sous-bois de bambous !

J'écris – Je m'exprime

ORAL

12 **Imagine que tu peux lire l'avenir dans une boule de cristal : prédis la journée d'un(e) de tes camarades en utilisant ces verbes au futur.**

gagner – jouer – attendre – choisir – détendre

13 * **À l'aide des mots suivants, rédige un court texte au futur.**

- demain – les jours suivants – une semaine plus tard – dans un mois
- quitter – vendre – suspendre – bâtir – réparer

À toi de jouer

Déchiffre cette charade.

Mon 1er est une terre entourée d'eau.
Mon 2e est un insecte qui aime le cuir chevelu.
Mon 3e est synonyme de cercle.
Mon tout est un verbe conjugué au futur.

Autodictée

Demain, je me lèverai très tôt. J'enfilerai rapidement mes habits et je prendrai un petit déjeuner léger. Je m'assurerai que la porte est bien fermée, puis je partirai vous attendre à la gare. Nous arriverons à la maison au coucher du soleil. Et le lendemain, nous nous promènerons sur la plage.

15 Le futur simple : *être, avoir* et verbes fréquents

Compétences : Identifier et conjuguer les verbes *être, avoir, aller, prendre, faire, pouvoir, dire, voir, venir, devoir, vouloir, savoir* au futur simple.

Découvrons et manipulons

– Un jour, je deviendrai une grande scientifique et j'irai sur la planète Mars ou encore plus loin.
– Mais moi aussi, je veux y aller !
– D'accord, alors tu seras la photographe de l'expédition ! Dans notre fusée à trois étages, nous ferons trois fois le tour de la Terre et nous pourrons même partir à la découverte de planètes inconnues. Nous verrons des merveilles et nous rencontrerons d'autres civilisations… Elles nous apprendront alors leur langue et nous ne reviendrons peut-être jamais !

1 Observe les verbes en rouge.
a) À quel temps sont-ils conjugués ? Comment le sais-tu ?
b) Quelle est leur terminaison ?
c) Quel est leur sujet ?
d) Donne leur infinitif.

2 Observe les verbes en vert.
a) À quel temps sont-ils conjugués ? Comment le sais-tu ?
b) Quelle est leur terminaison ?
c) Quel est leur sujet ?
d) Donne leur infinitif.

3 Relève dans le texte les autres verbes conjugués au futur. Donne leur sujet, leur terminaison et leur infinitif.

MANIPULER
4 Forme une phrase avec chaque verbe conjugué au futur à la personne indiquée. Commence ta phrase par « demain ».
avoir → 1re personne du pluriel
Demain, nous aurons beaucoup de devoirs.
- **pouvoir** → 2e personne du singulier
- **vouloir** → 1re personne du pluriel
- **faire** → 3e personne du singulier
- **voir** → 3e personne du pluriel
- **aller** → 2e personne du singulier

Je retiens

→ Au **futur simple**, tous les verbes ont les terminaisons suivantes : **-rai**, **-ras**, **-ra**, **-rons**, **-rez**, **-ront**.

→ Le radical des verbes **être**, **avoir**, **aller**, **venir**, **prendre**, **faire**, **pouvoir**, **dire**, **voir**, **devoir**, **vouloir**, **pouvoir** se modifie.

être : je se**rai**
tu se**ras**
il, elle, on se**ra**
nous se**rons**
vous se**rez**
ils, elles se**ront**

avoir : j'au**rai**
tu au**ras**
il, elle, on au**ra**
nous au**rons**
vous au**rez**
ils, elles au**ront**

aller : j' i**rai**
prendre : je prend**rai**
faire : je fe**rai**
pouvoir : je pour**rai**
dire : je di**rai**

voir : je ver**rai**
venir : je viend**rai**
devoir : je dev**rai**
vouloir : je voud**rai**
savoir : je sau**rai**

Vers la 6e : le radical du verbe **savoir** se modifie également.

savoir : je sau**rai**
tu sau**ras**
il, elle, on sau**ra**
nous sau**rons**
vous sau**rez**
ils, elles sau**ront**

Je m'entraîne

Chercher un mot dans le dictionnaire

7 * **Cherche ces mots dans le dictionnaire. Note les deux mots repères des pages dans lesquelles tu les as trouvés.**

mausolée – accabler – palissade – s'apitoyer – promptement

8 **Cherche ces mots dans le dictionnaire.**

a) Après quels mots se trouvent-ils ?

b) Donne leur nature.

énigme – périphérique – paon – extraordinaire – sixième – quinze – hippopotame – ordinaire – face-à-face – zodiaque – kilométrage

Trouver le sens d'un mot dans le dictionnaire

9 * **Cherche les mots soulignés dans le dictionnaire et recopie la définition qui correspond au sens dans lequel ils sont utilisés.**

a. Elle a fait une roue sur la poutre.

b. La fusée lancée depuis Kourou est arrivée dans l'espace très rapidement.

c. Cette grande actrice joue dans une pièce de Molière.

d. Le temps s'annonce pluvieux aujourd'hui.

e. Pour se maintenir en forme, elles font de l'exercice tous les matins.

10 **Utilise le dictionnaire pour indiquer le sens du mot changer dans chaque phrase.**

a. Il faut changer la couche du bébé.

b. Mes parents changent de l'argent à la banque.

c. Nous changeons de tenue pour faire du sport.

d. Elle a finalement changé d'idée !

e. Le temps change rapidement en montagne.

Trouver des informations dans le dictionnaire

11 **Cherche les mots suivants dans le dictionnaire, puis complète le tableau pour chaque mot.**

mince – réfléchir – prétention – momentanément

nature	
nombre de sens	
synonyme	
contraire	
mots de la même famille	

J'écris – Je m'exprime

ORAL

12 **Cherche le mot cours dans le dictionnaire et invente une phrase avec chacun de ses sens.**

13 * **Remplace tous les mots soulignés de la phrase suivante par un mot synonyme. Aide-toi du dictionnaire.**

Ce matin, le bateau part du port.

14 **Ouvre 3 fois ton dictionnaire au hasard et choisis 1 mot que tu ne connais pas sur chaque page. Écris ensuite 3 courts textes avec chacun de ces mots.**

15 **Observe cette image et trouve le mot dont 4 sens sont représentés. Ouvre ensuite ton dictionnaire et écris toutes les définitions.**

À toi de jouer

Trouve les réponses aux devinettes, puis cherche le plus rapidement possible les mots dans le dictionnaire.

- Je suis un grand arbre de la forêt. Je suis placé entre « chat » et « cheval ».
- Je suis un objet dans lequel on range d'autres objets. Je suis placé entre « troupe » et « trouver ».
- Je suis un animal marin. Je suis placé entre « cresson » et « crinière ».
- Je suis un mammifère que l'on craint. Je suis placé entre « louer » et « loutre ».
- Je suis un vêtement qui tient chaud. Je suis placé entre « géométrie » et « girafe ».

Autodictée

un guépard – une pharmacie – une hélice – venimeux – une onomatopée – un tuyau – le rythme

2 Les différents sens d'un mot

Compétence : Repérer les différents sens d'un mot.

Découvrons et manipulons

P'tite Louise hausse les épaules.
– Il faudrait pour cela qu'elle réussisse à voir la carte tatouée sur l'épaule de papa. Or je ne crois pas qu'il la lui montrera.
– Moi aussi, j'aimerais bien la voir, cette moitié de carte qui nous manque. Nous en détenons chacun un quart, toi et moi, imprimé sur la peau, mais nous avons eu beau la recopier sur un papier, je n'arrive pas à la comprendre.
– Si Marie veut délivrer papa uniquement pour s'emparer de son butin, elle n'hésitera pas à employer la force pour parvenir à ses fins.

Alain Surget, *Pavillon noir : À l'assaut de Veracruz*,

1 a) À laquelle de ces définitions correspond le nom en bleu : jeu de cartes ? carte pour se repérer ? carte d'un restaurant ?
b) Quels groupes de mots, dans le texte, te permettent de choisir la bonne définition ?

2 a) Quel est le sens du verbe en rouge ?
b) Quels sont les mots du texte qui te permettent de le savoir ?
c) Quel est l'autre sens de ce verbe ? (Tu peux t'aider du dictionnaire.)

3 a) Cherche, dans le dictionnaire, le mot en vert.
b) Trouve tous les sens possibles de ce mot.
c) Dans quel sens est-il utilisé ici ?

MANIPULER
4 Retrouve le sens des mots en gras.
a. partie dure à l'intérieur d'un fruit – petit groupe de personnes – partie centrale de quelque chose
- Il ne faut pas manger le **noyau** des pêches.
- Le **noyau** du groupe est formé par 3 hommes.
- Nous observons le **noyau** de l'atome.

b. une petite grosseur à la surface de la peau – la future fleur – un objet servant à déclencher un mécanisme – un objet servant à fermer un vêtement
- Les roses sont en **boutons**.
- J'ai perdu un **bouton** de ma chemise.
- Il faut appuyer sur le **bouton** vert.
- La varicelle donne des **boutons**.

Je retiens

→ **Un même mot** peut avoir **plusieurs sens**. Pour identifier le sens dans lequel un mot est utilisé, il faut **lire le contexte**, c'est-à-dire l'ensemble des mots et des phrases qui entourent le mot.
Les navigateurs regardent la **carte** pour se repérer. → Le contexte parle de se repérer, donc il s'agit d'une **carte** géographique.
Il venait de perdre la dernière partie de **cartes**. → Le contexte parle d'une partie, donc il s'agit d'un jeu de **cartes**.
Mathis choisit un burger et un dessert sur la **carte** du restaurant. → Le contexte parle de nourriture, donc **carte** signifie « menu ».

→ Le **contexte** peut également permettre de **comprendre** le sens d'un mot **inconnu**.
Grâce au **gouvernail**, le capitaine parvient à diriger le bateau. → Le contexte fait comprendre que le gouvernail est un instrument qui permet de diriger un bateau.

Vers la 6e : Un mot peut être utilisé au **sens propre** (concret) comme au **sens figuré** (abstrait).
enterrer : enfouir sous la terre (*sens propre*) – **enterrer** : laisser tomber dans l'oubli (*sens figuré*).
Il a **enterré** son trésor. — Il a **enterré** sa colère.

Je m'entraîne

Identifier les différents sens d'un mot

5 * **Retrouve le sens des mots en gras dans les phrases.**

ensemble de montagnes – suite d'anneaux – réseau de télévision – installation de travail dans une usine

a. Je vais lui offrir une **chaîne*** en or.
b. Il travaille sur une **chaîne*** de fabrication de chocolats.
c. Elle zappe sur toutes les **chaînes***.
d. Nous mettons une **chaîne*** pour fermer l'entrée.
e. Ce que tu vois, c'est la **chaîne*** des Alpes.

6 ** **Retrouve le mot caché dans chaque série de phrases. Aide-toi du contexte.**

a. Les nuages forment des ... dans le ciel.
Il faut faire le ménage : il y a des ... !
Dans le pré, les ... dorment.
b. Le train ... à toute vitesse.
Tu ... la laine et tu fais une pelote.
Le détective ... discrètement le suspect.
c. Attention à la ... !
Il n'a pas compris la ... à suivre.
Nous avons fait une ... en forêt.

7 ** **Remplace le mot en gras par celui qui convient le mieux en fonction du contexte.**

• crâne / visage / premier
Ce candidat est en **tête** de l'élection.
Cet homme a une drôle de **tête**.
Il portait un casque sur la **tête**.

• ascension / côte / augmentation
Les cyclistes entament la **montée**.
La **montée** des eaux est inquiétante.
Il y a cinq heures de **montée** jusqu'au sommet.

Comprendre le sens d'un mot inconnu

8 * **Cherche le sens des mots en gras. Quels mots du contexte t'ont aidé(e) à trouver ?**

a. Le roi déguste un **entremets**.
b. Il ne reste que peu de temps : leur défaite est **imminente** !
c. La **cuirasse** du chevalier ne le protégeait plus.
d. Ils ramassent les **débris** de verre.
e. Le voleur avait **subtilisé** discrètement sa montre.
f. Pour manger équilibré, il faut varier les **denrées**.

9 ** **Réécris le texte en remplaçant les mots en gras par un des mots entre parenthèses. Aide-toi du contexte.**

En 1167, Guillaume le Maréchal, **démuni** (privé / chargé / couvert) d'argent, se rend à **un tournoi** (une compétition / un magasin / un château) sur un vieux **roncin** (charrette / cheval / chemin) qui lui fait honte [...] mais il repart avec quatre beaux chevaux qu'il a gagnés. Un peu plus tard il capture douze **montures** (montres / chevaux / chiens) et dix chevaliers à qui il réclame une **rançon** (bague / somme d'argent / armure), comme sur le **champ** (terrain / refrain / village) de bataille.

Brigitte Coppin, *La Vie des chevaliers*, Coll. « Voir l'histoire », © Édition Fleurus, 2001.

J'écris – Je m'exprime

ORAL
10 **Invente une phrase pour chaque sens du mot feu.**

a. flamme b. signal lumineux c. incendie

11 * **Cherche les mots suivants dans le dictionnaire. Écris une phrase pour chacun de leurs sens.**

une raquette – un sommet – un appareil – une cartouche – une antenne

12 ** **Ces mots ont plusieurs sens. Utilise chacun d'eux dans des phrases dans lesquelles ils auront un sens différent.**

un membre (2 sens) – un plat (3 sens) – une consigne (2 sens) – un tableau (4 sens)

À toi de jouer

Trouve la solution de cette devinette. Écris une phrase avec chaque sens du mot que tu as trouvé.

• Le maître* nous les a rendus à la fin du trimestre.
• Après les élections, on les a dépouillés.
• Celui de ce soir annonçait des orages.

Qui suis-je ?

Autodictée

la lettre – faible – face – l'escalade – un coin – un bras – attention – un index – une queue – un symbole – un vœu – une voile – la peau – la pêche – un ouvrage

3 Les champs lexicaux

Compétences : Identifier un champ lexical. Repérer des mots d'un même champ lexical. Trouver des mots d'un même champ lexical.

Découvrons et manipulons

Sais-tu d'où vient le mot « potager » ?
Autrefois, le pot était le grand récipient où l'on cuisait la soupe. Ce potage était fait avec les légumes du jardin, le potager. [...] Les choux de Bruxelles aux petites feuilles bien emboîtées sont des bourgeons, comme ceux que tu vois en hiver sur les arbres. Les pousses des asperges démarrent sous terre, au printemps. On les recouvre de terre pour obtenir de longues tiges bien tendres. As-tu remarqué que les cornichons et les courgettes se ressemblaient ?
Ils poussent de la même façon, en rampant sur le sol.

Gaud Morel, *Dans le jardin des fruits et des légumes*,
© Éditions Gallimard Jeunesse.

1 a) **À quel champ lexical appartiennent les mots en bleu ?**
b) **Quelle est la nature de ces mots ?**
c) **Quels autres mots du texte appartiennent à ce champ lexical ?**

2 a) **À quel champ lexical appartiennent les mots en rouge ?**
b) **Quelle est la nature de ces mots ?**
c) **Quels autres mots du texte appartiennent à ce champ lexical ?**

3 **Quels mots appartiennent au champ lexical du « potager » ? Que remarques-tu ?**

MANIPULER
4 **Classe ces mots en 3 groupes selon leur champ lexical. Donne un nom à chaque groupe.**
le Vésuve – une barque – un ballon – la lave – jouer – un cratère – un voilier – un stade – naviguer – des fumerolles – un kayak – un port – shooter – volcanique – une péniche – un penalty – un maillot – une éruption – un volcan – marin – le naufragé – l'équipe – le navigateur

MANIPULER
5 **Retrouve tous les mots qui appartiennent à un même champ lexical.**
Ce recueil de poésie sort en format poche ! Pour cette nouvelle édition, l'éditeur a modifié la couleur et le dessin de la couverture. Aujourd'hui, l'auteur dédicace les premiers exemplaires.

Je retiens

→ Un **champ lexical** est un **ensemble de mots** qui parlent d'un **même thème**.
les bourgeons – pousser – les tiges – les arbres – les feuilles → **les plantes**

→ Les mots qui composent un champ lexical peuvent être de **différentes natures** :
- **un nom** : le potager
- **un verbe** : pousser
- **un adjectif** : des longues tiges

→ On peut trouver des champs lexicaux sur des thèmes variés.
- **La randonnée** : un sac à dos – un chemin – un circuit – marcher – l'orientation – une boussole...
- **Le corps humain** : un organe – un poumon – la circulation – respirer – le sang...
- **La construction** : un bâtiment – un chantier – du béton – un architecte – maçonner...

→ Un mot peut appartenir à plusieurs champs lexicaux.
la courgette → champs lexicaux possibles : les légumes – la nature – le potager, etc.

Je m'entraîne

Identifier des champs lexicaux

6 * **Trouve l'intrus dans chaque liste et indique le champ lexical auquel les autres mots de la liste appartiennent.**

a. effrayer – l'angoisse – illuminé – apeuré
b. une enclume – le jardinage – un rosier – bêcher
c. un festin – brosser – déguster – le goût* – bon
d. nettoyer – le balai – la serpillière – un chapeau
e. un faucon – voler – acéré – un aileron

Repérer les mots d'un même champ lexical

7 * **Dans le texte, relève les mots des champs lexicaux suivants : l'aviation et la météo.**

Le pilote monte dans l'avion. La pluie commence à tomber. Il place l'appareil sur la piste de décollage. L'avion prend de la vitesse et s'envole alors que l'orage éclate. Le commandant de bord est aveuglé par les éclairs. Heureusement, le temps redevient vite ensoleillé. Arrivé à l'aéroport, comme les conditions climatiques sont très bonnes, il obtient rapidement l'autorisation d'atterrir.

8 ** **Relève les mots du champs lexical de la vue.**

Le pupille du chat est en fente pour se fermer lorsqu'il y a trop de lumière, ses yeux étant fragiles. Le chat a une vision nocturne bien meilleure que la nôtre car sa rétine est très riche en bâtonnets. Il possède au fond de l'œil un assemblage de cellules qui, tel un petit miroir, renvoie la lumière vers la rétine.
C'est pourquoi ses yeux brillent à la lumière des phares !

Patricia Chairopoulos, Clara Delpas, *Les Cinq Sens*,
© P. Chairopoulos, C. Delpas.

9 *** **Repère 2 champs lexicaux dans ce texte et relève tous les mots qui en font partie.**

Chaque soir, avant la représentation du Cirque Rouge, Domino, le clown, s'assied devant son miroir pour se maquiller : il applique du fond de teint blanc sur tout le visage, se saupoudre les joues de rouge et termine en s'ajustant un faux nez rouge, tout rond !
Le clown et son âne Paco présentent leur numéro devant un public qui rit aux éclats et applaudit joyeusement.

Éric Battut, *Le Cirque rouge*, © Éditions Bilboquet.

Trouver des mots d'un même champ lexical

10 * **Trouve 3 mots pour compléter ces champs lexicaux.**

a. **l'espace :** les étoiles – le ciel – spatial ...
b. **les poissons :** la nageoire – frétiller ...
c. **la cuisine :** le plat – le four – cuire ...
d. **l'écriture :** le stylo – le feutre – griffonner ...
e. **les vêtements :** la robe – la jupe – s'habiller ...

11 ** **Trouve 4 mots appartenant à chacun de ces champs lexicaux.**

la nuit – la joie – la tendresse – le feu

J'écris – Je m'exprime

ORAL
12 **Invente 4 phrases en utilisant des mots qui appartiennent au champ lexical du bonheur.**

13 * **Écris un texte dans lequel tu utiliseras le plus de mots possible du champ lexical de la mer.**

les vagues – un bateau – marin – le phare – le sable – s'échouer – l'écume – les crustacés – chavirer – une marée – une huître* – un coquillage – un mât ...

À toi de jouer

Retrouve 12 mots du champ lexical de Noël dans la grille.

A	B	E	C	H	F	R	O	I	D
B	O	Y	A	C	O	I	E	G	H
G	U	I	D	E	O	T	O	A	I
M	G	A	E	L	O	N	T	P	V
Z	I	N	A	O	F	E	T	E	E
B	E	R	U	P	E	H	Y	E	R
U	N	E	I	G	E	S	O	F	L
C	U	A	E	N	I	A	R	T	A
H	I	N	O	S	A	P	I	N	T
E	S	I	R	P	R	U	S	U	D

Autodictée

Les muscles sont attachés aux os par des tendons. Les ligaments retiennent les articulations. Le corps peut ainsi faire des mouvements et se déplacer. Si l'effort est trop intense, la peau transpire et de la sueur s'écoule.

4 Les noms génériques et les noms particuliers

Compétences : Identifier, différencier et utiliser les noms génériques et les noms particuliers.

Découvrons et manipulons

Les vertébrés

Classe des mammifères	Classe des oiseaux	Classe des reptiles
 un écureuil	 une chouette	 un serpent
 un renard	 un faisan	 un lézard
 un lapin	 un moineau	 une tortue

1 a) **Sous quel nom générique peux-tu regrouper tous les mots en bleu ?**
b) **Quel nom générique regroupe la chouette et le moineau ?**
c) **Quel nom générique regroupe le lézard, la tortue et le serpent ?**

2 **Quels noms particuliers peux-tu ajouter à la classe des mammifères ?**

3 **Quel nom générique regroupe tous les animaux du document ?**

MANIPULER

4 **Trouve 5 noms particuliers pour chacun de ces noms génériques.**
les rois – les planètes – les organes – les oiseaux – les sentiments

MANIPULER

5 **Retrouve le nom générique qui regroupe les noms particuliers de chaque liste.**
a. une rose – un acacia – du jasmin – des tulipes
b. Paris – Berlin – Rome – Londres – Madrid
c. la gymnastique – le cyclisme – le football – le karaté
d. le vélo – la voiture – le train – le bus – l'avion
e. le lin – la soie – la laine – le coton
f. le marteau – la pince – le clou – la vis

MANIPULER

6 **Regroupe les termes qui vont ensemble et trouve les noms génériques qui correspondent.**
lundi – le croissant – une pièce – mercredi – un chèque – jeudi – un pain au raisin – une carte bancaire – vendredi – un billet – une brioche – samedi – dimanche – la monnaie – le pain – la chouquette

Je retiens

→ Un **nom générique** représente une classe d'objets, d'animaux ou de personnes.
Il a un **sens général**.

→ **Chaque élément** de cette classe est un **nom particulier**.

Noms génériques	Noms particuliers
un animal	la couleuvre, le rouge-gorge
un meuble	une chaise, une armoire

Je m'entraîne

Différencier les noms génériques et les noms particuliers

7 * **Recopie ces phrases, puis souligne en rouge les noms génériques et en bleu les noms particuliers.**

a. La France, l'Allemagne et l'Italie sont des pays de l'Union européenne.

b. Apporte-moi la vaisselle s'il te plaît* ! N'oublie pas les fourchettes.

c. Les mésanges et les moineaux font partie des oiseaux qui viennent manger des graines sur la terrasse.

d. J'ai acheté un pantalon, deux chemises et trois paires de chaussettes : je croule sous les vêtements !

e. Quel fromage voulez-vous manger ? Nous avons du reblochon et du comté.

8 ** **Retrouve les noms particuliers associés aux noms génériques suivants : les pays, la nourriture.**

À chaque pays ses saveurs.

Les habitudes alimentaires sont très différentes d'un bout à l'autre de la planète. On associe les Italiens aux pâtes, les Chinois au riz, les Allemands aux saucisses, les Français à la baguette de pain. [...] Ce qui est mangeable pour les uns ne l'est pas forcément pour les autres. Ainsi nous adorons les escargots, ce qui répugne nos voisins anglo-saxons, mais nous sommes dégoûtés à l'idée de manger du chien, plat apprécié des Chinois et des Vietnamiens.

Patricia Chairopoulos, Clara Delpas, *Les Cinq sens*, © P. Chairopoulos, C. Delpas.

Utiliser les noms génériques et les noms particuliers

9 * **Remplace les noms particuliers par un nom générique dans chaque phrase.**

a. Il faut peser les coques, les moules et les huîtres*.

b. Le café, le thé et le chocolat chaud sont très souvent commandés le matin.

c. Dans cette rivière, on trouve des truites, des gougeons et des carpes.

d. J'ai rangé les dictionnaires, les documentaires et les romans dans la bibliothèque.

e. Il parle l'anglais, le français, l'espagnol et l'italien couramment !

10 ** **Trouve 4 noms particuliers pour les noms génériques suivants (tu peux t'aider d'un atlas).**

mer – continent – ville – pays – fleuve

11 ** **a) Trouve le nom générique qui correspond à chaque liste de noms particuliers.**

b) Ajoute 2 noms particuliers à chaque liste.

- un diplodocus – un allosaure – un stégosaure – un ptérodactyle
- un moelleux au chocolat – une charlotte aux fraises – un éclair au café – une tarte au citron
- une bague – un collier – un sautoir – une broche
- le violon – la guitare – la contrebasse – le ukulélé
- un ouvrier – un agriculteur – un professeur – un boulanger

J'écris – Je m'exprime

ORAL

12 **Complète ces listes de noms particuliers et trouve le nom générique qui leur correspond.**

a. le Petit Poucet – Barbe-Bleue – Hansel et Gretel

b. Poséidon – Héra – Zeus

13 * **Fais la liste de 10 noms particuliers que l'on peut regrouper sous le nom générique jeux. Écris un texte de 4 phrases en essayant d'employer le nom générique et au moins 5 noms particuliers.**

À toi de jouer

Retrouve les noms particuliers et le nom générique qui correspondent à ces images.

Autodictée

À la fête de l'école, ma sœur a attrapé de nombreux jouets à la pêche à la ligne : une voiture de sport, un hippopotame en peluche, un sifflet, une girafe en plastique et un diabolo. Elle est très douée !

5 Les synonymes

Compétences : Identifier et utiliser des synonymes.

Découvrons et manipulons

Précisément depuis deux jours, Fix avait reçu le signalement de l'auteur présumé du vol. C'était celui de ce personnage distingué et bien mis que l'on avait observé dans la salle de paiement de la Banque. Le détective, très alléché évidemment par la forte prime promise en cas de succès, attendait donc avec une impatience facile à comprendre l'arrivée du Mongolia. « Ce paquebot vient directement de Brindisi ? » demanda Fix au consul.

Jules Verne, adaptation de Karine Tournade,
Le Tour du monde en quatre-vingts jours,
© Lire c'est partir, 2008.

1 **a) Quel mot du texte peux-tu remplacer par « enquêteur » ?**
b) Quelle est la nature de ces 2 mots ?

2 **a) Quel mot du texte peux-tu remplacer par « importante » ?**
b) Quelle est la nature de ces 2 mots ?

3 **a) Quel mot du texte peux-tu remplacer par « arrive » ?**
b) Quelle est la nature de ces 2 mots ?

4 **Trouve un synonyme pour chaque mot en bleu. Donne leur nature.**

MANIPULER

5 **Retrouve les 2 mots synonymes dans chaque couple de phrases.**

- Je réunis mes amis pour mon anniversaire.
  Mes copains me proposent un jeu.
- Il entasse ses affaires dans sa chambre.
  Tu dois empiler les cubes par couleur.
- Cette peinture est ennuyeuse.
  Ce tableau est magnifique.
- Cette prairie est immense.
  Le plus vaste appartement est au 2e étage.

MANIPULER

6 **Relie les mots synonymes et donne leur nature.**

éreintante •	• rêveur
déchirer •	• flairer
distrait •	• fatigante
sentir •	• un animal
une bête •	• déchiqueter

Je retiens

→ Des **mots synonymes** sont des mots qui ont **presque le même sens**.
On utilise les mots synonymes pour expliquer un mot ou pour éviter une répétition.
Les synonymes permettent d'apporter des nuances de sens ou des précisions.
Ce **bateau** vient directement de Brindisi. → Ce **paquebot** vient directement de Brindisi.

→ Des mots synonymes sont toujours de même nature. Ce sont :
- **des verbes** : demander – interroger
- **des noms** : un enquêteur – un détective
- **des adjectifs** : alléché – excité

Attention ! *pour remplacer un mot par un synonyme, il faut tenir compte du contexte (le sens de la phrase).*
Fix **avait reçu** le signalement du voleur. → Fix **avait obtenu** le signalement du voleur.
Fix **avait reçu** des amis. → Fix **avait accueilli** des amis.

Je m'entraîne

Identifier les préfixes

4 * **Recopie ces mots et entoure leur préfixe.**

- mécontent
- illogique
- redire
- prévenir
- surplomber
- disparition
- malsain
- imperturbable
- exporter
- transvaser

5 ** **Recopie ces mots et entoure l'intrus de chaque liste.**

a. illégal – illustre – illettré – illogique – illimité
b. prévisible – prévoir – présent – préparer
c. reparler – redire – reverser – remède
d. interminable – incomplet – incroyable – interdit
e. maladie – maladresse – malpropre – malentendu

Utiliser les préfixes

6 * **Recopie les phrases et complète les mots avec l'un de ces préfixes : im-, inter-, ir-, dés-, sou-.**

a. Zoé veut ...dire à son chat de venir dans son salon.
b. Tristan est ...patient d'ouvrir son cadeau.
c. Ma chambre est en ...ordre.
d. Ces jeunes gens ne sont jamais ...respectueux.
e. Cette grotte ...terraine est magnifique.

7 * **Forme, à chaque fois, un nouveau verbe en utilisant un préfixe (essaie de varier).**

- coller
- donner
- lire
- loger
- prendre
- monter
- obéir
- porter
- grandir

8 ** **Forme, à chaque fois, un nom et un verbe en utilisant des préfixes.**

- ligner
- monter
- lent
- patient
- lait
- limite
- pot
- terre
- tour

9 ** **Forme les contraires de ces mots en utilisant des préfixes.**

- mobile
- obéissant
- destructible
- possible
- visser
- volontaire
- réel
- perméable
- égal
- capable
- réalisable
- normal

10 ** **Réécris ces phrases en les complétant avec des verbes dérivés de poser.**

proposer – exposer – s'interposer – entreposer – imposer – déposer – reposer

a. La voisine n'était pas là ; je lui ai ... le colis devant sa porte.
b. Si tu as une meilleure idée, alors ...-la !
c. Lina n'a plus de place dans son placard, elle ... donc tout à la cave.
d. Ce tableau est une merveille, il sera bientôt ... au musée Picasso.
e. Avant que la bagarre ne commence, Mélissa ... .

11 *** **Réécris ces phrases en les complétant avec des mots dérivés de porter comportant un préfixe.**

a. Le ... de ces marchandises se fait par avion.
b. Si tu m'invites, j'... le dessert !
c. Ces fruits ne poussent pas en France ; il faut les ... d'Afrique.
d. Ce bruit est si répétitif qu'il en devient ... .
e. Quelle équipe de basket ...-tu ?

J'écris Je m'exprime

ORAL

12 **Note 10 préfixes sur des petits papiers. Propose à un(e) camarade d'en tirer un au sort. Il/Elle doit alors proposer 3 mots formés avec ce préfixe. C'est ensuite à ton tour !**

13 * **Trouve un mot dérivé de chacun des mots ci-dessous en utilisant un préfixe. Écris ensuite une phrase avec chaque mot.**

sauter – tourner – adroit – boîte* – agir

À toi de jouer

Forme 3 verbes avec ces étiquettes.
Donne le radical et le préfixe de chacun d'eux.

dé | rer | re | ter | rou | tou | dou

Autodictée

Ma grand-mère a décidé de repeindre la cuisine. Elle veut aussi tout réorganiser dans la maison. À son âge, elle pense encore que rien n'est impossible. Et je ne vais pas la contredire !

9 Les suffixes

Compétences : Identifier les suffixes et connaître leur sens. Savoir former des mots en utilisant des suffixes.

Découvrons et manipulons

La forêt, des ressources renouvelables

Naturel, renouvelable, biodégradable : le bois est l'écomatériau par excellence. Employé par l'homme depuis la nuit des temps, son usage a influencé l'évolution des civilisations. Ses nombreuses qualités le rendent incontournable. Matériau intemporel, le bois est à l'origine de nombreux métiers traditionnels et est aujourd'hui pour la filière bois source d'innovations. (…) Ressource renouvelable qui respecte l'environnement, le bois est de plus facile à mettre en œuvre. Quant à ses qualités, elles sont aussi bien esthétiques que techniques.

1 Observe les mots en rouge.

a) Qu'ont-ils en commun ? Comment se nomme cette partie du mot ? Où est-elle placée ?

b) Quelle est la nature de ces mots ?

c) Trouve un autre mot formé avec ce suffixe. Quel est son sens ?

2 Observe le mot en vert. Trouve, dans le texte, un mot dérivé formé avec un suffixe.

3 Observe les mots en bleu. Donne leurs radicaux et leurs suffixes.

MANIPULER

4 Ajoute le bon suffixe à chaque radical.

-erie / -ement / -on / -age / -ette / -esse / -iste

une allum… – un ân… – un abord… – rapid… – une épic… – un fleur… – une crèm… – une pouss… – un chat… – un pays… – serein… – un dent… – une gendarm… – la trist… – le feuill…

MANIPULER

5 Trouve un autre mot dérivé construit avec un suffixe.

- maison → **maisonnée** – …
- ruisseau → **ruisseler** – …
- attache → **attacher** – …
- art → **artisan** – …
- large → **largeur** – …
- calme → **calmer** – …

Je retiens

→ Le suffixe est un élément placé **après le radical** pour former un **mot dérivé**.

développ/**er** → le développe/**ment**
radical suffixe — radical suffixe

On trouve de nombreux suffixes :

- **-ette, -et, -eau, -on** forment des **noms** (ils signifient « petit ») : une maisonn**ette** – un poul**et** – un éléphant**eau** – un chat**on**
- **-tion, -ment, -eur, -iste, -ure, -age, -ade** forment des **noms** (ils indiquent une action) : une planta**tion** – un bâille**ment** – un nag**eur** – un tour**iste** – une fêl**ure** – un mari**age** – une roul**ade**
- **-erie** forme des **noms** (il indique un lieu) : une animal**erie**
- **-er, -ir, -eler, -eter** forment des **verbes** : navigu**er** – sort**ir** – ruiss**eler** – vol**eter**
- **-ain, -eux, -ant** forment des **adjectifs** : rom**ain** – lumin**eux** – bruy**ant**
- **-able, -ible** forment des **adjectifs** (ils indiquent la possibilité) : renouvel**able** – recycl**able** – reproduct**ible**
- **-âtre** forme des **adjectifs** (il signifie « pas tout à fait » ou donne une idée négative) : verd**âtre**
- **-ment** forme des **mots invariables** (il indique la manière) : rare**ment** – grave**ment** – libre**ment**

→ Un mot peut avoir un préfixe et un suffixe.

large → **é**larg**issement**
préfixe radical suffixe

forme → **dé**form**ation**
préfixe radical suffixe

Je m'entraîne

Identifier des connecteurs de temps

7 * **Dans chaque liste, trouve l'intrus.**
- après – tout d'abord – donc – depuis – soudain
- tandis que – pendant ce temps – au bord de – enfin – tout de suite
- néanmoins – finalement – tout à coup – un peu plus tard
- peu après – mais – ensuite – il y a longtemps
- premièrement – avant tout – aussitôt – loin

8 ** **Entoure les connecteurs de temps, puis réécris ces phrases dans l'ordre chronologique.**
a. Parfois, longtemps après, il se réveille.
b. Finalement, le volcan s'éteint.
c. Lorsqu'un volcan entre en éruption, il crache de la lave et de la fumée.
d. Quelques heures après, elle refroidit et durcit.
e. La lave jaillit du cratère, puis tombe sur le sol.

Utiliser des connecteurs de temps

9 * **Recopie et complète ces phrases avec les connecteurs de temps proposés.**
il y a très longtemps – d'abord – aussitôt – soudain – puis – quand
a. … installée, elle mit en marche la voiture.
b. …, les hommes taillaient des silex.
c. Léa prit … la parole, … Niels poursuivit.
d. Je regardais les fleurs, … une sauterelle jaillit.
e. Tout le monde dormait. … le téléphone sonna.

10 ** **Recopie et complète ce texte avec des connecteurs de temps qui conviennent.**
C'est moi qui fais les courses. … je prends un panier. … je commence par les fruits et les légumes. … je passe dans le rayon frais. … je me dirige vers la caisse.

11 ** **Complète ce texte avec des connecteurs de temps qui conviennent.**
…, … ma grand-mère était enfant, c'est elle qui allait chercher du bois pour la cheminée. …, elle devait mettre son manteau pour ne pas prendre froid. … elle traversait le jardin en courant et elle récupérait quelques bûches. … elle se dépêchait de faire demi-tour. … après tous ces efforts, elle pouvait lire tranquillement, au chaud, dans sa maison.

J'écris – Je m'exprime

12 ORAL **Propose un connecteur de temps à un(e) camarade qui devra former une phrase avec. Inversez ensuite les rôles.**

13 * **Utilise les connecteurs de temps ci-dessous pour écrire 3 phrases sur l'un des thèmes proposés.**
Peindre un portrait / Disputer un match de basket
au départ – après – finalement

14 ** **Observe cette image et écris en 6 phrases ce qui s'est passé avant, ce qui se passe dans l'image et ce qui se passera après. Utilise un connecteur de temps dans chaque phrase.**

15 ** **Raconte un film que tu as vu en utilisant des connecteurs de temps.**

À toi de jouer

Retrouve 10 connecteurs de temps.

M	E	N	S	U	I	T	E	R	U
A	U	S	S	I	T	O	T	T	I
V	D	E	S	O	R	M	A	I	S
A	P	N	R	Q	U	A	N	D	E
N	U	F	L	O	R	S	Q	U	E
T	I	I	D	E	P	U	I	S	C
E	S	N	A	P	R	E	S	C	D

Autodictée

Avant le coup d'envoi, les joueurs de rugby se mettent à chanter. Lorsque les premières notes de l'hymne national résonnent, je me sens gagné par l'émotion ! Maintenant, le match peut commencer !

12 Établir des liens logiques

Compétences : Connaître, identifier et utiliser les connecteurs logiques.

Découvrons et manipulons

Un jour, alors que Wilma avait six ans, une horrible tourte aux rognons disparut de la cuisine de l'orphelinat. Mme Skratch exigea qu'on retrouve le coupable, et Wilma sauta alors sur l'occasion de s'essayer pour la première fois au métier d'enquêteur. **Elle conclut rapidement que le voleur de tourte ne pouvait être que Thomas, un jeune garçon bizarre. D'ailleurs, sa lèvre supérieure tremblante était recouverte de pâte feuilletée : sa culpabilité ne faisait aucun doute.** Mais il s'avéra que Thomas n'avait pas touché une miette de pâte feuilletée et qu'il souffrait en réalité d'une violente crise d'eczéma.

Emma Kennedy, *Wilma Tenderfoot et l'énigme des cœurs gelés*
trad. Corinne Daniellot, © Casterman.

1 Lis la phrase qui contient le mot en rouge.

a) Pourquoi Wilma peut-elle mener sa première enquête ?

b) Quel lien le mot en rouge permet-il de faire entre la 1re partie et la 2nde partie de cette phrase ?

c) Parmi ces mots, lequel peut le remplacer ?

pour – donc – car – en effet

2 Lis les deux phrases en gras.

a) Wilma pense que Thomas est le voleur de tarte pour 2 raisons. Lesquelles ?

b) Quel lien le mot en bleu permet-il de faire entre ces deux phrases ?

c) Parmi ces mots, lequel peut le remplacer ?

afin de – mais – alors – de plus

3 Lis la dernière phrase.

a) Thomas est-il le coupable ? Pourquoi ?

b) Quel lien le mot en vert permet-il de faire entre les deux dernières phrases ?

c) Parmi ces mots, lequel peut le remplacer ?

parce que – d'ailleurs – or – pourtant

MANIPULER

4 Associe 2 parties de phrases pour qu'elles aient un sens. Explique ton choix.

Il s'est réveillé •	• mais il prend un dessert.
Il est fatigué •	• pour être à l'heure.
Il a pris son vélo •	• puisqu'il a raté le bus.
Il n'a plus très faim •	• car il y avait du bruit.
Il court •	• il va donc se coucher.

Je retiens

→ À l'oral ou à l'écrit, il faut **organiser** ce que l'on veut dire, c'est-à-dire faire des liens logiques entre les phrases, pour que le texte soit cohérent. Cela permet de bien se faire comprendre.

→ Pour faire des liens, on utilise des **connecteurs logiques** qui établissent des **relations entre les idées exprimées**.

... sa culpabilité ne faisait aucun doute. **Mais** il s'avéra que Thomas...

→ Les **connecteurs logiques** permettent d'introduire :

- **une explication, une cause :** puisque – car – parce que – en effet – effectivement...
- **une opposition :** mais – néanmoins – en revanche – malgré – or – pourtant – cependant...
- **une conséquence, une conclusion :** alors – donc – en résumé – ainsi – par conséquent...
- **un ajout :** et – d'ailleurs – de plus – encore – également – aussi...
- **un but :** pour – afin de – en vue de – dans le but de...

Je m'entraîne

Identifier des connecteurs logiques

5 * **Relève l'intrus. Explique ton choix.**
- dans – donc – de – deux – devant
- demain – hier – avant – pourtant
- mais – car – ainsi – or – puis
- au contraire – néanmoins – si – or

6 ** **Relève 5 connecteurs logiques dans ce texte. Précise ce qu'ils permettent d'introduire.**

Un hippopotame traversait un marigot lorsque, soudain, l'un de ses yeux se détacha et tomba au fond de l'eau. L'hippopotame se mit alors à chercher de tous côtés. […] Mais il ne trouvait pas trace de son œil. En le voyant faire, les oiseaux du fleuve ne cessaient de lui crier :
– Calme-toi ! Mais calme-toi donc !
Mais l'hippopotame affolé ne les entendait pas. Il lui fallait absolument retrouver son œil perdu. Alors les poissons et les grenouilles joignirent leurs voix à celles des oiseaux.

Michel Piquemal et Philippe Lagautrière,
Les philo-fables, © Éditions Albin Michel Jeunesse.

Utiliser des connecteurs logiques

7 * **Associe les débuts avec les fins des phrases et entoure les connecteurs logiques.**
- **Débuts de phrases**

a. Le marchand me tend un sac…
b. Enfile ton manteau…
c. Les ours sont en cage…
d. Souhel continue dans la même direction…

- **Fins de phrases**

1. … puisqu'il fait froid.
2. … malgré les indications de ses copains.
3. … par conséquent nous ne risquons rien.
4. … afin d'y mettre mes achats.

8 * **Complète les phrases avec ces connecteurs logiques.** car – donc – mais – en effet – pourtant

a. … , vous aviez raison, la réparation n'a pas tenu.
b. Ton pull est taché … il sort du lave-linge !
c. Elle met ses lunettes de soleil … le ciel est très lumineux.
d. D'habitude, je suis d'accord, … pas cette fois-ci.
e. C'est le printemps, on voit … des bourgeons dans l'arbre.

9 ** **Recopie ces phrases en les complétant avec un connecteur logique qui convient.**

a. Ils n'iront pas dans cet hôtel … ils ont un chien.
b. Nous mettons de la crème solaire … ne pas prendre de coups de soleil.
c. Luc achète des courgettes, des oignons … des aubergines.
d. Milo n'est pas mauvais joueur … il n'aime pas perdre.
e. Je n'ai pas de parapluie … il pleuve.

J'écris – Je m'exprime

ORAL
10 **Termine ces phrases.**
- Simon ne viendra pas car…
- Olga et Farid sont voisins. Par conséquent, …
- Pour…, Édith prépare ses affaires.
- Le concert commence malgré…
- J'ai arrosé les plantes. Ainsi…

11 * **Écris une phrase pour chaque dessin en utilisant le connecteur logique proposé.**
car – puisque – afin de

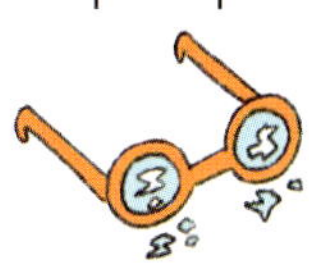

12 ** **Écris 4 phrases en utilisant des connecteurs logiques qui introduisent :**
- une explication, une cause ;
- une opposition ;
- une conséquence, une conclusion ;
- un ajout.

À toi de jouer

Supprime les lettres en double et forme un connecteur logique avec les lettres restantes.

FIEADMLOIRFMSDE

Autodictée

Cet été, Fanny a plusieurs fois contemplé le ciel étoilé. Depuis, elle rêve de pouvoir nommer les constellations. Elle a, en effet, été émerveillée par le spectacle. Fanny a donc acheté un livre pour découvrir les mystères de notre galaxie.

13 Éviter les répétitions

Compétences : Identifier et utiliser les substituts du nom (pronoms, groupes nominaux, synonymes) pour éviter les répétitions.

Découvrons et manipulons

Thésée n'était plus très loin de Marathon, mais il avait besoin de se reposer la nuit. Soudain, il aperçut la lumière d'une maison. Il s'approcha de la fenêtre éclairée. C'était une <u>petite maison délabrée</u>. Thésée frappa à la porte, et une vieille dame lui ouvrit. Son visage était ridé comme un vieux fruit. Elle tendit ses mains à la peau chiffonnée en un geste d'accueil. « Entre, étranger, tu es ici chez toi », dit-elle.
Elle s'appelait Hécalé et vivait depuis longtemps seule dans cette pauvre chaumière. Elle faisait de petits pas, de petits gestes, comme les très vieilles personnes qui n'ont plus la force de regarder passer les jours.

« Le feuilleton de Thésée », *La mythologie grecque en cent épisodes*, © Bayard Éditions.

1 **a) Repère les mots en rouge. Qui désignent-ils ?**
b) Quelle est la nature de ces mots ?

2 **Repère les pronoms en bleu. Quel nom chacun d'eux remplace-t-il ?**

3 **Repère le nom et le groupe nominal en vert. Quel personnage chacun d'eux remplace-t-il ?**

4 **Repère le groupe nominal souligné. Par quel autre groupe nominal synonyme est-il remplacé dans la suite du texte ?**

MANIPULER

5 **Remplace les mots soulignés par un pronom.**
- <u>Les oiseaux</u> sont dans la cage.
- Je dîne* avec <u>mes amis</u>.
- Tu préfères jouer avec <u>ton jeu</u>.
- Il ne faut pas oublier <u>la valise</u> !

MANIPULER

6 **Remplace les mots soulignés par un pronom pour éviter les répétitions.**
- Le lion dort sous l'arbre. <u>Le lion</u> part à la chasse.
- Léa marche sur la glace. <u>La glace</u> est cassante.
- Ma voiture est en panne. J'emmène <u>ma voiture</u> chez le garagiste.
- Les oiseaux se posent sur l'arbre. <u>Les oiseaux</u> partent chercher de la nourriture.
- Malika rencontre ses voisines. Elle parle à <u>ses voisines</u> de son anniversaire.

MANIPULER

7 **Relève, dans le texte, tous les substituts des noms renard et chasseur. Puis classe les mots dans un tableau en fonction de leur nature.**
Le renard se cacha dans un trou. Le chasseur le cherchait partout. Il avançait à pas feutrés. Soudain, l'animal jaillit du terrier et s'enfuit à toute allure. L'homme aperçut le goupil et se mit à le pister.

Je retiens

→ Dans un texte, il est important d'**éviter les répétitions** du même nom ou du même groupe nominal. Pour cela, on peut utiliser différents **substituts** :
- **des pronoms** : il – elle – le – la – lui – leur – eux – le mien – le vôtre – celui-ci – celle-là...
  Thésée n'était plus très loin. **Il** avait besoin de se reposer la nuit. Hécalée **lui** ouvrit la porte.
- **des groupes nominaux** :
  Une vieille dame ouvrit la porte. **La femme au visage ridé** s'appelait **Hécalé**.
- **des synonymes** :
  C'était une **petite maison délabrée**. Elle vivait dans cette **pauvre chaumière**.

Je m'entraîne

Identifier les mots qui évitent les répétitions

8 * Souligne le groupe nominal qui permet d'éviter la répétition du mot en gras.

a. **Le loup** guette sa proie. L'animal va bientôt sortir de son trou.

b. **Jules** déguste un plat de riz au curry. Ce garçon a du goût* !

c. **Les billes** sont tombées par terre. Ces jouets sont interdits par le règlement.

d. As-tu mangé **les fraises** ? J'avais besoin de ces fruits pour faire un gâteau !

e. **Superman** a sauvé un enfant. Ce super-héros est vraiment très fort !

9 ** Souligne le synonyme qui permet d'éviter la répétition du mot en gras. Donne sa nature.

a. Zoé **attache** la corde à l'arbre. Elle lie ensuite la corde à la chaise.

b. Ce **gigantesque** musée est terminé. C'est un bâtiment vraiment monumental.

c. Cette jeune fille est **tranquille**. Elle est paisible dans le jardin.

d. La maîtresse* **entoure** un point sur la carte. Elle cerne la ville de Reims.

e. Cette **voiture** roule vite et silencieusement. C'est un véhicule moderne.

10 ** Associe les noms ou les groupes nominaux soulignés aux pronoms qui les remplacent.

a. Léo ramasse une fleur. Il la met dans son sac.

b. Le loup observe l'agneau, puis il le dévore.

c. Les nuages remplissent le ciel, ils l'assombrissent.

d. Je prépare un cadeau pour mes parents. Je le leur offrirai demain.

Utiliser des mots qui évitent les répétitions

11 * Remplace les groupes nominaux soulignés par des pronoms pour éviter les répétitions.

a. Au printemps, la nature renaît*. J'aime voir la nature reprendre ses droits.

b. Il se peut que le réparateur arrive après midi. Le réparateur m'a dit que c'était une petite panne.

c. Au moment où le dessert apparut, je vis que le dessert avait l'air mauvais.

d. Nous habitons dans un appartement sombre. Cet appartement appartenait à ma mère.

e. La skieuse va trop vite. La skieuse va tomber au prochain virage !

12 ** Remplace le verbe faire par des verbes différents pour éviter les répétitions. N'oublie pas de conjuguer ces verbes.

Je fais du théâtre tous les mardis soirs. Pour une représentation, j'ai dû faire mon costume d'oiseau moi-même. J'ai également fait l'affiche du spectacle avec mon ami Pierre. Et j'ai aussi fait la représentation avec l'ensemble des acteurs.

13 * Évite toutes les répétitions en remplaçant les groupes nominaux par d'autres groupes nominaux, des pronoms ou des synonymes.**

Le rusé détective pense que l'enquête n'avance pas beaucoup. L'enquête est difficile selon le rusé détective. Le détective va faire des recherches pour avoir beaucoup plus d'informations sur cette enquête. « Les enquêtes ne peuvent pas toutes se résoudre en un clin d'œil », pense le détective !

J'écris – Je m'exprime

ORAL

14 Invente des devinettes en mettant des pronoms et des groupes nominaux à la place du mot à trouver.

L'animal a une coquille. Il s'en sert comme d'une maison.
→ l'escargot

15 ** Écris un texte avec les deux personnages suivants en utilisant tous les substituts indiqués.

- **Personnage 1** : le héros – Yannic – héroïque – le petit garçon – il – lui – l'enfant – courageux
- **Personnage 2** : le monstre – l'horrible bête – elle – la – Dévorator

À toi de jouer

Retrouve tous les substituts de Marc, Jeanne et les voitures dans ce tableau.

garçon	elle	petite fille	véhicules
engins	demoiselle	elles	il
fillette	le jeunot	automobiles	garçonnet
jolie enfant	lui	petit gars	autos

Autodictée

L'écureuil saute de branche en branche. L'animal se déplace avec aisance. Il grimpe sur le toit d'une maison. Elle est en construction. Puis, la petite bête se cache en rentrant sous le toit de cette bâtisse.

14 Décrire un personnage

Compétences : Identifier le vocabulaire caractéristique d'une description physique et/ou morale d'un personnage. Rédiger la description d'un personnage en utilisant des substituts et un vocabulaire varié.

Découvrons et manipulons

Burton était un grand escogriffe* à la **poitrine** massive, aux **mains** impressionnantes. Une barbe touffue et dense couvrait le bas de son **visage** et ses **sourcils** étrangement épais étaient en broussaille. Cette barbe et ces sourcils masquaient un **nez** d'une grosseur disproportionnée et un **menton** fuyant. Son apparence débraillée, son air rude et fruste n'avaient en fait rien de vraiment surprenant chez ce chasseur de fourrures, ce trappeur professionnel, pourtant, il mettait la plupart des gens mal à l'aise par sa façon de ne jamais les regarder droit dans les yeux en leur parlant, ce qui lui donnait un air hypocrite et sournois.

Allan W. Eckert, *La Rencontre*, trad. Henri Theureau,

* Escogriffe : homme de grande taille.

1 **Observe les mots et groupes de mots soulignés. Qui désignent-ils ?**

2 **Repère les mots en gras. À quel champ lexical appartiennent-ils ?**

3 **Observe les mots en bleu, puis les mots en rouge.**
a) Quelle est leur nature ? À quoi servent-ils ?
b) Explique ces mots.

4 **a) Quelle différence remarques-tu lorsque tu lis les passages avec les mots bleus et ceux avec les mots rouges ?**
b) Quelle impression te fait le personnage ?

MANIPULER
5 **Associe ensemble ces adjectifs de sens contraire.**
- calme – épais – bouclé – large – maussade
- raide – mince – énervé – enjoué – étroit

MANIPULER
6 **Propose 2 substituts (1 pronom et 1 groupe nominal) pour remplacer ces mots ou groupes de mots.**
- cette belle fée
- le boulanger
- ce jeune homme
- mes vieux oncles
- des passants
- une vendeuse
- un lutin
- les sorcières

MANIPULER
7 **Reformule le texte ci-dessus de « Burton... » jusqu'à « un menton fuyant » en faisant le portrait inverse : utilise des contraires.**

Je retiens

→ Pour **décrire un personnage** réel ou imaginaire, il faut utiliser des mots qui permettent de s'en faire une image mentale, de se le représenter.

→ L'utilisation de substituts (pronoms ou groupes nominaux) permet d'éviter les répétitions et de caractériser plus précisément le personnage.
Burton : il – ce chasseur de fourrures – ce trappeur professionnel

→ Les **adjectifs** et les **comparaisons** permettent de décrire les différents aspects du personnage :
- **son aspect physique**, les éléments qui permettent de le reconnaître :
  - sa silhouette : un grand escogriffe – il était mince comme un fil de fer (comparaison)...
  - son visage : une barbe touffue et dense – des sourcils épais – un nez disproportionné...
  - sa coiffure : une chevelure rousse – des cheveux drus – ébouriffés – en bataille – brillants...
- **son aspect moral,** son caractère :
  - ses qualités : aimable – franc – intrépide – malin comme un singe (comparaison)...
  - ses défauts : un air rude et fruste – un air hypocrite et sournois...

Je m'entraîne

Identifier une description physique et une description morale

8 * **Classe ces mots dans le tableau selon la partie du visage qu'ils peuvent décrire.**

Les oreilles	La bouche	Le nez	Les yeux

en amande – souriant – écrasé – gercé – tordu – noisette – en trompette – cassé – retroussé – fin – pointu – poilu – brillant – étroit – décollé

9 ** **Classe ces mots et ces groupes de mots dans le tableau selon ce qu'ils décrivent.**

Aspect physique	Aspect moral

rusé – longue jambe – maigrichon – intrépide – calme – un air fier – des yeux immenses – distrait – moustachu – grincheux – timide – minuscule – un visage anguleux – patient – affreux – cruel

10 *** **Recopie ce texte et surligne les mots ou groupes de mots qui décrivent le caractère du personnage.**

Au fond, il était un individu à qui jamais rien n'était arrivé et n'arriverait. Craintif, timide et maladroit, il appréciait cette vie sans histoire et s'était depuis longtemps persuadé que jamais il ne croiserait les chemins de l'aventure. Aussi appela-t-il l'ascenseur avec l'âme sereine de l'homme à qui rien jamais d'important ne surviendrait.

Claude Klotz, *Drôle de samedi soir*,
© Le Livre de poche jeunesse.

Identifier et utiliser des substituts pour décrire un personnage

11 ** **Relève les substituts des GN soulignés.**

a. Salima joue au football. La jeune fille est plutôt douée. Elle est impressionnante.

b. Trop tard, le voleur s'enfuit ! Il court vite. Agile, le jeune garçon se faufile et disparaît*...

c. Mon amie Lucile est remarquable. Cette plongeuse expérimentée m'étonne toujours. Elle sait trouver les grottes les plus secrètes.

d. Notre voisin surveille les chiens du quartier. Ce vieillard solitaire les chasse de son jardin car il ne les aime pas.

e. Le pompier se rue vers l'échelle. Il grimpe rapidement. Bientôt, le courageux jeune homme arrive en haut. Le sauveteur est acclamé.

Faire une description physique et/ou morale d'une personne

12 * **Décris le personnage de Boris en choisissant les adjectifs entre parenthèses qui conviennent.**

Boris était (beau/laid). Sur son (long/gros) nez reposaient de (minuscules/grosses) lunettes qui camouflaient un regard (inquiet/paisible). Ses (larges/fines) lèvres (entrouvertes/serrées) lui donnaient un air (triste/jovial).

13 ** **Complète ces phrases avec une comparaison.**

a. Je suis gai(e) comme...
b. Je suis grand(e) comme...
c. Je suis raide comme...
d. Je suis fort(e) comme...

J'écris – Je m'exprime

ORAL

14 **Choisis un des personnages et décris-le.**

15 * **Fais une liste d'adjectifs qui te décrivent.**

À toi de jouer

Trouve, dans cette grille, 7 adjectifs qui décrivent l'aspect physique d'une personne.

I	P	F	O	I	G	R	A	N	D
M	A	I	G	R	E	O	V	O	L
A	L	N	L	B	O	U	C	L	E
V	E	R	T	R	S	X	U	A	O

Autodictée

Toute de noir vêtue, Aya plisse ses grands yeux rieurs et s'élance. De ses doigts fins et assurés, elle se dirige parfaitement. Ses longs cheveux roux laissent une trace scintillante derrière elle. Un sourire étincelant luit dans le ciel noir ; elle se sent libre comme l'air.

15 Décrire un lieu

Compétences : Connaître les caractéristiques d'une description d'un lieu. Identifier et utiliser des indicateurs de lieu, ainsi qu'un vocabulaire riche et varié.

Découvrons et manipulons

Mr Wonka conduisit le groupe à une gigantesque machine qui se dressait au centre même de la salle des inventions. Une montagne de luisant métal dominait de très haut les enfants et leurs parents. […] Charlie Bucket promena ses regards sur la salle gigantesque. On eût dit une cuisine de sorcière ! Dans tous les coins, il y avait des marmites en métal noir, fumant et bouillonnant sur de grands fourneaux, des bouilloires sifflantes et des poêles à frire ronronnantes, d'étranges machines de fer qui crachotaient et cliquetaient, et des tuyaux qui couraient le long du plafond et des murs, le tout enveloppé de fumée, de vapeurs, de riches et délicieux parfums.

Roald Dahl, *Charlie et la chocolaterie*,
Trad. Élisabeth Gaspar, © Éditions Gallimard Jeunesse.

1 Lis le texte.
a) Dans quel lieu la scène se passe-t-elle ?
b) À quoi l'auteur compare-t-il ce lieu ?

2 Repère les mots en bleu.
a) Quel type d'information donnent-ils ?
b) Qu'y a-t-il « au centre » ?
c) Qu'y a-t-il « dans tous les coins » ?

3 Repère les mots en rouge. Quel type d'information donnent-ils ?

4 Repère les mots en vert. Quel type d'information donnent-ils ?

MANIPULER
5 Classe ces mots dans le tableau selon le domaine auquel ils appartiennent.

La vue	L'ouïe	L'odorat

une senteur – apercevoir – un grincement – nauséabond – humer – le murmure – le vent – sucrée – scruter – sombre – un souffle

MANIPULER
6 Donne les contraires de ces indicateurs de lieu.
- Le chemin continue à gauche. → …
- Au sud s'élèvent les montagnes. → …
- Devant la maison se trouve la forêt. → …
- La cabane se dresse près du lac. → …
- À l'intérieur du patio, pousse un arbre. → …

Je retiens

→ **La description d'un lieu** permet d'indiquer au lecteur comment **se représenter** un lieu réel ou imaginaire. Dans tous les coins, il y avait des marmites en métal noir.
Pour faire la description d'un lieu, il faut :
- décrire **ce que l'on voit**, c'est-à-dire les éléments d'un **paysage** ou d'un **décor** : une montagne – la mer – une forêt – une ville – une maison – une salle – la cuisine – lumineux – sombre – bleu…
- décrire **ce que l'on entend**, c'est-à-dire les **éléments sonores** : un bruit – un murmure – un cri – un crépitement – une sonnette – siffler – ronronner – crachoter – cliqueter – grave – aigu…
- décrire **ce que l'on sent**, c'est-à-dire les **odeurs** : un parfum – une senteur – un relent – odorant – nauséabond – sucré – suave – délicieux – sentir – renifler – humer…

→ Une description est un **texte organisé** : elle peut partir du plus près pour aller au plus loin, de la gauche pour aller vers la droite, du centre vers ce qu'il y a autour, du premier plan vers l'arrière-plan.

→ Une description utilise des **indicateurs de lieu** pour donner une position ou situer un élément par rapport à un autre : à gauche – à droite – au milieu – entre – à côté de – à l'extérieur – à l'intérieur – devant – derrière – en haut – en bas – au loin – au premier plan – au second plan…

Je m'entraîne

Identifier et utiliser des noms de lieu et des indicateurs de lieu

7 * Souligne en bleu les indicateurs de lieu et, en rouge, les noms de lieux.

a. Au bord de l'étang, quelques herbes folles dansaient au gré du vent.

b. J'étais maintenant arrivée au centre de cette petite pièce sombre et encombrée.

c. Dans la grange, à côté de la mobylette, camouflée sous des chiffons, elle trouva la lampe.

d. Puis ce fut l'émerveillement : une sublime plage se trouvait là, juste à côté de la décharge !

8 * Complète ces phrases avec des indicateurs de lieu qui conviennent.

a. Paul entra en coup de vent ... la cuisine.

b. Le canapé se trouvait ... deux petites tables.

c. ... du coffre, s'amoncelaient des tonnes de jouets.

d. Le grand sapin trônait ... du salon.

e. ... de la colline, se dressait un vieux château.

Distinguer et utiliser les différents sens dans une description

9 * Recopie ces phrases. Indique si elles présentent un élément visuel, un élément sonore ou une odeur. Souligne les mots qui te l'indiquent.

a. Yvana observait le ciel triste d'hiver.

b. L'immense champ vert sentait l'herbe mouillée.

c. La forêt bruissait de mille façons : froissement de feuilles, sifflement du vent, cris des oiseaux...

d. Une senteur douce imprégnait ce lieu ancien.

e. L'animal scrutait les environs déserts.

10 ** Complète ces phrases avec un verbe qui convient. Indique s'il décrit un élément visuel, sonore ou une odeur. (Pense à le conjuguer.)

examiner – voir – humer – klaxonner – clapoter – discerner

a. Dans la pièce, on ... un parfum de vanille.

b. Au loin, Mehdi ... la mer et, au-delà, il ... un phare.

c. La rue étroite était bloquée par une file de voitures. Impatients, les conducteurs ... .

d. Dans la grotte, Vincent découvrit une petite étendue d'eau qui ... .

e. Clara ... chaque détail du vêtement à la recherche du moindre défaut.

Repérer l'organisation d'une description

11 * Lis cette description et indique ce qui se trouve au premier plan, au second plan et à l'arrière-plan.

L'avenue aboutit à une place en demi-lune, devant les grilles cadenassées d'un jardin public. Il y a des arbres au feuillage clairsemé, des massifs fleuris dans les allées, un bac à sable et des balançoires à péage près de la fontaine. […] Au-delà du parc s'étend une zone pavillonnaire, perdue aux confins du quartier.

Jean-Hugues Oppel, *Ippon*, © Éditions Syros.

J'écris – Je m'exprime

ORAL

12 Observe cette image et décris-la. Pense à utiliser ces indicateurs de lieu :

- au premier plan
- au second plan
- à l'arrière-plan

13 ** Écris la description d'une chambre en utilisant ces expressions. Pense à organiser ta description.

sous le bureau – sur le lit – à côté de l'armoire – près de la fenêtre

Je pousse la porte de sa chambre et...

À toi de jouer

Fais le dessin qui correspond à cette description.

Derrière le parasol bicolore, trois longs toits, recouverts de chaussettes, apparaissaient. À leur droite, au bord d'un fin muret de pierre, coulait un large ruisseau. Au loin, j'apercevais des cerfs-volants qui s'accrochaient aux nuages épais où des moutons jouaient aux dés.

Autodictée

Paul et Léo entrèrent dans la forêt. Quelques mètres plus loin, ils découvrirent une maisonnette. Ils pénétrèrent à l'intérieur et arrivèrent dans une petite pièce sombre. Au fond, ils aperçurent un escalier. Ils montèrent et découvrirent la porte du grenier.

16 Adapter son discours à un interlocuteur

Compétences : Connaître les différentes situations de communication et les différents niveaux de langue. Utiliser un langage adapté à son interlocuteur.

Découvrons et manipulons

Pablo et sa mère se dirigent vers la mer…
– Maman, j'ai envie d'une glace, peux-tu m'en acheter une ?
– Si tu veux, allons chez le marchand de glace. Mais c'est toi qui passe la commande !
– D'accord ! Tu es trop chouette maman !
Ils entrent chez le glacier.
– Bonjour Madame, que désirez-vous ? demande le glacier.
– Euh…s'il vous plaît, je voudrais une glace, répond Pablo. Avez-vous de la fraise ?
– Bien sûr, jeune homme. Veux-tu de la chantilly ?
– Oh oui ! Merci, Monsieur !
– Combien est-ce que je vous dois ? intervient sa maman.
– Trois euros pour la glace, je vous offre la chantilly !

1 **a) Combien de personnages parlent dans ce texte ?**
b) Comment appelles-tu ce type de texte ?

2 **Lis les 3 premières répliques.**
a) À qui Pablo s'adresse-t-il ?
b) Repère les mots en rouge. À quelle personne les verbes sont-ils conjugués ? À ton avis, pourquoi ?

3 **Lis la réplique de Pablo qui est soulignée.**
a) À qui s'adresse-t-il ?
b) Repère les mots en bleu. À quelles personnes les verbes sont-ils conjugués ? À ton avis, pourquoi ?

4 **Lis les répliques du marchand de glaces. Repère les mots en vert. Comment s'adresse-t-il à la mère de Pablo ? à Pablo ? À ton avis, pourquoi ?**

MANIPULER

5 **Associe ces phrases à la personne qui pourrait les dire. Justifie ta réponse.**

une mère – un maître* – une directrice – un(e) enfant

- Tu viens jouer avec moi dans le parc !
- Alors, tu t'es bien amusée, ma puce ?
- Léo, peux-tu lire ce texte, s'il te plaît* ?
- Madame, je vous propose un rendez-vous samedi.

Je retiens

→ Quand on parle ou que l'on écrit, **on n'utilise pas toujours le même langage**.

→ Il faut adapter son discours selon la **situation de communication** dans laquelle on se trouve :
- **un échange à deux ou en petit groupe** : une discussion à table, une rencontre dans la rue… ;
- **une prise de parole en public** : un exposé ou un débat en classe, un discours devant une assemblée…

→ Il faut adapter son discours en fonction de **la personne à qui l'on s'adresse** :
- des **personnes proches** ou que l'on connaît* bien : famille, ami… Le plus souvent, on utilisera le **tutoiement**. Peux-tu m'en acheter une ?
- des **personnes inconnues** : passant, vendeur… Le plus souvent, on utilisera le **vouvoiement**. Avez-vous de la fraise ?

→ Selon les cas, on utilisera des niveaux de langue différents :
- le niveau **familier**, le langage parlé de tous les jours qui n'est pas toujours très correct : rigoler ;
- le niveau **courant**, le langage simple et correct de la vie quotidienne : rire ;
- le niveau **soutenu**, le langage riche et élaboré qui n'est plus très utilisé : s'esclaffer.

Je m'entraîne

Identifier les différents niveaux de langue

6 * **a) Recopie ces phrases. Souligne, en bleu les mots qui indiquent le tutoiement et, en rouge les mots qui indiquent le vouvoiement.**
b) Indique si la situation de communication met en présence des personnes qui se connaissent ou des personnes qui ne se connaissent pas.

a. – Depuis combien de temps êtes-vous acteur ?
– J'ai débuté ma carrière il y a deux ans.
b. – Comment vas-tu, mon petit ?
– Très bien, merci Madame, et vous ?
c. Chers auditeurs, je vais vous présenter les résultats de mes recherches. Cela fait dix ans...
d. – Voyez-vous, Monsieur, je pense qu'il faut continuer à fabriquer des voitures à essence.
– Je ne suis pas du tout de votre avis !
e. – Que veux-tu manger ce soir ?
– Je voudrais manger du riz et du poulet, s'il te plaît*.

7 ** **Lis les phrases et indique leur registre de langue : familier – courant – soutenu.**

a. J'ai une paire de godasses rouges.
J'ai une paire de chaussures de couleur rouge.
Je possède des souliers rouge vermillon.
b. Ce mec avec la bagnole bleue me fiche la trouille.
L'individu au véhicule bleu m'effraie.
L'homme à la voiture bleue me fait peur.

Utiliser un langage adapté à son interlocuteur

8 * **Pour chaque situation, indique si les personnages vont utiliser le vouvoiement ou le tutoiement.**

a. Deux amis qui se racontent leurs vacances.
b. Un adulte qui aide un autre adulte à trouver son chemin dans la rue.
c. Un enfant qui s'adresse à un commerçant.
d. Un enfant qui rencontre un autre enfant pour la première fois.

9 ** **Réécris ce dialogue avec les personnages qui se vouvoient.**

– Comment vas-tu ?
– Bien, et toi ?
– Très bien. Viens-tu assister au match ?
– Oui, j'y vais. Peux-tu me montrer où se trouve le parking ?
– Oui, bien sûr. Tu ne peux pas le rater, il est un peu plus loin à droite.

10 ** **Réécris ces phrases en remplaçant les mots soulignés par des mots du langage courant.**

a. C'est la piaule de mon pote.
b. Ce protagoniste est vraiment désopilant.
c. Ta frangine est zinzin.
d. C'est une besogne ardue.
e. Malgré mes explications, il n'a rien pigé.

J'écris – Je m'exprime

ORAL
11 **Raconte tes vacances en t'adressant à différents interlocuteurs : à un(e) ami(e), à un parent, à un adulte que tu ne connais pas.**

12 ** **Écris un discours que tu pourrais faire pour te présenter comme délégué(e) de classe.**

13 ** **Observe cette photographie et imagine le dialogue entre ces deux personnages.**

À toi de jouer

Dans la pièce *Les Précieuses ridicules* de Molière, (Acte I, scène 9), que demande Magdelon à son serviteur Almanzor ? Dis la même chose en langage courant.

MAGDELON. – Holà, Almanzor.
ALMANZOR. – Madame.
MAGDELON. – Vite, voiturez-nous ici les commodités de la conversation.

Autodictée

Les enfants arrivèrent dans un lieu insolite et magique. Soudain, un petit personnage hirsute jaillit d'un fourré en s'écriant : « Vous en avez mis du temps pour vous pointer ici. Faut pas être fainéants comme ça ! » Les enfants en restèrent bouche bée !

17 Réaliser une interview

Compétences : Connaître les caractéristiques d'une interview. Identifier les différents types de questions. Savoir poser des questions et formuler des réponses.

Découvrons et manipulons

Thylane Blondeau : « Je crois encore au Père Noël »

INTERVIEW – Son prénom signifie « orchidée sauvage ». À 14 ans, la it-girl que la presse new-yorkaise nous envie, fille de l'ancienne animatrice télé Véronika Loubry et du footballeur Patrick Blondeau, crève l'écran dans le nouveau volet de la saga « Belle et Sébastien ».

[…] **Vos modèles d'actrice ?**
Brigitte Bardot et Romy Schneider. *Et Dieu créa la femme* et *La Piscine* sont mes classiques. Sinon, pour les Américaines, Angelina Jolie.

Le personnage que vous auriez aimé jouer ?
Nikita ou *Lucy*. J'adore les films de Luc Besson.

La musique que vous écoutez ?
Justin Bieber. Vous savez, je suis une adolescente de 14 ans. […]

Qu'est-ce qu'on peut vous souhaiter ?
J'aimerais tourner dans beaucoup de films, tout en continuant le mannequinat. J'aimerais que ma famille se porte bien et que mes amis soient toujours en bonne santé. Que moi non plus, je n'ai pas de problèmes de maladie, que ma vie se déroule bien et qu'on arrête la guerre. Voilà !

Qu'est-ce qu'on pourrait vous offrir pour Noël ?
À vous de voir. J'aime les surprises. Mais je vais vous dire un secret, OK ? Je crois encore au Père Noël. À sa magie. […]

Ludovic Perrin, Interview de Thylane Blondeau,
Le Journal du dimanche, 13 décembre 2015 © JDD.

1 **a)** Comment s'appelle ce type de texte ? Quelle est sa caractéristique ?
b) Quel est son titre ? Comment le reconnais-tu ?
c) Où se trouve le chapeau (l'introduction) ?
d) À quels types de phrases correspondent les phrases en gras ?
e) Qui pose les questions (l'intervieweur) ?
f) Qui répond aux questions (l'interviewée) ?

2 **a)** Quels sujets aborde le journaliste ?
b) Relève les questions qui permettent de donner des réponses courtes.
c) Relève les questions qui permettent à l'interlocuteur de développer une longue réponse.

3 Imagine un autre titre pour cette interview.

Je retiens

→ **Une interview** est un entretien avec une personne afin de recueillir des informations sur sa vie, ses goûts, ses projets, pour les diffuser auprès d'un public. Elle comporte :
- **un titre** qui annonce le thème de l'interview et donne envie de lire la suite ;
- **un chapeau** qui permet d'introduire le thème, de le situer dans le temps et dans l'espace ;
- **un échange de questions-réponses** entre deux personnes, l'intervieweur (qui pose les questions) et l'interviewé(e) (qui répond).

→ Il y a plusieurs façons de mener une interview. Le plus souvent, le(la) journaliste pose des questions d'abord générales, puis de plus en plus précises pour approfondir le sujet qui l'intéresse.

→ Il existe deux types de questions :
- les **questions fermées** qui impliquent une réponse par « oui » ou par « non », ou une réponse très brève. Est-ce que tu aimes le cinéma ? → réponse : oui/non
- les **questions ouvertes** qui permettent une réponse plus développée.
Qu'est-ce que tu aimes dans le cinéma ? → réponse : J'aime l'ambiance sur les plateaux…

Il faut plutôt essayer de poser des questions ouvertes pour avoir des réponses plus complètes.

Adapter son discours

10 **Réécris ces phrases en remplaçant les mots soulignés par des mots du langage courant.**

a. Nous avons trouvé de bons bouquins.
b. Je suis stupéfait par sa hardiesse.
c. J'ai choppé la balle, et je l'ai planquée !
d. C'est un homme fortuné.
e. Elles se sont querellées car Lila avait égaré la bicyclette de Marthe.

Réaliser une interview

11 **Associe les questions aux réponses qui conviennent.**

Questions :
a. À quelle heure vous levez-vous pour préparer le pain ?
b. Quelle est la spécialité que vous vendez le plus?
c. Comment fait-on pour devenir guide de haute montagne ?
d. Pourquoi les plantes sont-elles protégées l'hiver?
e. Comment fabriquez-vous ces colliers ?

Réponses :
1. J'utilise les graines des fruits que je perce à l'aide d'une pointe, j'essaie ensuite d'accorder les couleurs.
2. Il faut passer un brevet d'état, c'est un diplôme difficile mais ensuite le métier est passionnant !
3. Je me lève vers 4 heures du matin.
4. Nous vendons surtout de la brioche à la praline, nous avons obtenu une médaille pour ce produit.
5. Nous les protégeons du froid car si elles gèlent elles peuvent mourir.

Exprimer ses émotions, dire ce que l'on ressent

12 **Dans chaque phrase, souligne le vocabulaire qui exprime un sentiment, puis donne le sentiment exprimé.**

a. Cela monta progressivement, il devint écarlate et hurla.
b. Ses mains étaient moites, les minutes lui semblaient interminables, son cœur battait à toute vitesse, elle avait besoin de savoir.
c. Ninon a gagné le concours ! Elle rayonne de bonheur, elle sait qu'elle a réussi.
d. Ce petit se réfugie toujours derrière quelqu'un. Il peine à parler et rougit lorsqu'on s'adresse à lui.
e. J'espérais tellement voir ces oiseaux. Je me suis levé très tôt et j'ai attendu des heures !

13 **Souligne tous les mots du champ lexical des émotions dans le texte suivant.**

Je suis très heureux, je me sens bien dans cette nouvelle vie. J'aime me lever tôt et travailler avec les animaux. Je suis impatient de les retrouver et de les emmener dans les prés. Avant je me sentais un peu maussade en allant travailler et je râlais* beaucoup. Aujourd'hui je suis enthousiaste et mon travail me plaît !

Présenter un livre

14 **À partir de cette couverture, relève toutes les informations qui peuvent te permettre de présenter ce livre à tes camarades, et prépare ta présentation.**

Hélène Montardre, *La Nuit du rendez-vous*, © Éditions Magnard.

EXERCICES TRANSVERSAUX

15 **Lis ce texte et relève 3 connecteurs de temps et 3 connecteurs logiques.**

D'habitude, il laissait le feu s'éteindre dès quatre heures de l'après-midi pour faire des économies. Ce jour-là, il l'a entretenu beaucoup plus tard en répétant toutes les cinq minutes qu'il se sentait grippé. […] On est donc partis ensemble. Ferguson s'est arrêté au pub de la Couronne et moi je suis allé dîner avec maman. Mais une demi-heure plus tard je l'ai laissée avec ses chaises en lui disant que j'avais à faire.

Béatrice Nicodème, *Wiggins et le perroquet muet*, © Éditions Syros.

EXERCICES D'ÉCRITURE

16 **Choisis un livre, présente-le à tes camarades et écris 4 questions que tu aimerais poser à l'auteur lors d'une interview.**

17 **Raconte un événement dont tu te souviens en exprimant une émotion que tu as ressentie. Cela peut être un souvenir amusant, triste, effrayant…**

20 Les arts plastiques

Compétence : Enrichir son vocabulaire sur les arts plastiques.

Découvrons et manipulons

Le MiroMonde

Quelle est la couleur des rêves ? Pour Joan Miró (1893-1983), beaucoup de bleu, de jaune et de rouge, mais pas seulement. L'artiste espagnol a créé un univers poétique, dans lequel se croisent des êtres flottants, entre terre et ciel. Célébré par les surréalistes*, il n'a cessé de se renouveler au cours de sa longue carrière qui traverse tout le XXe siècle. Bien venue dans le monde de Miro.

Dessine-moi un Miró !

Joan Miró ? Mais oui, c'est ce peintre dont on reconnaît les œuvres au premier coup d'œil, certains disent même qu'il dessine comme un enfant ! Effectivement quand on contemple Personnage, étoile, les formes paraissent simples et le trait noir bien épais.
Les couleurs primaires – l'une des autres marques de fabrique de Miró – sont isolées les unes des autres. Le bleu s'étale vigoureusement à coups de pinceau irréguliers, presque maladroits semble-t-il. Mais où est le personnage annoncé dans le titre ?

Extrait de la revue *Dada* n° 183, mai 2013, texte d'Éléonore Nessmann © Éditions Arola, 2014.

* Surréalistes : groupe d'artistes du XXe siècle.

Personnage, étoile, Joan Miro, 1978, acrylique sur toile, 116 x 89 cm, Fondation Joan Miró, Barcelone.

1 **Lis le texte et observe le tableau.**

a) Comment se nomme l'artiste qui a réalisé cette œuvre ?

b) Quel est le titre de cette œuvre ?

c) Quand cette œuvre a-t-elle été réalisée ?

d) Où ce tableau se trouve-t-il actuellement ?

e) Quelle impression te donne cette œuvre quand tu la regardes ?

2 **a) Comment a été réalisée l'œuvre ci-dessus ?**

b) Quelles couleurs a utilisé le peintre ?

c) Laquelle est la plus présente ? À ton avis que représente-t-elle ?

d) Quels éléments ou objets reconnais-tu ? À ton avis, lesquels peuvent expliquer le titre de l'œuvre ?

Je retiens

→ **Les arts plastiques** sont un moyen d'expression. Ils regroupent les arts qui permettent de **créer des œuvres à partir de formes** (dessin, peinture, collage, modelage, sculpture, mosaïque, photographie, vidéo, création numérique…) :
- **Le dessin :** un crayon – un fusain – un croquis – une esquisse – un trait – une mine – des pastels…
- **La peinture :** un chevalet – une palette – un pinceau – un couteau – la gouache – une aquarelle…
- **La sculpture :** des ciseaux – un maillet – une statue – du marbre – de l'argile – un bas-relief…
- **La tapisserie :** un tissu – le tissage – la trame – un canevas – une broderie – le fil – la laine – un écheveau…
- **La photographie :** une pellicule – cadrer – un tirage – un cliché – noir et blanc/couleur – un zoom…
- **Le cinéma :** une caméra – un film – un dessin animé – le montage – un plan – un fondu – un tournage…

→ Pour décrire une œuvre, on utilise des **mots du langage artistique** : une forme – une couleur (claire/obscure/vive/terne) – une matière (lisse/rugueuse) – une lumière – une ombre.

→ Quand on regarde une œuvre d'art, on peut éprouver des émotions : j'adore – j'aime – je suis impressionné(e) par – je suis touché(e) par – je n'aime pas du tout – je suis mal à l'aise face à…

Je m'entraîne

Connaître* les mots pour distinguer et caractériser les différents arts plastiques

3 * Associe chaque image au mot qui lui correspond.

un collage – une sculpture – un dessin – un vitrail – une mosaïque

4 * Donne le nom de l'art plastique qui correspond à chaque texte. Aide-toi des mots en gras.

a. Sur la brocante, j'ai trouvé une petite **statue** représentant la déesse grecque de la chasse. Cette **statuette** en **bronze** a un visage finement **ciselé**.

b. J'ai acheté cette **toile** dans une galerie d'art. L'artiste n'a pas utilisé de **pinceaux**. Il s'est servi de **couteaux** pour la réaliser.

c. Je prends des **clichés** à l'aide d'un **appareil numérique**. Je règle l'**objectif** et j'attends que la lumière soit bonne.

d. Cet artiste **découpe** des affiches, assemble des **morceaux de papiers**, puis les **colle** sur d'immenses panneaux de bois.

e. Dans notre cours, nous apprenons à reproduire un modèle. Nous faisons un **croquis** au **crayon** sur une grande feuille de **papier** blanc.

5 * Trouve 2 noms de la même famille que ces verbes.

peindre → le peintre – la peinture

dessiner – modeler – photographier – sculpter – tapisser – coller – réaliser

6 ⁑ Barre l'intrus dans chaque liste.

a. la gouache – un pinceau – une image numérique – une toile – un chevalet

b. un court-métrage – un plan – un burin – un tournage – une prise

c. un crayon – un chiffon – un objectif – une mine de plomb – un fusain

d. l'argile – le modelage – un bas-relief – une statue – une photographie

e. un cadrage – un objectif – un grand angle – un crayon – un contrejour

7 ⁑ Associe chaque élément du matériel du peintre à son nom.

une toile – un pinceau – une palette – un godet – un chevalet – une brosse

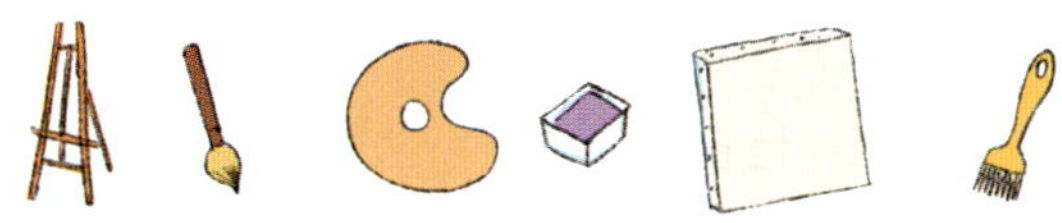

8 ⁑ Associe chaque élément du matériel du sculpteur à son nom.

un maillet – une pierre – un ciseau

9 ⁑ Classe les mots ci-dessous dans le tableau en fonction du domaine des arts plastiques auquel ils appartiennent.

Peinture	Sculpture	Photographie	Tapisserie

un pinceau – un cliché – un canevas – un maillet – un bas-relief – cadrer – un chevalet – modeler – un objectif – un pochoir – un tirage – ciseler – un flash – tailler – un fil – un plâtre – tisser – une statue – la pierre – textile – un burin – broder – un ciseau – une brosse – une aiguille – la gouache – une aquarelle

10 ⁑ Cherche le mot aquarelle dans le dictionnaire. Qu'est-ce qui distingue ce type de peinture d'une peinture à l'huile ?

Les mots pour décrire une œuvre d'art

11 * **Observe ce schéma et classe ces couleurs dans le tableau.**

Couleurs primaires	Couleurs secondaires

bleu – violet – orange – rouge – jaune – vert

12 * **Observe ces 2 œuvres.**

A

Jean-Siméon Chardin, *Panier de Pêches et raisin blanc et noir avec rafraîchissoir et verre à pied*, XVIIIe siècle, vers 1759, Huile sur toile (38 × 46 cm), musée des Beaux-Arts, Rennes.

B

Élisabeth Vigée Le Brun (1755-1842), *Portrait de la duchesse de Polignac*, 1782, huile sur toile (H. 92,2 cm × L. 73,3 cm), château de Versailles.

a) **Indique de quel type de peinture il s'agit : un portrait, un paysage, une nature morte, une scène de genre.**

b) **Lis les légendes. Indique le titre du tableau, son auteur et la date à laquelle il a été réalisé.**

c) **Pour chaque tableau, cite les couleurs utilisées.**

13 ** **Décris ces œuvres d'art.**

a) **De quel type d'œuvre s'agit-il ?**

b) **Quel est le thème de l'œuvre ?**

c) **Complète la description à l'aide de ces mots.**

- **Œuvre A**

nuages – silhouette – lever du soleil – eau – floue – impressionniste – paysage – cheminées – rouge – bleues et vertes

Claude Monet, *Impression soleil levant*, 1872, Huile sur toile (48 cm × 63 cm), Musée Marmottan, Paris.

Description : Ce tableau représente un ... maritime au moment du ... . La scène semble ... . Au premier plan, on observe la mer dans des teintes ... sur laquelle flottent des barques. Le soleil ... se reflète dans l'... et éclaire les ... . À l'arrière-plan, on distingue la ... grise d'une ville ou d'un port avec des ... qui fument. C'est un tableau ... .

- **Œuvre B**

main – réaliste – bronze – homme – tête – réfléchir – coude – muscles

Rodin, *Le Penseur*, 1902, bronze (1,89 m × 98 cm × 1,4 m), musée Rodin, Paris.

Description : Cette sculpture en ... représente un ... assis sur une pierre. Il est nu et ses ... sont très apparents. Il a le ... droit posé sur sa jambe gauche et sa ... s'appuie sur sa ... . La tête est penchée vers le sol et il semble ... . C'est une sculpture ... .

14 **Trouve à quelle définition correspond chaque genre de la liste.**

une peinture d'histoire – un portrait – un paysage – une nature morte – une scène de genre.

a. Je représente le visage de quelqu'un.
b. Je représente un moment historique.
c. Je représente des fruits ou des objets.
d. Je représente un moment de la vie des gens.
e. Je représente une vue de la nature.

Les mots pour exprimer ses émotions sur une œuvre

15 **Associe chaque texte à l'émotion que ressent la personne en regardant l'œuvre. Relève les mots qui te l'indiquent.**

la joie – la tristesse – l'admiration – la peur – l'indifférence

a. Ce film d'épouvante est terrible. J'ai eu vraiment la chair de poule pendant certaines scènes.
b. Cette peinture est lumineuse, l'association des couleurs vives fait penser à un bouquet de fleurs. C'est pétillant !
c. Il se dégage une grande mélancolie des personnages de cette photographie en noir et blanc.
d. Cette œuvre ne me fait penser à rien.
e. Cette sculpture est somptueuse ; les volumes sont équilibrés et les courbes expriment de façon puissante le mouvement. C'est magnifique !

J'écris – Je m'exprime

ORAL
16 **Choisis l'art plastique que tu aimes le plus, présente-le et explique pourquoi.**

17 **Écris un court texte en t'inspirant de cette image sur la vie d'un reporter-photographe en utilisant le plus possible de mots qui appartiennent au vocabulaire de la photographie.**

18 **Observe cette photographie. Que fait cette personne ? Renseigne-toi sur cet art et décris la photographie.**

À toi de jouer

Retrouve les 7 erreurs qui se trouvent dans cette image.

Autodictée

Luc photographiait avec un appareil numérique des tableaux, des sculptures et des gravures qui lui plaisaient. Puis Luc utilisait un logiciel pour retoucher les images et faire des associations qui lui semblaient intéressantes.

21 Les moyens de transport

Compétence : Enrichir son vocabulaire sur les moyens de transport.

Découvrons et manipulons

Les moyens de transport sont nombreux. Ils servent à transporter les hommes mais aussi les marchandises. Certains sont utilisés plutôt sur les petits trajets, d'autres sur de longs trajets. Certains sont des transports individuels, d'autres sont des transports en commun. Aujourd'hui, les transports sont de plus en plus performants : ils vont plus vite, plus loin… mais ils polluent beaucoup. De nouveaux moyens de transport sont inventés pour mieux protéger l'environnement.

A

B

C

D

1 a) Nomme les différents moyens de transport que tu vois sur ces photographies.

b) Classe ces moyens de transport suivant l'espace dans lequel ils permettent de se déplacer : terrestre – aérien – maritime.

c) Classe les moyens de transport en 2 groupes : ceux que l'on utilise seul ou collectivement.

d) Classe les moyens de transport en fonction de l'énergie qu'ils utilisent pour se déplacer.

MANIPULER

2 Classe dans le tableau, les moyens de transport ci-dessous.

Moyens de transport polluants	Moyens de transport non polluants

l'avion – la trottinette – le catamaran – le bateau à voile – le parapente – le deltaplane – le camion – la voiture électrique – la moto – le train à vapeur – le roller – un tracteur – un paquebot – le tramway – la bicyclette – un sous-marin

Je retiens

- Les **moyens de transport** pour transporter les hommes ou les marchandises sont variés.
- En fonction de l'endroit où ils habitent (ville ou campagne) et de leurs besoins (déplacement proche ou lointain), les hommes et les femmes privilégient les **moyens de transport collectifs** comme le métro, le bus ou le tramway… ou les **moyens de transport individuels** comme la voiture, la moto, la bicyclette…
- Il existe différents types de moyens de transport. Certains sont plus adaptés au transport des marchandises, d'autres au transport des hommes :
  - **les transports routiers** : le bus – la voiture – la moto – le camion (marchandises) – la bicyclette…
  - **les transports maritimes** : le ferry – le paquebot – le voilier – le cargo (marchandises)…
  - **les transports fluviaux** : la péniche (marchandises)
  - **les transports aériens** : l'avion (hommes et marchandises) – l'hélicoptère
  - **les transports ferroviaires** : le train (hommes et marchandises)
- Les moyens de transport sont plus nombreux dans les endroits très peuplés avec des activités commerciales multiples.

Je m'entraîne

Identifier les différents moyens de transport

3 * **Souligne les moyens de transport dans ces phrases.**

a. Le bus avait beaucoup de retard, alors, j'ai pris mon vélo pour rejoindre la gare et attraper mon train.

b. Au départ de la régate, des voiliers partent du port tandis que des zodiacs surveillent la course.

c. Les dromadaires se reposent pendant que l'hélicoptère vient chercher le blessé.

d. Durant le concours, il faut parcourir trois kilomètres à vélo, puis naviguer sur une barque pour franchir la rivière.

e. J'ai pris un taxi pour ne pas rater mon avion. Malheureusement, la route était encombrée par de nombreux camions.

4 ** **Souligne tous les moyens de transport dans le texte ci-dessous.**

Pour voyager ou transporter des marchandises, les hommes utilisent de nombreux moyens : au sol, les voitures, les camions et les motos circulent sur les routes. Sur les rails les trains roulent toujours plus vite ! En ville, les vélos, les tramways, les bus et même les trottinettes, permettent de parcourir des petites distances. Pendant ce temps, les paquebots, les bateaux de pêche et les voiliers se déplacent sur l'eau, tandis que les sous-marins explorent les profondeurs maritimes. Les avions et les hélicoptères transportent les hommes sur de longues distances. Pendant ce temps, des fusées et des navettes spatiales permettent aux hommes d'explorer l'espace !

5 ** **Classe ces moyens de transport dans le tableau.**

Transport aérien	Transport routier	Transport maritime

une péniche – un hélicoptère – une camionnette – un camion – une moto – un vélo – une barque – un paquebot – un planeur – une montgolfière – un avion – un autocar – un métro – un navire – un autobus – une voiture – un train – un cargo – un tramway

6 ** **Classe ces moyens de transport dans le tableau. Certains peuvent figurer dans les deux colonnes.**

Transport de marchandises	Transport de personnes

un métro – un paquebot – un tramway – un camion – une péniche – une voiture – un avion – un hélicoptère – un autocar – un autobus – un train – un cargo

7 ** **Classe ces moyens de transport dans le tableau. Certains peuvent figurer dans les 2 colonnes.**

Transport utilitaire	Transport de loisirs

une voiture – un tramway – un avion – un autobus – un canoë – une montgolfière – un planeur – une bicyclette – un yacht – un autocar – un paquebot – un scooter

Connaître le vocabulaire lié aux moyens de transport

8 * **Associe les moyens de transport à leur lieu d'embarquement.**

le bateau •	• l'aéroport
la voiture •	• la gare
l'avion •	• la station
le métro •	• le parking
le train •	• le port

9 * **Associe chaque moyen de transport à la voie (aux voies) qu'il emprunte.**

• **Liste 1 :** le camion – le train – la bicyclette – le paquebot – la moto – la péniche – le cargo – la voiture

• **Liste 2 :** la mer – la route – le rail – le fleuve – l'autoroute – la piste cyclable – le canal

10 * **Associe chaque verbe à un moyen de transport. Plusieurs associations sont possibles.**

• **Liste 1 :** une voiture – un avion – un bateau – un vélo

• **Liste 2 :** conduire – piloter – pédaler – ramer – décoller – atterrir – démarrer

11 * **Retrouve les mots synonymes dans les deux listes.**

• **Liste 1 :** la bicyclette – le navire – le carburant –l'automobile – l'avion – la rame

• **Liste 2 :** la pagaie – la voiture – le bateau – l'aéroplane – le vélo – l'essence

12 * **Trouve le moyen de transport qui correspond à chaque liste de mots.**

a. le fuselage – l'empennage – le train d'atterrissage

b. le moteur – le pare-brise – les rétroviseurs – les jantes – le volant

c. la voile – la barre – le mât – la dérive

d. les vitesses – le guidon – la selle – la chaîne* – les pignons

e. le moteur – la béquille – le guidon – les clignotants – les rétroviseurs

Utiliser le vocabulaire lié aux moyens de transport

13 * **Complète les phrases avec le verbe qui convient. Pense à le conjuguer correctement.**

monter – composter – attacher – traverser – pédaler

a. Tout le monde ... sa ceinture avant que la voiture démarre.

b. As-tu ... ton billet de train ?

c. Les piétons ... quand le signal est vert.

d. Pour ... dans le bus, il faut l'attendre à l'arrêt.

e. Dans la côte, je dois ... dur sur mon vélo.

14 **Complète ces phrases avec les groupes de mots ci-dessous.**

l'aiguilleur du ciel – les marins – l'hôtesse de l'air – le cycliste – le chef de gare – le chauffeur routier – le steward – le pilote – le capitaine

a. ... annonce l'arrivée du train.

b. ... demande à ... l'autorisation de décoller. Une fois le décollage terminé, ... ou ... proposent des boissons aux passagers.

c. ... et ... rejoignent leur bateau.

d. ... prend son vélo. Il roule sur la piste cyclable.

e. ... gare son semi-remorque au parking.

15 **Complète les phrases avec le vocabulaire proposé.**

réseau ferré – voie navigable – transport fluvial – aérogare – autoroute

a. La Seine est un fleuve sur lequel circulent de nombreux bateaux : c'est une ... .

b. Pour aller de Paris à Rennes, on peut utiliser une route nationale, mais si on prend l'..., cela va plus vite.

c. Dans un aéroport, les passagers débarquent et embarquent dans un bâtiment appelé ... .

d. Les péniches transportent du bois, du sable sur les fleuve : c'est du ... .

e. L'ensemble des lignes de chemin de fer s'appelle : le ...

16 **Pour chaque situation, donne 1 ou 2 moyens de transport qu'il est possible d'utiliser. Explique ta réponse.**

a. Romane va à la piscine près de chez elle.

b. La famille Pelgrand vit à Paris et part en vacances en Bretagne.

c. M. Cristiani part en voyage d'affaires au Japon.

d. Noam part dans les Alpes pour le week-end.

e. Mme Hermont habite en ville et travaille à 3 km.

17 **Observe la carte et réponds aux questions.**

Les réseaux de transports en France

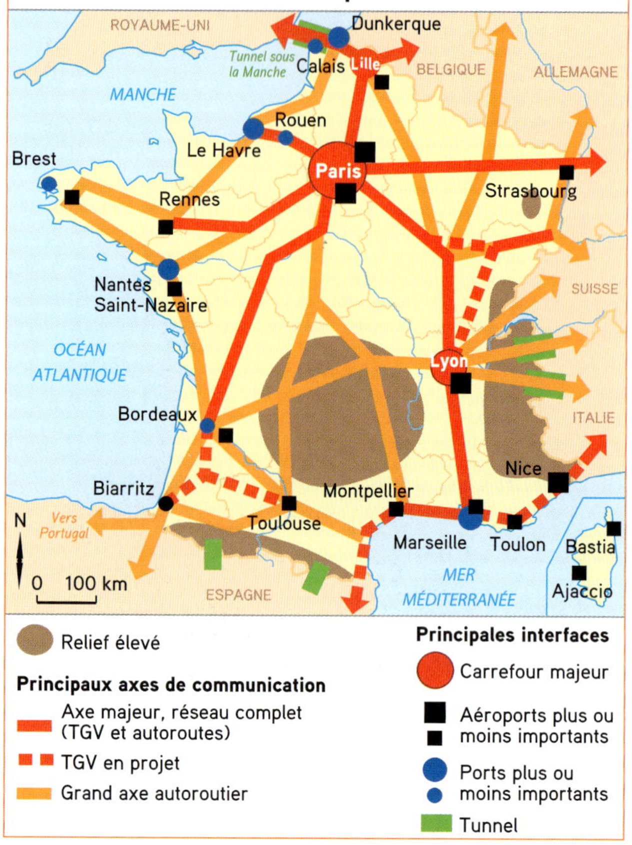

a. Quels moyens de transport permettent d'aller de Paris à Lyon ?

b. Où se trouvent les aéroports ?

c. Comment appelle-t-on l'axe qui relie Bordeaux à Toulouse ?

d. Où se trouvent les principaux ports ?

18 **Complète les phrases avec le vocabulaire proposé.**

covoiturage – location – pistes cyclables – transports en commun – automobilistes

a. Pour réduire la circulation et les embouteillages, il est recommandé de prendre les ... comme le bus ou le tramway.

b. Pour partir en vacances et limiter le nombre de voitures, on encourage les automobilistes à partager le même véhicule : c'est du ... .

c. Dans les grandes villes, quand il y a un pic de pollution, il est demandé aux ... de rouler plus doucement.

d. Les ... sont interdites aux motos, mais obligatoires pour les vélos.

e. Pour inciter les habitants à circuler en polluant moins, des stations de ... de vélos en libre-service sont mises en place dans les grandes villes.

J'écris – Je m'exprime

ORAL

19 Choisis un moyen de transport.

a) Explique pourquoi il te semble pratique et efficace.

b) Explique ce qui te plaît* dans ce moyen de transport.

20 Observe la photographie.

a) Que montre-t-elle ?

b) Écris 3 phrases en utilisant les mots suivants.

tour de contrôle – aérogare – embarquement

21 Lis le texte et réponds aux questions.

a) De quel moyen de transport parle ce texte ?

b) Quel est sa particularité ?

c) Pourquoi est-il particulièrement utile ?

d) À quel autre moyen de transport est-il comparé ?

e) De quel type de transport s'agit-il ?

Voler à la verticale

Léonard de Vinci en avait eu l'idée au XVe siècle. Mais le premier hélicoptère n'a vraiment volé qu'en 1939. Le VS-300 a été imaginé par un ingénieur américain, Igor Sikorsky. À la différence de l'avion, l'hélicoptère s'élève verticalement. Il est ainsi capable de rejoindre des endroits très accidentés, comme pour le secours de personnes en montagne. L'hélicoptère n'a pas d'ailes mais de fines voilures tournantes, les pales. Elles sont réunies et entraînées par le rotor, relié au moteur.

Aymeric Jeanson, J.-E. Vermot Desroches, *Les Avions*, coll. « Les grands docs », © Éditions Milan.

22 Associe ces expressions à leur sens. Puis invente une phrase pour chaque expression.

a. Avoir le nez dans le guidon.
b. Prendre le train en marche.
c. Pédaler dans la choucroute.
d. Être dans son train-train quotidien.
e. Mener quelqu'un en bateau.
f. Bien mener sa barque.
g. Agir en sous-marin.

1. → Participer à un travail déjà commencé.
2. → Réaliser des choses avec aisance.
3. → Mentir à quelqu'un.
4. → Faire beaucoup d'efforts pour peu de résultats.
5. → Agir en secret.
6. → Être débordé.
7. → Vivre dans la routine.

23 Écris un court texte qui décrit le parcours de Mélodie et les moyens de transport qu'elle utilise pour rentrer dans sa maison.

À toi de jouer

Avec les lettres du mot ci-dessous retrouve 6 moyens de transport.

renavubotilas

Autodictée

flâner – courir à toutes jambes – prendre son temps – filer comme une flèche – rouler à pleins gaz – aller à fond de train – aller ventre à terre – sprinter – déambuler – se presser

22 La République

Compétences : Enrichir son vocabulaire autour du thème de la République et l'utiliser.

Découvrons et manipulons

D'un État à un autre, les habitants vivent avec une organisation politique qui est différente. Dans certains pays, il y a encore un roi ou une reine comme en Belgique, en Grande-Bretagne ou en Suède : ce sont des monarchies. Dans d'autres pays, c'est un dictateur, un régime militaire ou une organisation religieuse qui est au pouvoir. En France, nous sommes en république.
Dans une république, les dirigeants détiennent leur pouvoir de l'ensemble de la population, qui le leur a confié par des élections. Quand tous les citoyens peuvent voter librement pour élire leurs représentants, on parle, comme en France, de démocratie.

François Michel, *La République à petits pas*, © Actes Sud.

1 **Lis le premier paragraphe. Repère les mots en rouge.**
a) Cite deux types d'organisations politiques.
b) Qui a le pouvoir dans une monarchie ?
c) Qui a le pouvoir dans une dictature ?
d) À ton avis, qui a le pouvoir dans la République française ?

2 **a) Lis le second paragraphe. Repère le mot en vert. Qui a le pouvoir dans une république ?**
b) Repère les mots en bleu. Comment les dirigeants obtiennent-ils le pouvoir dans une république ?
c) Comment s'appelle une organisation politique où la population élit ses représentants ?

3 **a) Décris la photographie. Que représente-t-elle ?**
b) Connais-tu d'autres symboles de la République française ? Lesquels ?

Je retiens

→ La France est une **république** et une **démocratie**.

→ Le mot « **république** » vient des mots latins « *res publica* » qui signifie « **chose publique** ».
Une république est un **régime politique** (une forme de gouvernement) où le pouvoir n'est pas détenu par une seule personne. Les pouvoirs sont partagés entre :
- le pouvoir **exécutif** : dirigé par le **président de la République** et le Premier ministre. Le **président de la République** est le chef de l'État. Il est élu par tous les citoyens. Le Premier ministre est le chef du gouvernement.
- le pouvoir **législatif** : la Chambre des députés et le Sénat. Les députés et les sénateurs votent **les lois** et exercent un contrôle sur le pouvoir exécutif.
- le pouvoir **judiciaire** : des magistrats, indépendants des pouvoirs exécutif et législatif, font appliquer les lois.

→ « **Démocratie** » vient des mots grecs « *dêmos* » et « *kratos* » qui signifient « le peuple » et « le pouvoir ».
Dans une démocratie, le pouvoir appartient **à l'ensemble des citoyens**, qui élisent leurs représentants, c'est-à-dire les gens qui les gouvernent.

→ Depuis 1958, la France fonctionne sous la **Vᵉ République**. « *La France est une république indivisible, laïque, démocratique et sociale.* » (Article 1 de la constitution française de 1958).
- Les **symboles** de la **République française** sont : le **drapeau** tricolore : bleu, blanc, rouge. – l'**hymne national** : *La Marseillaise*, composée par Rouget de Lisle en 1792. – la **devise** : « Liberté, Égalité, Fraternité ». – l'**emblème** : Marianne.
- La **fête nationale** est le 14 juillet (elle commémore la prise de la Bastille en 1789).

Je m'entraîne

Connaître les caractéristiques d'une république.

4 * **Associe les mots de ces deux listes dont le sens est proche.**

- les citoyens
- un État
- un régime
- une république
- voter

- un pays
- une démocratie
- élire
- une organisation
- le peuple

5 * **Associe chaque mot à sa définition**

une monarchie – une république – une dictature

- Régime politique où le pouvoir appartient à un roi ou une reine.
- Régime politique dans lequel une seule personne a tous les pouvoirs.
- Régime politique où le peuple élit ses représentants.

6 * **Classe ces mots dans la bonne colonne du tableau.**

dictature	monarchie	république

un dictateur – républicain(e) – un royaume – un régime militaire – un(e) élu(e) – un roi (une reine) – démocratique – héréditaire – une dynastie – un despote – une démocratie – un sujet – un(e) citoyen(ne) – la Cour – le Parlement

Connaître quelques principes de la République française.

7 * **Complète ces phrases.**

a.  : c'est le ... de la République française.

b. « Liberté, Égalité, Fraternité » : c'est la ... de la République française.

c. « *La Marseillaise* » : c'est l'... national.

d. « Marianne » : c'est ... de la République française.

e. Le 14 juillet : c'est la ... de la République française.

8 * **Recopie ce texte en le complétant avec les mots proposés.**

élections – république – gouverner – président – cinq – citoyens – votent – démocratie

- La France est une ... et une ... .
- Tous les ... ans, les ... français choisissent un chef pour ... le pays.
- Lors des ... , les citoyens ... pour élire un ... .

9 ** **Complète ces phrases avec les mots qui conviennent.**

- En France, les ... sont partagés.
- Le pouvoir ... appartient aux députés et aux sénateurs.
- Les magistrats exercent le pouvoir ... .
- Le président de la République et le Premier ministre détiennent le pouvoir ... .

J'écris – Je m'exprime

ORAL

10 **Dis ce que t'évoque cette image.**

11 * **Écris 3 phrases sur le thème de la République en utilisant ces mots :** voter – élire – représenter.

À toi de jouer

Complète cette grille de mots croisés.

1. Régime politique où l'ensemble des citoyens élit ses représentants.
2. Femme française qui a des droits et des devoirs.
3. Signifie en latin « chose publique ».
4. Action servant à élire un représentant.
5. Dans la devise de la République française.
6. Dans la devise de la République française.

23 L'énergie et les sources d'énergie

Compétences : Enrichir son vocabulaire autour du thème de l'énergie et des sources d'énergie et l'utiliser.

Découvrons et manipulons

Dans la vie quotidienne, nous n'utilisons pas directement l'énergie du vent, du pétrole ou de l'uranium. Nous faisons appel à de l'énergie transformée sous une autre forme : électricité, essence ou gaz. L'électricité est l'une des plus pratiques. Elle est immédiatement disponible, n'a pas d'odeur comme le fioul, ne salit pas comme le charbon et est apparemment inépuisable [...]. On peut la transformer en chaleur, en lumière, en mouvement et s'en servir pour de multiples fonctions plus ou moins utiles.

Jean-Baptiste de Panafieu, *Nucléaire, pour quoi faire ?*, © Gulf Stream Éditeur.

A

B

1 **Lis ce texte. De quoi parle-t-il ?**

2 **a) Repère les mots en bleu. Parmi ces sources d'énergie, lesquelles ne sont pas renouvelables ?**
b) Laquelle est une source d'énergie renouvelable ?
c) En connais-tu d'autres ? Lesquelles ?

3 **a) Repère le mot en rouge. Pourquoi cette énergie est-elle pratique ?**
b) Que permet-elle à l'homme de faire ? Donne des exemples dans la vie de tous les jours.

4 **Observe les photographies A et B.**
a) Que représentent-elles ?
b) Indique quelle source d'énergie est utilisée et quelle énergie est produite.

MANIPULER
5 **Classe ces sources d'énergie dans le tableau.**

Renouvelable	Non renouvelable

le charbon – l'uranium – le vent – le gaz naturel – le bois – le Soleil – le pétrole – l'eau

Je retiens

→ Le mot **énergie** vient du grec *energeia* qui signifie « force en action ». L'énergie, c'est la capacité d'une chose à faire une action (faire un mouvement, produire de la chaleur...). L'homme a besoin d'énergie pour se déplacer, s'éclairer, se chauffer...

→ On distingue deux types de **sources** d'énergie :
- les sources d'**énergie non renouvelable (ou fossile)** : le pétrole, le charbon, le gaz naturel, l'uranium. Elles se sont formées sous terre il y a des millions d'années. Mais elles **s'épuisent rapidement et sont, le plus souvent, polluantes**. Aujourd'hui, on essaie de les utiliser moins, d'une part, pour les **économiser** et, d'autre part, pour préserver l'environnement ;
- les sources d'énergie **renouvelable** : le Soleil, l'eau, le vent, le bois... Elles **ne polluent pas** et n'épuisent pas les ressources de la Terre. On essaie donc de les utiliser plus.

→ Voici des mots pour parler d'énergie et de sources d'énergie :
- **l'énergie** : produire – transformer – transmettre – consommer – électrique – thermique – géothermique – musculaire – un moteur – un transformateur – un câble – l'électricité – la chaleur – la force...
- **le pétrole et le gaz** : un gisement – un puits – un pipeline – un oléoduc – un gazoduc – une centrale thermique...
- **l'uranium** : l'énergie nucléaire – une centrale nucléaire – un réacteur – la radioactivité...
- **l'eau** : un moulin à eau – un barrage – une centrale hydraulique – une usine marémotrice – la géothermie...
- **le Soleil** : l'énergie solaire – un capteur solaire – un panneau solaire...
- **le vent** : un moulin à vent – une éolienne – une pale...

Je m'entraîne

Connaître le vocabulaire sur l'énergie et les sources d'énergie

6 * **Associe la source d'énergie à l'énergie qu'elle produit.**

le Soleil •	• énergie hydraulique
l'eau •	• énergie nucléaire
l'intérieur de la Terre •	• énergie solaire
l'uranium •	• énergie géothermique

7 ** **Associe chaque mot à la photographie qui lui correspond.**

une éolienne – un puits de pétrole – un barrage hydraulique – la géothermie

Utiliser le vocabulaire sur l'énergie et les sources d'énergie

8 ** **Complète les phrases avec ces mots.**

le carburant – thermique – éolienne – électrique – l'électricité

a. Dans une centrale ..., la chaleur est transformée en électricité.

b. Pour fonctionner, une automobile utilise l'énergie fournie par ... .

c. Le chauffage d'une maison peut fonctionner grâce à ... .

d. Pour allumer un ordinateur, j'utilise l'énergie ... .

e. Un voilier utilise l'énergie ... fournie par le vent.

9 ** **Complète ces phrases avec les verbes suivants. Attention aux accords.**

libérer – transformer – transporter – produire – consommer – économiser

a. Les humains ... l'énergie contenue dans les aliments pour faire fonctionner leur corps.

b. Les câbles électriques ... l'électricité d'une centrale électrique jusqu'aux villes.

c. Dans les centrales, on utilise la chaleur pour ... de l'électricité.

d. Les pays développés ... beaucoup d'énergie.

e. En brûlant*, le bois ... l'énergie qu'il contient.

f. Utiliser les transports en commun plutôt que les voitures permet d'... l'énergie.

J'écris – Je m'exprime

ORAL

10 **Trouve, autour de toi, 5 objets qui ont besoin d'énergie pour fonctionner.**

11 ** **Écris 5 phrases sur le thème de l'énergie avec les mots suivants.**

géothermie – éolienne – aliments – solaire – barrage hydraulique

À toi de jouer

Complète cette grille de mots croisés.

a. Je crée de l'énergie avec le vent ou l'eau.

b. Je bloque l'eau.

c. Je suis ce que dégage un radiateur.

d. Je capte la lumière.

e. Je fais tourner une éolienne.

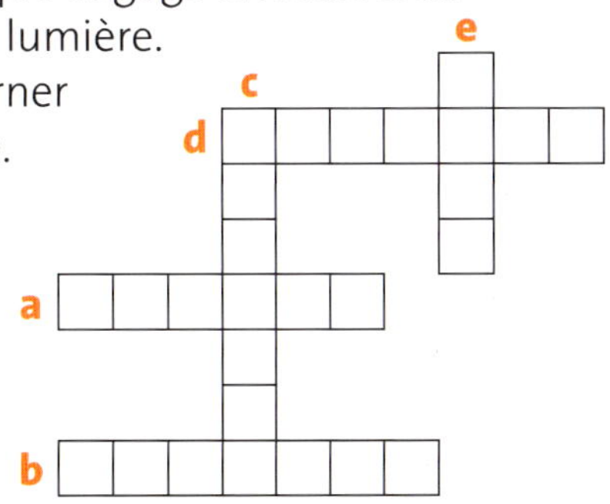

Autodictée

Lorsque Léo voulut allumer la lumière de la cuisine, rien ne se passa. « L'ampoule est à changer », pensa-t-il. Mais, dans le salon, c'était pareil ! Et tout le quartier était plongé dans le noir ! Il allait devoir utiliser ses vieilles bougies pour s'éclairer…

24 L'Europe

Compétence : Enrichir son vocabulaire sur un thème transdisciplinaire : l'Europe.

Découvrons et manipulons

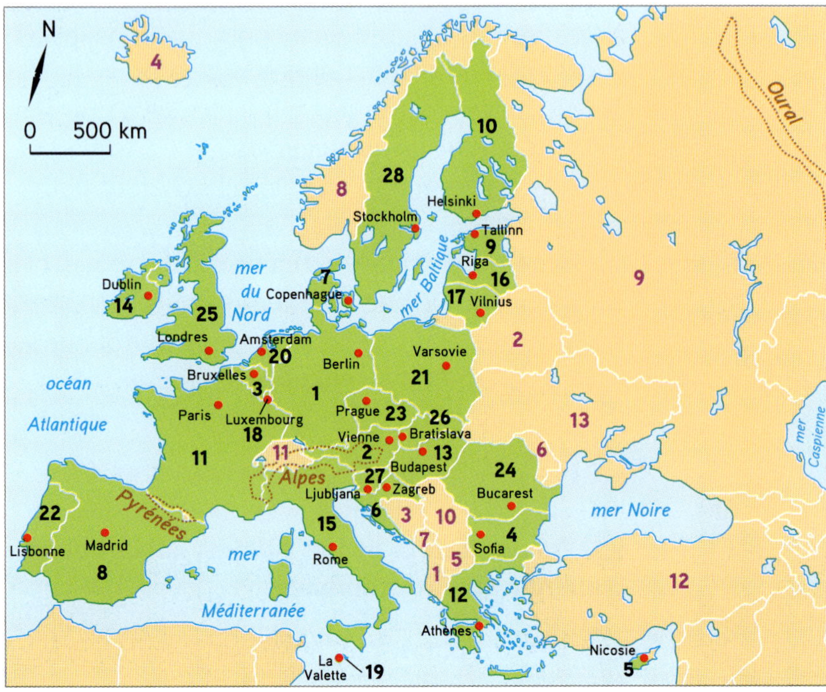

Pays de l'Union européenne en 2016		Autres pays d'Europe
1 Allemagne	**15** Italie	**1** Albanie
2 Autriche	**16** Lettonie	**2** Biélorussie
3 Belgique	**17** Lituanie	**3** Bosnie-Herzégovine
4 Bulgarie	**18** Luxembourg	**4** Islande
5 Chypre	**19** Malte	**5** Macédoine
6 Croatie	**20** Pays-Bas	**6** Moldavie
7 Danemark	**21** Pologne	**7** Monténégro
8 Espagne	**22** Portugal	**8** Norvège
9 Estonie	**23** République tchèque	**9** Russie
10 Finlande	**24** Roumanie	**10** Serbie
11 France	**25** Royaume-Uni	**11** Suisse
12 Grèce	**26** Slovaquie	**12** Turquie
13 Hongrie	**27** Slovénie	**13** Ukraine
14 Irlande	**28** Suède	

1 **Observe la carte. Décalque-la. Repasse en bleu les contours de l'Union européenne (l'U.E.).**

2 **Pourquoi certains pays ne sont-ils pas coloriés en vert sur la carte ?**

Je retiens

→ Lorsque l'on parle de **l'Europe**, il faut distinguer deux définitions.

→ **L'Europe géographique** correspond au continent européen. C'est un vaste territoire qui s'étend de l'océan Atlantique aux montagnes de l'Oural (en Russie) et de la Méditerranée à l'océan Arctique. Pour en parler, on peut utiliser le vocabulaire :
- **des reliefs** : la plaine – la montagne – le plateau – la côte – le littoral – une frontière naturelle…
- **des climats** : tempéré – océanique – continental – doux – pluvieux – rigoureux…
- **des mers et des océans** : l'océan Atlantique – la mer Méditerranée – la Manche – la mer Noire…

→ **L'Europe politique** correspond à l'Union européenne (U.E.). C'est une association politique et économique de plusieurs pays. À l'origine, après la Seconde Guerre mondiale, les 6 pays fondateurs (l'Allemagne, la Belgique, la France, l'Italie, le Luxembourg et les Pays-Bas) avaient dans l'idée de se regrouper pour instaurer une paix durable en Europe. Aujourd'hui, l'U.E. compte 28 pays membres (27 lorsque le Royaume-Uni en partira). Pour en parler on peut utiliser :
- **des verbes** : coopérer – s'unir – échanger – partager – circuler – collaborer…
- **des mots pour parler de l'espace européen** : l'espace Schengen – une frontière – une douane…
- **des mots pour parler de politique** : la commission européenne – le parlement européen – un pays membre…
- **des mots pour parler d'économie** : la monnaie unique – une puissance économique – l'euro – produire…

→ Les symboles de l'Europe sont : le drapeau – un hymne (l'« Ode à la joie » sur la 9e *Symphonie* de Ludwig van Beethoven) – une devise (« Unie dans la diversité ») – une fête (la Journée de l'Europe, le 9 mai)

Je m'entraîne

Parler de l'Europe géographique

3 * **Associe les images de paysages européens à leur légende.**

1. Un fjord en Norvège
2. Une plaine en Pologne
3. Un geyser en Islande
4. Le fleuve Danube en Allemagne
5. La chaîne* de l'Oural en Russie

A

B

C

D

E

4 **Complète ces phrases avec les mots proposés.**

l'océan Atlantique – une frontière naturelle – une île – la mer Noire – l'Oural

a. L'Europe géographique va de l'océan Atlantique à … .

b. Les Alpes forment … entre la France et l'Espagne.

c. Le territoire français est délimité à l'ouest par … .

d. Le territoire du Royaume-Uni est … .

e. La Turquie est bordée au nord par … .

5 **Trouve l'intrus dans chaque liste.**

a. **France :** l'océan Pacifique – les Alpes – le Rhin – la Manche – la mer Méditerranée

b. **Italie :** les Alpes – le Vésuve – la mer Noire – la Sicile – la mer Méditerranée

c. **Russie :** la Volga – l'Oural – la mer Baltique – les Alpes – la mer Noire – la mer Méditerranée

d. **Allemagne :** le Rhin – la Forêt Noire – le Danube – l'océan Atlantique – la mer Baltique

e. **Espagne :** l'océan Atlantique – les Alpes – les Pyrénées – la mer Méditerranée

6 **Trouve le point commun qui lie ces pays.**

a. Espagne – Italie – Malte – Grèce – Turquie

b. Pologne – Allemagne – Suède – Finlande – Estonie – Lettonie – Lituanie

c. Royaume-Uni – Espagne – Islande – France – Portugal – Irlande

d. Bulgarie – Roumanie – Russie – Turquie – Grèce – Ukraine

e. Norvège – Royaume Uni – Pays-Bas – Danemark – Allemagne

Parler des pays d'Europe

7 * **Aide-toi de la carte pour trouver :**

– 6 pays frontaliers de la France ;
– 5 pays frontaliers de la Pologne ;
– 4 pays frontaliers de l'Italie ;
– 3 pays frontaliers de l'Allemagne ;
– 2 pays frontaliers de la Suède ;
– 1 pays frontalier du Danemark.

8 **Trouve l'adjectif qui correspond à chaque pays. Aide-toi du dictionnaire.**

Finlande – Biélorussie – Chypre – Estonie – Grèce – Islande – Kosovo – Malte – Bulgarie – Slovénie – Serbie – Suède – Roumanie – Pays-Bas – Moldavie – Espagne – Allemagne – Suisse

9 **Recopie ce tableau et complète-le.**

Pays	Capitale
Grèce	
	Ankara
Suède	
Lituanie	
	Vienne
	Sofia
Irlande	
Allemagne	
	Helsinki
Roumanie	

10 **Trouve le nom des habitants de ces capitales.**

a. Moscou
b. Berlin
c. Madrid
d. Lisbonne
e. Bruxelles
f. Londres
g. Rome
h. Athènes
i. Vienne
j. Berne

Parler de l'Europe politique et économique

11 **Relie les éléments qui vont ensemble.**

- la devise de l'Europe
- l'hymne européen
- la fête de l'Europe
- le drapeau européen

- l'*Ode à la joie*
- le 9 mai
- « Unie dans la diversité »
- un cercle de 12 étoiles dorées sur fond bleu

12 **Réécris ces phrases en les rangeant par ordre chronologique.**

a. La C.E.E. s'étend à 15 membres **en 1995**.
b. La Seconde Guerre mondiale prend fin **en 1945**.
c. La C.E.E. prend le nom d'Union européenne (U.E.) **en 1992**.
d. **En 2016**, les Britanniques choisissent de quitter l'Union européenne par référendum.
e. La Communauté européenne du charbon et de l'acier (C.E.C.A) est créée **en 1951** pour instaurer une paix durable en Europe.
f. **En 2013**, la Croatie entre dans l'U.E., qui compte désormais 28 pays.
g. Les dirigeants allemands, belges, français, italiens, luxembourgeois et néerlandais décident de créer la Communauté économique européenne (C.E.E.) **en 1957**.

13 **Trouve l'intrus dans chaque liste. Explique pourquoi c'est un intrus.**

a. Bolivie – Irlande – Hongrie – Roumanie – Portugal
b. Bratislava – Rome – Amsterdam – Kiev – Marseille

14 **a) Cherche, dans le dictionnaire, le mot institution.**

b) Lis les phrases ci-dessous et complète le tableau.

Nom de l'institution	Lieu	Qui
...	...	...

- **Conseil européen :** institution qui réunit à Bruxelles les chefs d'État ou de gouvernement des pays de l'Union européenne.
- **Commission européenne :** institution qui réunit à Bruxelles 20 commissaires.
- **Parlement européen :** institution qui rassemble 626 députés soit à Bruxelles, soit à Strasbourg, soit au Luxembourg. Les députés sont élus par les citoyens de l'Union européenne.
- **Conseil de l'Union européenne :** institution qui regroupe à Bruxelles les ministres de chaque pays de l'Union européenne.

15 **Recopie ce texte en le complétant avec les mots proposés.**

Europe – unité – étoiles – européenne – bleu – institutions – 12 – solidarité

C'est en 1950 qu'une organisation ... a commencé officiellement à utiliser ce drapeau ... et jaune. Depuis, il est celui de la plupart des autres ... européennes, dont l'Union du même nom. Toutes les ... sont dessinées verticalement, c'est-à-dire avec une branche dirigée vers le haut. Le chiffre ... est supposé exprimer l'... , la ... et l'harmonie qui existent entre les peuples d'... .

Frédéric Bosc, *Dis pourquoi en Europe*..., © Hachette Livre, 2009.

16 **Complète ce texte avec les mots proposés.**

Européens – monnaie unique – adopté – échanger – commercer – euro – monnaies

En 2002, l'euro est ... par une majorité de pays de l'Union européenne. L'... remplace les ... nationales comme le franc, la lire italienne ou encore la peseta espagnole. La ... permet aux ... d'... et de ... plus facilement.

J'écris – Je m'exprime

ORAL

17 **Cherche :**

– 5 pays d'Europe commençant par un S ;
– 3 pays d'Europe commençant par un M ;
– 3 pays d'Europe commençant par un I.

18 **Tu écris pour la première fois à un(e) correspondant(e) d'un pays d'Europe. Imagine ce que tu vas lui dire de ton pays.**

19 **Choisis une de ces photographies. Retrouve dans quel pays le monument est situé, puis décris-le.**

A. La basilique de la Sagrada Familia à Barcelone.

B. Le Parthénon à Athènes.

C. Le Colisée à Rome.

20 **Décris cette affiche.**

21 **Si tu partais demain en vacances dans un pays européen, où irais-tu ? Pourquoi ? Écris 5 à 10 phrases pour expliquer ton choix.**

À toi de jouer

Trouve, dans cette grille, les noms des 6 pays fondateurs de la Communauté européenne ainsi que leurs capitales. Associe-les.

U	A	L	L	E	M	A	G	N	E
B	T	I	N	B	R	O	R	F	S
E	H	T	I	E	M	C	E	R	P
R	E	A	C	L	A	H	C	A	A
L	N	L	O	G	D	Y	E	C	G
I	E	I	S	I	R	P	T	E	N
N	S	E	I	Q	I	R	O	M	E
P	O	R	E	U	D	E	L	I	T
B	R	U	X	E	L	L	E	S	V

Autodictée

Demain, je pars à Turin : je vais enfin rencontrer mon correspondant italien ! C'est en Italie du Nord, à une centaine de kilomètres de la frontière française. Il habite en centre-ville, réputé pour ses rues à arcades. J'ai hâte de découvrir son lieu de vie.

Je réinvestis mes connaissances

Les arts plastiques

1 * **a) Observe ces documents. Indique de quel type d'art il s'agit pour chaque document.**
b) Donne 3 mots qui appartiennent au champ lexical de cet art.

A. Portrait d'un jeune garçon vers 2016.

B. *Le Lion de Belfort*, cuivre martelé, Auguste Bartoldi, 1880 (Paris).

2 ** **Complète ces phrases avec les mots de vocabulaire qui conviennent.**

a. Le peintre utilise des ... . Il peint sur une ... en lin qu'il pose sur un ... .

b. Le photographe prend des ... avec son ... . Il règle son ... pour que la photographie ne soit pas floue.

c. La fabrication de cette tapisserie a nécessité plus de 50 ... de fils de couleurs différentes.

d. Le sculpteur utilise un ... et un ... pour tailler la pierre. Quand sa ... est finie, il la polit.

e. Le réalisateur prépare son prochain ... . Toute l'équipe va partir en ... .

Les moyens de transport

3 * **Lis ces phrases et trouve de quel moyen de transport il s'agit.**

a. J'ai deux roues et je ne pollue pas car je n'ai pas de moteur.

b. Je me déplace dans l'air, je possède des pales qui me permettent de m'élever à la verticale.

c. Je possède quatre grosses roues et je transporte des marchandises sur la route.

d. Je me déplace sur l'eau et je transporte des marchandises.

e. Je transporte des hommes ou des marchandises mais je me déplace toujours sur des rails.

4 ** **Complète ces phrases avec le lexique qui convient.**

a. Pour aller à l'école, j'utilise mon vélo. Je roule sur la ... et je m'arrête bien au feu rouge.

b. Les cargos quittent le ... avec leurs chargements de ... .

c. L'avion roule sur la ... . Le pilote demande l'autorisation de décoller à la ... .

d. Le train entre en ... . Les ... descendent et se dirigent vers les sorties.

e. Pour aller au stade, nous prenons les ... . Nous avons le choix entre l'autobus, le ... ou le ... .

5 *** **Lis le texte.**
a) Donne un mot synonyme de chacun des mots soulignés.
b) Pour chaque mot en bleu, trouve 2 mots de la même famille.
c) Dans le dictionnaire, cherche la définition des mots en gras.

Premier vol non habité.
Des premières fusées propulsées par la poudre qu'inventèrent les chinois, aux fusées utilisant de **l'oxygène** liquide, les techniques ont beaucoup évolué au fil des siècles. Mais leur usage est alors militaire et ces engins ne quittent pas **l'atmosphère** terrestre. Né en 1894, Hermann Oberth envisage les vols en **orbite** autour de la Terre.

Les encyclopes, Aventuriers explorateurs et grands voyageurs, © Éditions Milan.

La République

6 * **Associe chaque mot à sa définition.**

- **Mots**

1. Liberté
2. Égalité
3. Fraternité
4. Laïcité
5. République

- **Définitions**

a. Fait d'avoir les mêmes droits.
b. Forme de gouvernement où le peuple élit ses représentants.
c. Caractère de ce qui est sans appartenance religieuse.
d. Fait d'être libre.
e. Solidarité fraternelle entre les hommes.

EXERCICES TRANSVERSAUX

20 * **Lis ce texte.**

a) Relève les verbes à l'infinitif.

b) Relève les sujets des verbes en gras.

c) Donne la définition des mots en rouge.

d) Donne les différents sens du mot en bleu.

e) Relève un connecteur logique qui marque l'opposition.

En France, l'école publique **est** gratuite et laïque depuis les lois de Jules Ferry en 1882. La laïcité, c'est une règle. Son objectif : que, à l'école, tous les élèves et les adultes **puissent** vivre ensemble même s'ils **ont** des religions différentes. L'école laïque **accepte** tous les élèves, de toutes les religions. Mais la religion doit rester en dehors de l'école, à la maison…

Les fiches du petit quotidien / hors-série, © Mon petit quotidien.

21 ** **Les phrases de ce texte ont été mélangées.**

a) Recopie ces phrases dans l'ordre chronologique.

b) Souligne les connecteurs de temps.

c) Cherche, dans le dictionnaire, les mots en gras et donne leur sens dans le texte.

a. Enfin, l'électeur glisse l'enveloppe dans **l'urne**.

b. Ensuite, l'électeur se présente devant **l'urne**.

c. D'abord, **l'identité** de l'électeur est vérifiée à l'entrée du bureau de vote.

d. Et pour finir, **l'électeur** signe la liste électorale.

e. Après, l'électeur passe dans **l'isoloir**.

f. Alors le président du bureau de vote lit son nom et **l'assesseur** recherche le nom sur la liste électorale.

g. À ce moment, il glisse le **bulletin** qu'il a choisi dans l'enveloppe.

h. Puis l'électeur prend une enveloppe et des bulletins de vote.

EXERCICES D'ÉCRITURE

22 * **Les mots suivants ont plusieurs sens. Invente une phrase pour chaque sens. Aide-toi du dictionnaire.**

porter – une batterie – une prise – le bain

23 ** **Observe ces images.**

a) Remets-les dans l'ordre chronologique pour que l'histoire ait du sens.

b) Raconte, au présent, ce qui se passe. Pense à utiliser des connecteurs logiques et des connecteurs de temps.

A

B

C

D

Exercices transversaux

GRAMMAIRE

1 * **a) Recopie uniquement les groupes nominaux.**
b) Entoure les déterminants en bleu.
c) Entoure les noms noyaux en rouge.

a. Quelques souris grises se regroupent autour du délicieux fromage.
b. Céline s'installe dans son nouvel appartement.
c. Le mandrill est un singe à la peau bleutée et au nez rouge vif.
d. Le patron offre un petit café au lait à Isabelle.
e. Léo et Gaëlle, deux grands sportifs, descendent rapidement la piste verglacée.

2 ** **a) Relève dans ce texte les groupes nominaux et entoure les noms noyaux.**
b) Relève les verbes conjugués.

De mauvaise humeur, le visage assombri et le front marqué de deux grosses rides, il déchire rageusement l'enveloppe et en sort une feuille pliée en quatre. Il l'ouvre et reçoit un choc qui le fait se raidir, le dos collé à son fauteuil. Pareille à l'enveloppe, la feuille est blanche. Blanche des deux côtés ! Pourtant, cette lettre vierge lui livre un message qui le fait trembler des pieds à la tête, comme s'il en comprenait aussitôt la signification.

Didier Convard, *Les Trois Crimes d'Anubis*, © Éditions Magnard.

3 *** **a) Recopie le texte et souligne en bleu les verbes conjugués. Donne leur infinitif.**
b) Souligne les groupes nominaux en rouge.
c) Entoure les déterminants.

Il y a très longtemps de cela, le commerce entre les pays du monde entier se faisait grâce aux navires. De très nombreux bateaux naviguaient ainsi sur les océans, pendant de longs mois. Ils transportaient toutes sortes de marchandises. Les pirates les attaquaient donc régulièrement pour les leur voler.

ORTHOGRAPHE

4 * **Recopie ces phrases en choisissant le bon homophone entre parenthèses.**

a. Les glands (son/sont) des graines très dures.
b. J'ai visité la ville (ou/où) tu es né (est/et) je l'ai trouvée magnifique.
c. Ma grand-mère adore voyager (est/et) me rapporter des petits souvenirs.
d. Au collège, les élèves jouent de la flûte (à/a) bec.

5 ** **Recopie ces phrases en choisissant les homophones entre parenthèses.**

a. (A/As/À)-tu pensé (a/as/à) prendre les affaires qu'il (a/as/à) préparées ?
b. Ton père n'(et/est) pas très grand (et/est) toi non plus.
c. Ils (on / on n' / ont) bien précisé que, si (on / on n' / ont) est pas à l'aise, (on / on n' / ont) doit le dire rapidement.
d. (Mes/Mais) cousines arrivent dans l'après-midi, (mes/mais), malheureusement, je serai déjà repartie !
e. (Ou/Où) (son/sont)-ils partis en vacances ? Sont-ils dans les Alpes (ou/où) ailleurs ?

6 ** **Souligne le sujet, puis complète les verbes avec la terminaison du présent qui convient.**

a. Les enfants, seuls dans leur chambre, jou... tranquillement.
b. Que regard...-ils ? Je ne voi... rien d'ici.
c. Marcel et moi entend... des bruits bizarres.
d. Les pêches mûri...* bien avec tout ce soleil.
e. Tout doucement, tomb... les flocons de neige.

LE VERBE

7 * **Réécris ces phrases avec le sujet indiqué entre parenthèses.**

a. Laura descend la piste à toute allure !
→ Tu ... ! – Laura et David ... !
b. Tu agrandis ton potager.
→ Grand-père ... . – Vous ... !
c. Nous remplissons notre gourde avant la randonnée.
→ Tu ... . – Les jeunes ... .
d. Il voit ce lièvre de très loin.
→ Les aigles ... . – Je ... .
e. Tu ne pars pas sans les remercier.
→ Les invités ... . – Roméo ... .

8 ** **Complète ces phrases en conjuguant les verbes entre parenthèses au présent.**

a. Je (finir) par découvrir qu'ils (partir) tous ensemble.
b. Bazille ne (tendre) pas le bras assez haut pendant le cours de sport.
c. (Entendre)-tu cette mélodie ?
d. Elle (tordre) les plis de sa robe.
e. Elles (dormir) toujours la fenêtre ouverte.
f. Vous (remplir) cette carafe d'eau.

9 Réécris ce texte en remplaçant nous par je puis par ils.

Nous attendons encore quelques minutes car nous voulons parler à notre nouveau professeur de guitare. Nous le voyons arriver. Nous établissons alors avec lui un programme pour les semaines à venir. Nous finissons en lui souhaitant une bonne soirée. Nous partons enchantés de ce premier échange. Nous sentons que cette année musicale sera un succès !

10 **a) Recopie les verbes en gras et donne leur infinitif.**

b) Conjugue ces verbes au présent.

Élodie prit le temps de compter jusqu'à vingt, escalada la corniche à son tour et se pencha. C'était toujours aussi haut ! Elle serra les dents et se jeta dans le vide. Contrairement à la première fois, elle se reçut souplement, **amortit** le choc et **se rejeta** aussitôt dans l'ombre du mur. Là-bas, la silhouette de Lukas venait de tourner sur la gauche. Elle **attendit** un moment, le cœur battant, puis courut silencieusement jusqu'à l'angle de la rue.

Xavier-Laurent Petit, *Le Monde d'en haut*, © Casterman.

LEXIQUE ET EXPRESSION

11 **Trouve les mots génériques qui correspondent à ces mots particuliers.**

a. la boulangerie – la boucherie – la librairie – la laverie – la poissonnerie

b. l'agneau – le poussin – le veau – le baleineau – le chiot

c. une marguerite – une rose – une orchidée – une jonquille – un œillet

d. l'Italie – la France – l'Allemagne – l'Espagne – la Croatie

e. le céleri – la courgette – la carotte – le poireau – l'aubergine

f. une guitare – un piano – un clavecin – une trompette

12 **Associe les mots synonymes.**

un tableau •	• une esquisse
un croquis •	• une toile
un trait •	• copier
reproduire •	• fixer
coller •	• un tracé

13 **Donne un synonyme de chaque sentiment souligné dans les phrases.**

a. J'ai ressenti une profonde angoisse quand je l'ai vu traverser le fleuve à la nage.

b. Le héros fut tout à coup pris d'une fureur incontrôlable.

c. Le calme l'envahissait depuis qu'il était arrivé dans cette ville.

d. La nervosité des ouvriers les empêchait de se concentrer sur le travail du chantier.

e. L'émotivité de cet enfant est grande ; il a besoin d'être mis en confiance.

14 **a) Classe dans ce tableau les mots qui décrivent l'apparence physique de Fifi et les mots qui décrivent ses vêtements.**

son apparence physique	ses vêtements

b) Trouve des synonymes pour les mots soulignés.

Fifi Brindacier partait faire sa promenade matinale. Voilà de quoi elle avait l'air : ses cheveux roux comme des carottes étaient tressés en deux nattes qui se dressaient de chaque côté de la tête. Son nez, parsemé de taches de rousseur, avait la forme d'une petite pomme de terre nouvelle. Sous ce nez, on voyait une grande bouche aux dents saines et blanches. Sa robe était fort curieuse.

Fifi l'avait faite elle-même. Elle aurait dû être bleue mais, à court de tissu bleu, Fifi avait décidé d'y coudre des petits morceaux rouges çà et là. Elle portait des bas – un marron, un noir – sur ses grandes jambes maigres.

Et puis, elle était chaussée de souliers noirs deux fois trop grands pour elle. Son papa les lui avait achetés en Amérique du Sud pour que les pieds de Fifi aient la place de grandir un peu. Fifi n'en avait jamais voulu une autre paire.

Astrid Lindgren, *Fifi Brindacier*,
trad. Alain Gnaedig,
© Le Livre de Poche Jeunesse.

15 **Associe les mots synonymes pour chacun de ces verbes qui expriment une émotion.**

aimer •	• exalter
angoisser •	• inquiéter
réjouir •	• redouter
craindre •	• adorer
enthousiasmer •	• égayer

16 **a) Relève les mots qui décrivent la silhouette de l'animal.**
b) Relève les mots qui décrivent sa fourrure.
c) Relève les mots qui décrivent sa tête.
d) Trouve des mots synonymes qui pourraient remplacer les mots en gras.

C'était un blaireau. Une femelle de quatre ans, de taille **imposante**. Elle pesait une bonne douzaine de kilos, était large, basse sur pattes et puissamment musclée. Sa **fourrure**, d'aspect grisonnant, était longue ; la **brise** légère la faisait **onduler**, l'ébouriffant parfois. Juste au-dessus de son nez légèrement retroussé, une bande de fourrure étonnamment blanche montait de son **museau**, passait entre ses yeux, divisait le **sommet** de son crâne pour aller se perdre dans le gris clair de son dos. Le reste de sa tête était noir, barrée sur chaque joue d'une même bande blanche qui remontait ensuite de l'œil à l'oreille et finissait sur la nuque.

Allan W. Eckert, *La Rencontre*,
trad. Henri Theureau,
© Le Livre de Poche Jeunesse.

17 **Écris une phrase pour expliquer les émotions que les personnages ressentent : colère, étonnement, joie et inquiétude.**

EXERCICES TRANSVERSAUX

18 **a) Recopie ces phrases. Choisis la bonne terminaison des verbes.**
b) Complète les mots avec -ée, -tié, -té.

a. Pablo et Jason part(e/ent) préparer leur dict... .
b. Cette ann..., depuis la rentr..., Anna correspon(ds/d) avec une jeune anglaise.
c. Nous parcour(ons/ent) les pièces de la maison pour nettoyer la sale... et la poussière.
d. Il y a beaucoup de mon... durant cette randonn..., les enfants accompliss(ez/ent) un exploit !
e. Son ami... est précieuse.

19 **a) Recopie ce texte en conjuguant les verbes entre parenthèses au présent.**
b) Donne la nature des mots soulignés (nom, déterminant, verbe).

Petit-Lama s'assoit sous un arbre. Il (fermer) les yeux. Une mouche (se poser) sur son gros orteil.
– Qu'est-ce que tu (faire) ? (demander)-t-elle.
– Rien, (répondre) Petit-Lama.
– Pourquoi ?
– J'(avoir) chaud.
– Fais comme moi. Je (voler). Ça (rafraîchir).
– Oui, mais moi je ne (être) pas une mouche.
– Qu'est-ce que tu en sais ?

Sébastien Pelon, *Petites Histoires zen*, © Éditions Milan.

20 **a) Lis ce texte. Relève les mots qui décrivent le personnage principal.**
b) Relève les verbes au présent et donne leur infinitif.
c) Choisis l'homophone entre parenthèses qui convient, puis recopie le texte.
d) Trouve un synonyme pour les mots soulignés.

« Gentille (à/a) ce point, (c'est/s'est) une vraie tare. » Je ne me souviens plus qui m'(à/a) dit ça, un jour. Peu importe. Je suis gentille parce que je ne sais pas être autrement. Quand on (et/est) moche, faut être gentille.
Moche ? N'exagérons pas. En ai-je entendu parler de (mais/mes) grands yeux bleus, de mes épais cheveux blonds, de ma peau de pêche ! (Mais/mes) y a toujours un *mais*. Inaudible, bien sûr. Les gens bien élevés gardent leurs réflexions pour eux. Seule une mère peut se permettre de glisser de temps en temps : « Charlène, tu devrais te surveiller. »

Lorris Murail, *Le Maléfice égyptien*,
© Éditions Gallimard Jeunesse.

EXERCICES D'ÉCRITURE

21 * **Choisis un personnage, décris-le physiquement, puis décris l'émotion qu'il ressent.**

22 ** **Explique comment tu te sens aujourd'hui. Choisis un de ces dessins pour décrire ce que tu ressens.**

23 ** **Utilise ces mots pour faire le portrait d'une personne que tu connais.**

Description physique	yeux – nez – bouche – cheveux – visage – taille – front – allure
Personnalité	joyeux – triste – sympathique – colérique – aimable – sensible – courageux
Activités	football – gymnastique – patin à roulettes – judo – natation – volley-ball
Goûts	chocolat – pâtes – miel – réglisse – melon – litchi – figue

24 ** **Écris un court texte qui raconte ce que vient d'apprendre la personne sur cette photographie. Imagine comment elle réagit à cette nouvelle.**

25 ** **Décris ce personnage, puis les émotions que tu ressens face à cette œuvre d'art.**

La Joconde, vers 1503, Léonard de Vinci (1452-1519), peinture sur bois, 77 x 53 cm, Musée du Louvre, Paris.

26 ** **Imagine en quelques lignes les émotions que tu vas ressentir à l'approche de ton entrée en 6e : quelques mois avant, une semaine avant, la veille de la rentrée.**

Exercices transversaux

GRAMMAIRE

1 * Recopie ces phrases en remplaçant les noms ou les groupes nominaux soulignés par des pronoms.

a. La chaise est cassée ; Julie va réparer la chaise.
b. Solal est avec ses grands-parents mais il va bientôt quitter ses grands-parents.
c. Le cuisinier prépare une recette spéciale ; cette recette sent bon.
d. Quentin pense à son prochain match et il parle de son prochain match tout le temps.
e. Lucie va chez le coiffeur et elle rencontre son entraîneuse* chez le coiffeur.

2 ** Indique si les mots soulignés sont des déterminants ou des pronoms de reprise.

a. Le spationaute a pris position dans la navette.
b. Pierre aime regarder les nuages dans le ciel ; il les imagine avec des formes d'animaux.
c. Léo lance rapidement la balle, mais Isabelle la récupère sans difficulté.
d. Le marin les a appelés, mais les pêcheurs ne l'ont pas entendu à cause du bruit de l'orage.
e. Kenji a rassemblé les poules et les a nourries.

3 * Recopie ces phrases en remplaçant les noms ou les GN soulignés par des pronoms.**

a. Alice va à la mer.
b. Luc téléphone à sa meilleure amie.
c. Olivier reprend de la purée de carottes.
d. Les animateurs préparent le jeu.
e. Niels préfère les araignées aux serpents.

4 ** Recopie ces phrases. Entoure les adjectifs en rouge, les compléments du nom en noir et souligne les noms qu'ils précisent.

a. Cette campagne publicitaire est visible dans toutes les rues de Paris.
b. Carl tournait la carte routière dans tous les sens mais il n'y voyait pas la route départementale.
c. L'armée romaine prit la possession de la cité.
d. La couronne d'émeraude pesait sur son large front.
e. La choucroute est une délicieuse spécialité de la région alsacienne.

5 ** Complète chaque groupe nominal avec un adjectif puis un complément du nom de ton choix.

une table → une grande table – une table à manger

a. le vent b. un voyage c. des villages
d. une nuit e. la fête f. une déclaration

6 ** Forme 2 GN en ajoutant un adjectif, puis un complément du nom, comme dans l'exemple.

une lettre (France) → une lettre française – une lettre de France

a. une enquête (police) d. un temps (hiver)
b. une enveloppe (poste) e. un cri (douleur)
c. un jeu (enfant)

7 ** a) Recopie ce texte. Entoure en bleu les adjectifs et souligne en bleu les noms qu'ils précisent.
b) Entoure en rouge les compléments du nom et souligne en rouge les noms noyaux.

L'antilope vit dans les steppes, les forêts et les déserts. Son corps est svelte et ses pattes sont minces. Elle possède deux fines cornes dont la longueur peut atteindre 70 cm. Selon l'espèce, les cornes peuvent être droites, en forme de lyre ou en forme de spirale. L'antilope est agile et rapide à la course. Elle peut supporter les grands froids et des températures négatives.

8 ** Dans ce texte :
a) relève 4 adjectifs et 5 compléments du nom ;
b) repère les pronoms soulignés. Indique quel nom ou quel GN ils remplacent.

Au moment où le Grand Esprit finissait de parler, le vent du sud se mit soudain à souffler en chantant doucement la beauté des forêts mêlées d'ombres et de lumière, la grâce des oiseaux perchés sur les branches des arbres, la douceur des jours d'été ensoleillés, le son cristallin des vagues venant s'échouer sur le rivage et l'éclat argenté de la lune et des étoiles. Charmé par ce chant, le Grand Esprit se tourna vers le vent du sud et lui dit :
– Puisque tu chantes si bien, voici quelques jolis présents pour ta demeure estivale. Je suis certain que tu les apprécieras et que tous les enfants des hommes les aimeront.

Isabelle Lafonta, *Histoires de montagnes*, © Flies Frances.

ORTHOGRAPHE

9 * Dans chaque liste, trouve l'intrus.

a. afin – affaire – affable – affûté*
b. applaudir – aplatir – appuyer – appartenir
c. accès – accalmie – acrobate – accepter
d. affamé – affichage – afin – affaires
e. apaiser – apporter – apparaître* – appuyer

10 * Classe les adjectifs dans le tableau ci-dessous.

	féminin	masculin
singulier		
pluriel		

effrayé – épuisée – costaud – jeune – épicés – droites – brunes – blond – patient – anxieuses – fatigantes – innocent – souple – arides

11 ** Recopie et complète les mots avec le début qui convient.

a. Il (ap/app)elle son client car ils doivent signer l'(ac/acc)ord.
b. Il (ap/app)récie la pêche, mais ses (ap/app)âts étaient de mauvaise qualité aujourd'hui.
c. (Ap/App)rès l'école, j'irai faire des (ac/acc)robaties.
d. Elle est (ef/eff)icace et elle (of/off)re souvent son aide.
e. J'ai organisé une rencontre (af/aff)in de voir si ils avaient des (af/aff)inités.

12 * Accorde chaque adjectif entre parenthèses avec le nom proposé.

a. dames (nerveux) → des ...
b. nattes (long) → des ...
c. chemises (bleu) → des ...
d. barbes (noir) → des ...
e. sandales (nouveau) → des ...

13 * Écris le masculin pluriel et le féminin pluriel de ces adjectifs.

a. doux
b. frais
c. géant
d. ancien
e. mou
f. blond
g. faux
h. naïf
i. secret

14 * Recopie et complète les phrases suivants avec ces/ses, se/ce.

a. ... matin, il a utilisé ... crayons de couleur.
b. ... informations ... révèlent importantes.
c. Elle ... tiendra devant la porte, ... soir.
d. Regarde ... lumières : ... doit être la ville.
e. ... affaires ... trouvent dans ... carton.

15 ** Réécris ces phrases en ajoutant des adjectifs de ton choix.

a. Léon portait une ... chemise ... et des chaussures ... .
b. Un son ... envahissait la ... salle ... .
c. Une ... brioche ... trônait dans la ... vitrine de la boulangerie.
d. Assia saute sur le ... skate et dévale la ... rue ... .
e. Joe ressortit de chez le coiffeur avec une tête ... et ... .

LE VERBE

16 ** Relève, dans le texte, les verbes conjugués à l'imparfait, puis donne leur infinitif.

Les sauveteurs avaient l'habitude de repérer les événements* anormaux qui se déroulaient au bord de l'eau. Ils voulaient que la sécurité soit maximale ! Mathis conduisait le véhicule de secours, Arnaud nageait jusqu'à la personne en difficulté et Léonie intervenait ensuite. L'équipe finissait par être rodée ! Ils prenaient toutes les précautions nécessaires pour que la plage reste un lieu de détente.

17 ** Réécris ces phrases en conjuguant les verbes entre parenthèses à l'imparfait.

a. Les baleines (arriver) près des côtes au mois de juillet, puis elles (partir) au large en septembre.
b. Le livreur (avoir) du retard car un éboulement (bloquer) la route.
c. Les joueuses (finir) la compétition avec une victoire. Le public (acclamer) les championnes.
d. (Vouloir)-vous changer de l'argent ? (Compter)-vous le faire plus tard ?
e. Une muraille (s'élever) devant eux. Ils ne (pouvoir) pas passer par là !

18 * Recopie ce texte en conjuguant les verbes entre parenthèses à l'imparfait**

C'(être) l'habituel voyage en train, à travers la campagne, qui la conduisait vers la maison de ses grands-parents.
Le contrôleur (passer) dans le couloir pendant qu'elle (contempler) les champs jaunes et les églises. Et puis il y (avoir), enfin, son grand-père qui l'(attendre) dans sa drôle de petite voiture à la sortie de la gare. Alors (commencer) ces deux éternelles semaines, durant lesquelles il n'y (avoir) pas grand-chose à faire.

Emma Tennant, *Le Petit Fantôme*,
© Éditions Gallimard Jeunesse.

LEXIQUE ET EXPRESSION

19 * **Trouve un mot dérivé pour chaque nom.**

a. le camion
b. le ski
c. le bateau
d. l'automobile
e. l'avion

20 * **Trouve les verbes qui sont de la même famille que ces noms.**

une fleur → fleurir

a. une démonstration
b. l'ouverture
c. une garderie
d. un empêchement
e. la descente
f. un tournant
g. un apprentissage
h. une apparition

21 ** **Recopie et complète ces phrases avec des mots formés avec un préfixe. Entoure le préfixe des mots utilisés.**

a. Au lieu de regarder la ..., viens jouer dehors !
b. La nature est recouverte de blanc, le jardin est totalement ... .
c. Je prends toujours un ... pour aller à la plage.
d. Elles ont réalisé un exploit ... !
e. Je ne réussis pas à faire ... mon boomerang.

22 *** **a) Relève, dans ce texte, un mot de la famille de chacun de ces mots : une équipe – flotter – profitable – la navigation – un expéditeur – second – la volonté.**

b) Trouve un groupe nominal pour remplacer les mots soulignés afin d'éviter la répétition.

c) Trouve 3 mots de la famille du mot en gras en ajoutant des préfixes ou des suffixes.

Colomb a déjà 41 ans quand il s'embarque enfin. Il est à la tête d'une flottille de deux caravelles, la *Pinta* et la *Nina* […] et de la *Santa Maria*, une grosse nef de 100 tonneaux, son navire amiral. Il est secondé par Matin Alonso Pinzon. Le frère de ce dernier, Vicente, est capitaine de la *Nina* avec 22 hommes à **bord**. L'équipage de la *Pinta* est fort de 6 marins, celui de la *Santa Maria* de 39. Mais il a fallu convaincre ces 87 volontaires qu'ils feraient fortune s'ils se joignaient à l'expédition. Le départ a lieu le 3 août 1492 du port de Palos. Colomb choisit de mettre le cap au sud, vers les Canaries. De là, il mettra le cap à l'Ouest de façon à profiter des alizés.

Richard Beugné et Jean-Pierre Joblin,
Aventuriers, Explorateurs et Grands voyageurs,
© Éditions Milan.

EXERCICES TRANSVERSAUX

23 ** **a) Relève 2 pronoms de reprise. Indique quels groupes nominaux ils remplacent.**

b) Recopie et complète les groupes nominaux soulignés avec un adjectif de ton choix.

Les trois animaux essaient de sortir tous les trois par la même porte en même temps – ce qui est fortement déconseillé. Ils sont coincés dans l'ouverture et, derrière eux, les fantômes s'approchent de plus en plus en faisant grincer leurs chaînes, en tournant leurs yeux dans leurs orbites, en tendant des phalanges squelettiques vers nos amis.

Fiona MacLeod, *« Jack et la Sorcière de mer » et autres contes d'Écosse*, © La Découverte et Syros.

24 *** **Recopie le texte.**

a) Souligne les verbes conjugués à l'imparfait.

b) Entoure les pronoms de reprise et le GN qui permettent d'éviter la répétition du nom Cyprien.

c) Encadre tous les adjectifs du texte.

d) Trouve 4 compléments du nom.

Cyprien était plutôt grand pour son âge. Il avait de larges oreilles en feuille de chou, des cheveux blonds, des yeux bleus et des taches de rousseur sur tout le visage. Il était plein de qualités : l'esprit vif, du courage, le goût de l'aventure. Il aidait volontiers les autres enfants (quand il ne se bagarrait pas avec eux à cause de l'étrange métier de son père) et il leur prêtait volontiers son cahier de problèmes. Le jeune garçon aimait les chiffres, le calcul et la logique.

Paul Thiès, *Le secret de Cyprien*,
Bibliobus n° 36, © Hachette Livre.

25 **a) Réécris ce texte en conjuguant les verbes à l'imparfait.**
b) Entoure 3 pronoms de reprise qui remplacent le groupe nominal « le maire Colignon ».
c) Souligne les adjectifs en bleu et les compléments du nom en rouge.
d) Relève les préfixes et les suffixes dans les mots soulignés.

C'(être) un petit village où il (faire) bon vivre ! Autour, il y (avoir) une forêt d'arbres centenaires et majestueux. Le maire Colignon (être) chaleureux et honnête avec les habitants ; il (être) le plus généreux des maires de la région. Mais il (être) aussi un grand comédien. Son visage (se transformer) alors pour jouer des personnages de rois colériques et de démons enragés ! C'était incroyable ! Les spectateurs enthousiastes l'(acclamer) à tout rompre !

EXERCICES D'ÉCRITURE

26 **Trouve des compléments du nom pour compléter les noms ci-dessous. Écris ensuite 5 phrases avec ces groupes nominaux.**

route – chaussures – village – ami – souvenir

27 **Écris un texte descriptif dans lequel tu utiliseras les adjectifs suivants :**

farfelu – accueillant – chaleureux – exaspéré – fourbe – anxieux – bavard – confiant – dynamique

28 **Invente une histoire d'une dizaine de lignes à partir de l'image ci-dessous. Utilise 5 adjectifs et 5 compléments du nom.**

29 **Décris ces personnages.**

30 **a) Nomme les moyens de transport que tu vois sur ces images, puis trouve 2 adjectifs pour qualifier chacun d'entre eux.**
b) Choisis l'image qui te plaît* le plus et invente une histoire en utilisant des verbes à l'imparfait.

Ville de New York, États-Unis.

Ville de Reims, France.

Ville de Sydney, Australie.

Ville de Londres, Grande-Bretagne.

Exercices transversaux

GRAMMAIRE

1 * **Recopie ces phrases. Entoure les verbes en rouge et souligne les compléments du verbe.**

a. Tous les matins, la voisine ouvre ses volets.

b. En arrivant au travail, il donne le courrier à son directeur.

c. Loïc et Sonia se rappellent de leurs vacances.

d. Toute la journée, j'ai nettoyé mon bureau.

e. Le commerçant compte les cagettes de légumes.

2 * **Indique si les mots ou groupes de mots soulignés sont des attributs du sujet ou des compléments du verbe.**

a. Cet artiste semble ému. Son public est enthousiaste ! Il regarde la foule avec émotion.

b. Noémie écrit une liste de courses. Elle a l'air très concentrée.

c. Le boulanger passe pour généreux. Il donne des croissants à tous les enfants.

d. Cette tour semble immense. Elle est récente.

e. Pour le dessert, il déguste une glace. Ce dessert paraît délicieux.

3 * **Recopie ces phrases.**

a) Entoure les participes passés employés comme adjectifs.

b) Souligne le nom qu'ils précisent.

a. Sur le banc, une femme assise mange une glace.

b. Le vieux grillage rouillé et tordu a été changé !

c. Léo entra dans le jardin envahi par les ronces.

d. Fabrice rangea le linge fraîchement lavé et repassé.

e. Elle a mis ses mains rougies par le froid dans ses gants troués.

4 ** **a) Relève 4 participes passés employés comme adjectifs dans ce texte.**

b) Repère les verbes soulignés. Relève les compléments de ces verbes.

L'odorat établit un lien très fort entre le nouveau-né et sa mère. Des expériences menées dans des maternités ont montré que plusieurs bébés, provisoirement séparés de leur mère et installés dans une pièce commune, protestent vigoureusement. Il suffit, pour rétablir le calme, de distribuer à chacun un vêtement imprégné de l'odeur de sa mère. Si l'on s'amuse ensuite à permuter les vêtements, les cris de protestation reprennent de plus belle.

Robert Pince, *Copain des sciences*, © Milan Jeunesse.

5 *** **Lis ce texte.**

a) Relève 8 compléments du verbe.

b) Relève 1 adjectif attribut du sujet.

– Les filles se fatiguent plus vite, soutient Hugo. Elles doivent se reposer !

– Les garçons ne comprennent rien à notre tactique ! affirme Carla de son côté.

Quant au score, il reste très serré.

Les équipes comptent le même nombre de points quand mademoiselle Téolait regarde son chronomètre et porte le sifflet à sa bouche. Ce geste n'échappe pas à Malik : d'un tir à trois points marqué à la dernière seconde, il donne la victoire à l'équipe de Hugo.

Après avoir sifflé la fin de la partie, mademoiselle Téolait libère les élèves.

Marc Cantin, *Peur de rien*, © Éditions Flammarion.

ORTHOGRAPHE

6 * **Recopie et complète les participes passés avec la bonne terminaison.**

a. Elle est ému... par cet anniversaire-surprise et elle est ravi... de nous voir.

b. La louve a regardé... autour d'elle, puis elle est allé... vers le nord.

c. Les pêcheurs sont parti... ce matin et ils sont arrivé... vers midi avec des filets bien remplis.

d. Les musiciennes ont débuté... le spectacle et la danseuse est arrivé... .

e. Ma grand-mère est venu... me lire une histoire. Puis nous avons mangé... des madeleines.

f. Elles ont récupéré... leurs affaires et elles sont parti... .

7 * **Complète ces phrases en choisissant l'homophone entre parenthèses qui convient.**

a. Paul part car il (la/là/l'a) attendu assez longtemps.

b. (Si/S'y) tu ne vas pas au Portugal, elle (si/s'y) rendra seule.

c. Agatha (sans/s'en) va (sans/s'en) dire au revoir.

d. (La/Là/L'a) où tu vois (la/là/l'a) clôture se trouve aussi (la/là/l'a) mare.

e. Suzie (la/là/l'a) appelé (sans/s'en) faire attention.

f. C'est (la/là/l'a) que le repas se déroule, (sans/s'en) le moindre bruit de fourchette.

8 Recopie ces phrases et complète-les avec la forme du verbe entre parenthèses qui convient.

a. J'ai (adorer/adoré) (jouer/joué) de la guitare.

b. Nos amis ont (souhaité/souhaiter) (participer/participé) au cadeau de Lola.

c. L'hélicoptère doit (arriver/arrivé) rapidement à la base pour (livrer/livré) le matériel.

d. S'(entraider/entraidé), c'est important pour (aller/allé) loin !

e. Il a (sympathiser/sympathisé) avec d'autres joueurs ; ils ont (décider/décidé) de (rentrer/rentré) ensemble.

9 Recopie ces phrases et complète-les avec un attribut du sujet qui convient. Attention aux accords !

a. Les joueurs semblent ... par cette finale.

b. Depuis l'an dernier, elle est ... .

c. Les habitants de la ville sont ... .

d. Les mines des crayons ont l'air ... .

e. Le musicien paraît* ... de son concert.

LE VERBE

10 Conjugue les verbes entre parenthèses au futur.

a. Nous (rejoindre) nos camarades vers 17 heures.

b. Les camions (livrer) le stock demain.

c. Cette plante (fleurir) au mois de mai.

d. La réunion (se tenir) dans la grande salle.

e. Vous (pouvoir) prendre à droite pour arriver.

11 Repère les verbes conjugués, puis réécris ces phrases au passé composé.

a. Je viens te dire au revoir.

b. Noémie me parle de trois personnages, heureux de partir découvrir la mer.

c. Elles allèrent à la montagne faire du ski.

d. Ils aimaient apprendre à parler italien.

e. Anna Pavlova fut l'une des meilleures danseuses classiques.

12 Recopie ces phrases en conjuguant les verbes soulignés au passé composé.

a. Noé <u>dort</u> pendant que Fanny <u>joue</u> aux billes.

b. Tu <u>mastiques</u> la viande avant de l'avaler. Elle <u>avale</u> les morceaux sans mâcher.

c. Nous <u>pêchons</u> des maquereaux, ensuite nous <u>préparons</u> le feu pour les faire griller.

d. Ils <u>observent</u> les étoiles à travers un télescope.

e. Les nuages <u>arrivent</u> vite, puis l'orage <u>éclate</u>.

13 Relève les verbes conjugués de ce texte et indique à quels temps ils sont conjugués.

Il y a plusieurs millions d'années, la Pangée, le supercontinent, s'est disloquée. Les futures montagnes des Alpes se sont alors formées au bord de l'océan qui a séparé l'Europe et l'Afrique. En face, l'Apulie, encore attachée à l'Afrique, a constitué une autre partie des Alpes. Dans une dizaine de millions d'années, l'Afrique, petit à petit, refermera la mer Méditerranée qui disparaîtra*.

LEXIQUE ET EXPRESSION

14 Relève les mots du champ lexical de la joie.

a. Je me réjouis de te revoir !

b. Nadège est si joyeuse avec son chien.

c. Maxime est ravi de recevoir un si beau cadeau.

d. Ça a été un vrai plaisir de partir en voyage à Rome !

e. C'est un bonheur de passer la journée avec toi.

f. La soirée était pleine de gaieté.

15 Relève les mots du champ lexical de l'eau.

Dans les temps anciens, les agriculteurs utilisaient des systèmes de vis pour arroser leurs plantations avec l'eau des rivières. Archimède avait peut-être déjà vu ces dispositifs, qu'il a améliorés pour construire son propre mécanisme. Deux mille ans plus tard, la machine à laquelle il a donné son nom est toujours indispensable. Les versions modernes de la vis d'Archimède servent à empêcher les inondations, à pomper les eaux usées, et même à transporter des poissons en toute sécurité d'un endroit à un autre.

Deborah Kespert, *Inventeurs de génie*, trad. Françoise Nagel, © Éditions Fleurus.

Vis d'Archimède, gravure ancienne.

16 * **Associe les questions qui vont avec les réponses.**

Questions

a. Depuis quand désirez-vous ouvrir un restaurant ?

b. Allez-vous cuisiner des spécialités italiennes ?

c. Allez-vous cuisiner avec des ingrédients d'origine biologique ?

d. Combien de personnes vous aideront en cuisine ?

e. Quel sera l'esprit de votre restaurant ?

Réponses

1. Oui, j'en cuisinerai tous les soirs.

2. Ce sera un restaurant accueillant et convivial.

3. Oui, j'utiliserai les meilleurs produits possibles pour ravir mes clients !

4. Ce projet a presque deux ans.

5. Nous serons huit en cuisine.

17 **a) Souligne les mots appartenant au champ lexical de l'énergie.**

b) Trouve la définition des mots soulignés.

La production d'électricité en France

L'électricité provient majoritairement des centrales nucléaires (3/4). Une partie de l'électricité est également produite par les énergies renouvelables (hydraulique, éolien, solaire photovoltaïque).

18 **a) Indique le registre de langue des mots soulignés.**

b) Propose pour chaque mot du langage familier un mot du langage courant.

a. – Ma chère, voulez-vous bien mettre vos souliers dans ce placard ?

b. – Ah, non, je garde mes godasses ! Ce n'est pas ma faute si une bagnole m'a éclaboussé les pieds.

c. – Votre sœur vous attend au salon, ayez l'obligeance de la rejoindre.

d. – Ma frangine ?

e. – Oui, elle vous attend pour converser.

19 **Complète les phrases avec les mots suivants.**

électricité – électriques – générateurs – mouvement

Les ... sont des machines capables de transformer le ... en électricité, tandis que les moteurs ... passent de l'électricité au mouvement. Les premiers permettent la production d'..., les seconds son utilisation.

Robert Pince, *Copain des sciences*, © Milan Jeunesse.

EXERCICES TRANSVERSAUX

20 **a) Recopie ce texte en conjuguant les verbes au futur.**

b) Souligne les 2 participes passés.

c) Indique à quel champ lexical appartiennent les mots en gras.

Dans la maison du futur, les appareils électriques fonctionnent grâce :

– aux **panneaux solaires** qui prennent la **chaleur** du Soleil pour la transformer en électricité ;

– aux **éoliennes** qui utilisent la puissance du vent pour produire de l'**électricité**.

L'énergie utilisée est renouvelable.

On stocke une partie de l'électricité produite dans des accumulateurs à la cave et on récupère la chaleur pour chauffer la maison.

21 **a) Complète ce texte avec la, là ou l'a.**

b) Repère les verbes soulignés. Donne leur infinitif, et indique à quels temps ils sont conjugués et à quelles personnes.

c) Relève les attributs : 2 adjectifs, 2 groupes nominaux et 1 nom.

d) Relève 2 compléments du verbe.

Il m'a lancé un regard dur. « Ça n'est pas drôle, Joey. Si tu es bien Joey. Serre-moi ... main. »
J'ai mis ma main dans ... sienne. Il ... serrée presque à me faire mal, s'assurant qu'elle était bien de chair et d'os, puis il ... lâchée. « Tu es réel, a-t-il repris. Tu n'es pas une hallucination. Qu'est-ce que ça veut dire ?

Neil Gaiman et Michael Reaves, *Entremonde*, trad. Michel Pagel, © Éditions Au diable vauvert.

22 **a) Recopie cette interview en conjuguant les verbes soulignés au futur.**
b) Entoure les attributs du sujet.

– Comment est la maison de vos rêves ?

– Elle est lumineuse ; je veux qu'elle paraisse agréable !

– Que pensez-vous de cette maison là au coin de la rue ?

– Elle semble vieille. La mienne a l'air plus récente !

– Vous passez pour quelqu'un d'exigeant !

– Je suis difficile car c'est important pour moi !

23 **a) Relève les verbes au futur et donne leur infinitif.**
b) Relève 1 participe passé.
c) Relève 1 adjectif attribut du sujet.

- Si tu ne mets pas assez de peinture, ton pouvoir sera trop fort et vous causera quantité de problèmes, à toi et aux autres.
Maman avait ri en voyant la tête de Fish et celle de Rocket, qui ne savaient que trop bien ce qu'elle voulait dire.
- En revanche, si tu en mets trop, tu masqueras complètement ton pouvoir et la vie perdra pour toi tout son sel.

Ingrid Law, *Le Formidable Voyage de Missi Beaumont*, trad. Catherine Makarius, © Bayard Éditions.

24 **a) Relève 6 participes passés employés comme adjectif .**
b) Trouve 5 mots du champ lexical du théâtre.

À l'intérieur, des rangées de fauteuils recouverts de velours vert fatigué s'alignaient en demi-cercle jusqu'à la scène, coupées par trois allées. Des piliers de fer forgé en forme de lianes et de feuillages supportaient le plafond. Le tout était peint dans des tons étouffés de rouge, de brun et de vert. De chaque côté, les loges fermées par des rideaux de velours rouge permettaient de suivre le spectacle à l'abri des regards.

Andrew Lane, *Les Premières Aventures de Sherlock Holmes*, vol. 3 « L'Espion de la place Rouge », trad. Marie Hermet, © Éditions Flammarion.

EXERCICES D'ÉCRITURE

25 **Choisis une de ces images et écris un court texte au futur.**

26 **Rédige l'interview d'un architecte qui est favorable à la construction de maisons et de quartiers écologiques. Aide-toi de cette photographie.**

27 **Décris cette image en utilisant des attributs du sujet.**

GRAMMAIRE

1 * **Souligne les compléments de phrase et indique s'ils précisent le temps, le lieu, la manière ou le but.**

a. Au loin, derrière les remparts, se dresse un château fort construit au Moyen Âge.

b. Pour mieux comprendre le système solaire, je suis allé visiter l'observatoire la semaine dernière.

c. Entre la plage et la barrière de corail se trouve le lagon.

d. En se penchant vers la droite, les voyageurs faisaient pencher le bateau.

e. Sur l'île* de Porquerolles, il y a des plages magnifiques.

f. Pour mieux profiter de la vue, il faut monter au belvédère.

2 * **Indique la nature des mots soulignés.**

a. L'énergie des torrents permet de produire de l'électricité.

b. Cette population vit surtout de l'élevage.

c. Les deux guides les accompagnent.

d. Grâce à ta carte, nous pouvons nous orienter.

e. Rose porte une belle chemise verte.

3 * **Indique les rôles des noms soulignés.**

a. Quentin colle la feuille de chêne dans son herbier.

b. Au Tibet, on peut encore croiser des yacks.

c. La neige recouvre lentement le toit.

d. Lisa les regarde s'élever dans le ciel.

e. Louis montre à Leïla un grand conifère.

4 ** **Complète ces phrases avec les compléments de phrase demandés.**

a. (temps), nous irons faire une randonnée.

b. (manière), elles escaladaient la paroi.

c. (lieu), vivait une colonie de pingouins.

d. (temps) le train arrivera, ensuite (manière) nous rentrerons.

e. (but), il faut faire du sport (manière).

5 ** **Réécris ce texte en changeant les noms soulignés. Pour les remplacer, tu dois trouver un nom qui commence par la même lettre. Ton texte sera alors farfelu.**

Les aliments arrivent dans l'estomac après être passés par la bouche et l'œsophage. Pendant leur trajet, ils se transforment petit à petit en nutriments qui vont apporter l'énergie pour que le corps fonctionne.

6 ** **Recopie les groupes de mots soulignés. Indique lesquels sont des compléments de phrase et lesquels sont des compléments du verbe.**

Écoute seigneur : tous les vendredis, au coucher du soleil, envoie des crieurs dans les villes et les villages du royaume. Ordonne-leur de ne négliger aucune ruelle, aucun quartier, si misérables soient-ils, exige qu'ils se rendent dans les cours et les impasses, sur les rives du fleuve, dans les jardins, dans les champs chez les paysans, sur les marchés à bestiaux et dans les souks des bijoutiers, partout où les pas d'un homme peuvent les mener. J'insiste, Prince Nou, il faut que tes crieurs parcourent le royaume à pied et non à cheval. Et cela pendant trois mois, jusqu'à la lune naissante du printemps.

Eglal Errera, *Nou l'impatient*,

7 ** **a) Recopie les mots soulignés et indique quel est leur rôle dans la phrase.**

b) Recopie les mots en bleu et indique quelle est leur nature.

Les premières plantes étaient des algues marines minuscules. Comme les animaux les plantes ont évolué depuis leur apparition sur Terre. Il y a un milliard d'années, les plantes étaient des algues marines microscopiques. Elles ont produit l'oxygène de l'atmosphère que nous respirons aujourd'hui. Plus tard, des algues ont commencé à pousser sur la terre ferme. En évoluant, elles ont donné naissance à des mousses. Celles-ci se sont adaptées à des conditions de vie de plus en plus sèches. Grâce à leurs racines elles ont puisé de l'eau en profondeur dans le sol.

Jean-Baptiste de Panafieu, *La Terre, la Vie, l'Univers, mes p'tites questions*,

ORTHOGRAPHE

8 * **Complète ces phrases en choisissant, pour chaque mot, la terminaison entre parenthèses qui convient.**

a. Dans la chal(eur/eure) du s(oire/oir), il tomba à t(aire/ère/erre/air).

b. Noé rangea son casque dans l'arm(oire/oir) puis se fit une tartine de b(eur/eurre) avec le pain de la boulang(aire/ère/erre/air).

c. Dans un vieux grim(oire/oir), les enfants découvrirent l'hist(oire/oir) de la sorci(aire/ère/erre/air).

d. L'interrogat(oir/oire) dura plus d'une h(eure/eurre).

e. Sa pâl(eur/eure) faisait croire que c'était un ment(eur/eure).

f. Quel bonh(eur/eure) de voir cette panth(aire/ère/erre/air) en bonne santé après tous les déb(oire/oir)s qu'elle a connus !

9 * **Complète ces phrases en choisissant l'homophone entre parenthèses qui convient.**

a. (Quel/Quelle) dommage de ne pas (leur/leurs) en avoir parlé !

b. (Leur/leurs) affaires étaient préparées sur (leur/leurs) lit.

c. À (quel/quelle) moment (leur/leurs) donnera-t-il (leur/leurs) cadeaux ?

d. (Qu'elle/Quelle) bonne odeur ! Est-ce la tarte (qu'elle/quelle) a préparée ?

e. C'est l'excuse (qu'elle/quelle) (leur/leurs) a donnée.

10 ** **Complète ces phrases avec des noms qui conviennent.**

a. Quels ... doivent-ils regarder ?

b. Quelle bonne ... !

c. À quel ... viendront-elles ?

d. Quelle ... vas-tu choisir ?

e. Quelles incroyables ... !

LE VERBE

11 * **Recopie uniquement les verbes conjugués au passé simple.**

ils ont mis – il a – il jouait – ils furent – elle ira – ils dégusteront – ils nourrirent – il arracha – il noue – elles aimèrent – elle rencontrera – ils ont perçu – elles saluèrent – ils perdirent – elle fit – il invitait – il cacha – elles entendirent

12 ** **Recopie ce texte. Souligne les verbes conjugués et indique à quels temps du passé ils sont conjugués.**

Toute l'après-midi, Yannis a placé les pièces les unes au-dessus des autres. Sa tour mesurait presque 2 mètres. Il était fier de lui ! Il décida de prendre une photo. Il alla chercher son appareil.

Il l'alluma. Il allait appuyer sur le bouton, quand sa sœur arriva à ce moment-là, en ouvrant la porte du salon. Le vent entra dans la pièce et sa tour s'effondra !

13 ** **Conjugue les verbes entre parenthèses au passé simple.**

a. Les vents d'ouest (souffler) fort sur la plaine.

b. La prisonnière (tourner) en rond dans sa geôle.

c. Le metteur en scène (insister) pour faire rejouer la scène aux acteurs.

d. Il (voir) un arc-en-ciel et il (trouver) cela magnifique.

e. Les éléphants (passer) à côté de lui sans le voir.

14 ** **Conjugue les verbes entre parenthèses aux temps du passé indiqués.**

a. Les spectateurs (s'installer – passé simple) pendant que les acteurs (se préparer – imparfait) derrière le rideau.

b. Les aviateurs (aller – passé composé) faire du repérage sur la zone inondée.

c. Le magasin (ouvrir – passé simple) ses portes, et le commerçant (laisser – passé simple) les clients entrer calmement.

d. Nous (creuser – imparfait) le sable, car nous (vouloir – imparfait) fabriquer de hauts remparts contre la mer !

e. Le magicien (venir – passé composé) pour nous montrer quelques tours. Nous l'(accueillir – passé composé) avec une grande excitation !

15 ** **Dans chaque phrase, conjugue un verbe à l'imparfait et un verbe au passé simple.**

a. Il (regarder) un film quand, tout à coup, sa mère (arriver).

b. La lune (briller) et, en un instant, une étoile filante (passer).

c. Le voleur (rôder), soudain, il (entendre) un bruit.

d. L'avion (atterrir) rapidement alors qu'il (voler) depuis dix heures.

e. Les spectateurs (arriver) lentement, et, pendant ce temps, le coureur (franchir) la ligne.

Exercices transversaux

LEXIQUE ET EXPRESSION

16 * **Donne le sens de l'homophone lexical souligné dans chaque phrase. Indique lequel des deux correspond à un lieu.**

a. – J'ai perdu mes billes dans la cour.
– Le roi passe beaucoup de temps à la cour.

b. – Il est allé boire un café dans l'aire de repos.
– Cette histoire se déroule 100 ans avant notre ère.

c. – Ils ont acheté un mas pour leurs vacances en Espagne.
– Le mât du bateau s'est brisé.

d. – Les voies de communication sont coupées en raison d'un éboulis.
– Les voix des chanteuses retentissent au loin.

17 * **Trouve le sens des mots en gras en t'aidant des éléments latins à partir desquels ils sont formés.**

a. (*vita* : vie) → un organe **vital**
b. (*somnus* : sommeil) → un **somnambule**
c. (*aqua* : eau) → un **aquarium**
d. (*equus* : cheval) → **l'équitation**
e. (*tactilis* : palpable) → un écran **tactile**

18 * **Trouve le sens des mots en gras en t'aidant des éléments grecs à partir desquels ils sont formés.**

a. (*thermos* : chaleur) → un **thermostat**
b. (*hippos* : cheval) → une course **hippique**
c. (*graphein* : écrire) → la **graphologie**
d. (*poly* : plusieurs) → être **polyvalent**
e. (*metron* : mesure) → un **métronome**

19 * **Relève les indications de lieu dans chaque phrase.**

a. Au premier plan, on aperçoit une jeune fille qui joue du piano.
b. En haut des collines, il y avait la maison de ma grand-mère.
c. Depuis la fenêtre du salon, Jacques regardait la mer.
d. Enfant, je partais en vacances à Toulon.
e. Sandra habite dans la vieille ville.

20 ** **Avec l'aide du dictionnaire, trouve le sens de ces mots. Ils sont formés à partir du même mot latin *pedis*, qui signifie « pied ».**

trépied – empiéter – palmipède – pédaler – piétiner

21 ** **Recopie ce texte et complète-le avec les mots ci-dessous.**

États – circuler – européen – citoyen – éligible

Un ... européen possède un ensemble de droits : le droit de ..., d'étudier, de travailler, de s'installer dans les autres ... membres par exemple. Il a aussi le droit de voter et d'être ... aux élections du Parlement ... .

22 ** **a) Donne le sens des mots soulignés dans chaque phrase.**
b) Écris une phrase en utilisant le mot souligné dans un sens différent.

a. Sur un plan économique, l'Union européenne est la deuxième puissance mondiale.
b. Les pays européens n'ont pas tous la même culture.
c. La France est un pays membre de l'Union européenne.

23 *** **a) Observe cette photographie et lis sa légende. Dans quel pays d'Europe a-t-elle été prise ?**
b) Décris-la en utilisant les mots : premier plan, second plan, à gauche, à droite, au centre.

Big Ben et le Parlement le long de la Tamise, Londres, Grande-Bretagne.

EXERCICES TRANSVERSAUX

24 ** **Lis ce texte. a) Donne la nature des mots en bleu.**
b) Indique le rôle des mots en rouge dans la phrase.
c) Relève les compléments de phrase qui permettent de décrire un lieu.

Le sol et les murs de la salle sont d'un rouge poussiéreux, sous la triste lumière des spots. Les amateurs déambulent d'un air concentré. Catalogue en main, ils se penchent sur les vitrines, scrutent les étagères des armoires vitrées. Ce qu'ils examinent ainsi est vieux de plusieurs milliers d'années.

Lorris Murail, *Le maléfice égyptien*,
© Éditions Gallimard Jeunesse.

25 **Lis ce texte.**

a) Relève toutes les indications de lieu.

b) Donne la nature des mots en bleu.

c) Indique le rôle des mots en rouge dans la phrase.

Wilma courut jusqu'au garde-manger de Mme Ronchard. C'était une petite pièce poussiéreuse dont les murs étaient recouverts d'étagères du sol au plafond. Sur les plus hautes, les gros bocaux de langues au vinaigre et de pieds de cochon au sirop étaient là depuis si longtemps qu'ils étaient noirs de crasse. Un peu plus bas, on trouvait des conserves d'yeux de mouton et de griffes d'oiseau, des sachets de sauterelles séchées et des boîtes de fourmis enrobées de chocolat. Dans un coin siégeait un gros tonneau en bois sur lequel était gravé le mot « Gâto ».

Emma Kennedy,
Wilma Tenderfoot : L'énigme des cœurs gelés,
trad. Corinne Daniellot, © Casterman.

26 **Lis ce texte.**

a) Relève les 9 verbes conjugués au passé simple.

b) Relève les 6 verbes conjugués à l'imparfait.

c) Relève les compléments de phrase. Indique ceux qui décrivent le temps, le lieu et la manière.

d) Trouve un homophone lexical pour chaque mot en bleu.

Jamais Melly n'avait eu aussi peur de sa vie. Elle grimpa sur le grand plongeoir et frissonna en regardant vers le bas.

– Maintenant, lève les bras, dit la voix de Rick. Et baisse la tête.

– Je ne peux pas ! s'écria Melly. Sa voix résonnait dans le jardin vide. Je ne peux vraiment pas !

Mais, alors qu'elle parlait, elle sentit une légère poussée s'exercer sur ses épaules. Et ses bras se levèrent en avant tandis qu'elle baissait la tête.

Maintenant elle tomba, tomba vers l'eau qui brillait, tout en bas.

– C'était un plongeon magnifique, s'écria la voix de Rick avec enthousiasme.

Melly refit surface en nageant. Elle parcourut des yeux le bord de la piscine dont le gazon bien entretenu luisait sous la lune.

Emma Tenant, *Le Petit Fantôme*,
© Éditions Gallimard Jeunesse.

EXERCICES D'ÉCRITURE

27 **Écris 5 phrases avec ces mots d'origine grecque.**

allergie – astronaute – biographie – dynamique – mosaïque

28 **Décris cette image en utilisant 3 compléments de phrase qui précisent le lieu.**

29 **Complète la fiche d'identité de ce livre, puis prépare une présentation du livre pour le faire découvrir à tes camarades.**

titre	
auteur	
éditeur	
collection	
genre	

Exercices transversaux

VERS LA 6e

GRAMMAIRE

1 * **Recopie ce texte en remplaçant les puces par la ponctuation qui convient.**

• Comment se passe ton séjour à la Baule • interroge maman •
• Très bien • répond Johan •
• Est-ce que tu as des nouveaux copains •
• Oui • j'ai rencontré deux garçons de mon âge avec lesquels je m'entends vraiment bien •
• Comme je suis contente pour toi • s'exclame maman •

2 ** **Remets les mots ou groupes de mots dans l'ordre pour former des phrases. Ajoute les majuscules et la ponctuation.**

a. observaient – les étoiles – les astronomes et leurs stagiaires – toutes les nuits sans nuages
b. après le rond-point – de Mélody – la jolie petite maison – se trouvait
c. un circuit à billes – pour son anniversaire – Luc – a reçu – de la part de sa tante
d. pour les entretenir correctement – couper – tu dois – les rosiers – assez souvent
e. du village – sur la grande place – je rejoins – mes amis

3 ** **Recopie ces phrases, souligne les verbes et entoure les sujets.**

a. Ce héros, fougueux et courageux, sauvait des vies.
b. Chaque nuit, vers minuit, arrivaient les trains-couchettes en provenance de Rome.
c. Trouves-tu cette conférence intéressante ?
d. Le berger, un homme d'une trentaine d'années, sortait voir les brebis.
e. Émilie prit son élan, sauta et plongea dans la piscine.

4 * **Relève les participes passés et indique s'ils sont utilisés comme adjectifs ou comme parties d'un verbe conjugué au passé composé.**

a. Tu as laissé les plantes à l'ombre, ce n'est pas une bonne idée !
b. Il a rougi car il était intimidé.
c. Vous avez placé les meubles abîmés* dans ce coin.
d. Les animaux ont gratté la pelouse fraîchement* coupée.
e. L'arbre, fendu par l'orage, sera découpé par le bûcheron* cette semaine.

5 *** **Recopie ces phrases. Souligne les attributs du sujet, et entoure les compléments du verbe.**

a. Je suis enrhumée. Tu me donnes un mouchoir ?
b. Les paysages semblaient déserts. L'aviateur prit sa boussole puis il chercha son chemin.
c. J'adore les cakes au citron et les madeleines. Je passe souvent pour un gourmand !
d. Il envoie la balle à sa sœur, mais elle est trop petite et elle ne réussit pas à l'attraper.
e. En cette fin d'hiver, les arbres paraissent fragiles.

6 *** **Recopie ces phrases.**

a) Souligne les verbes conjugués, et entoure les compléments du verbe.

b) Réécris ces phrases en remplaçant les compléments du verbe par des pronoms de reprise.

Le chasseur observait <u>les oiseaux</u>. → Le chasseur <u>les</u> observait.

a. Le chien dévalait la pente.
b. Les goélands donnent des poissons à leurs petits.
c. Léo lit le journal à son amie Christina.
d. Isabelle cuisine de bons gâteaux au chocolat pour ses collègues.
e. Malgré la chaleur, Céline joue au tennis.

ORTHOGRAPHE

7 ** **Complète ces phrases avec le participe passé du verbe en -é ou l'infinitif du verbe en -er. Attention aux accords !**

a. J'ai regard... jou... les enfants toute la matinée.
b. Il voulait démont... ce jouet pour le répar... .
c. Il a épuis... le stock de chocolat que je lui ai donn... .
d. Le chemin mouill... est dangereux, es-tu all... voir si nous pouvions pass... par la route ?
e. J'ai cuisin... une quiche pour commenc... le dîner*.

8 ** **Complète ces phrases avec les homophones qui conviennent.**

quel – quels – quelle – quelles – qu'elle – qu'elles
a. ... friandises vas-tu choisir ? ... choix difficile !
la – là – l'a – l'as
b. David ... vu par ..., vers ... sortie.
ces – ses – c'est – sait – sais – s'est
c. ... sûr, il le ..., il ... trompé de sac.
mais – mes – met – mets – mai
d. Il ne fait pas si froid ... tu ... ton bonnet et moi ... gants.

9 **Complète ces phrases avec l'homophone qui convient. Pour ne pas te tromper, pense à la nature de ces mots. Attention aux accords !**

a. détail – détaille

– Moussa ... le paysage pour en faire un croquis ressemblant. Sur son dessin, on voit beaucoup de ... .

b. vol – vole

– La rapidité du ... de l'hirondelle est impressionnante.

– Mon petit chien me ... toujours mes chaussettes !

c. travail – travaille

– Mets-toi au ... !

– Mes cousins ... pendant les grandes vacances.

d. dur – dure

– Mon entraînement* de natation ne ... qu'une heure, mais il est très ... .

e. calcul – calcule

– Le libraire ... quand arrivera la commande.

– Le ... que tu as fait est exact.

LE VERBE

10 **Classe les verbes soulignés dans ce tableau.**

passé composé	présent	futur	infinitif

- Qu'est ce qui t'arrive mon garçon ?, a-t-il demandé en m'ébouriffant les cheveux. Que signifient ces larmes et ces yeux rouges ? Et toi Chori, cesse donc de remuer ce bout de queue il va finir par tomber. Allons chez moi. Nous prendrons un bon petit déjeuner pendant que tu me raconteras ce qui t'est arrivé.
Je l'ai pris par la main comme tous les jours où vient papa, et nous avons marché le long de la plage. Chori avait une faim de loup.

Lara Rios, *Une musique magique*, trad. Olivier Malthet, © Édition Gallimard Jeunesse.

11 **Réécris ces phrases en conjuguant les verbes entre parenthèses au présent.**

a. Nous (enfoncer) nos pieds dans le sable, puis nous (plonger) dans l'eau limpide.

b. Alban (s'écrier) : « Nous (travailler) dur ! ».

c. Adib (balayer) les feuilles mortes.

d. À ton avis, que (tenir)-ils ? – Je ne (savoir) pas, je ne (distinguer) rien.

e. Te (rappeler)-tu cette histoire ? – Non, je ne m'en (souvenir) pas.

f. Ils (finir) leur dessert, puis ils (s'en aller).

12 **Réécris ces phrases en conjuguant les verbes entre parenthèses au présent.**

a. Mon frère et moi (confondre) nos affaires.

b. Chan et toi (reprendre) le refrain en chœur.

c. Ils (comprendre) enfin l'énigme.

d. (Apprendre)-tu l'espagnol cette année ?

e. Ces couloirs (correspondre) avec le salon.

13 **Réécris ces phrases en conjuguant le verbe entre parenthèses au futur.**

a. Ils (faire) un délicieux gâteau pour ma fête.

b. Stanley (jouer) avec toi.

c. Éva (revenir) d'Espagne ce soir.

d. Nicolas (aller) voir le match avec son ami.

e. Je pense que Laure et Julie (vouloir) avoir leurs cadeaux en avance.

14 **Réécris ces phrases en conjuguant les verbes au passé composé.**

a. Ils construisent des immeubles dans ce quartier.

b. Olga remplit sa gourde et part en randonnée.

c. Mes parents vont vers la rivière.

d. Louis sert la soupe mais il n'en mange pas.

e. Ils marchent vers la scène où la diva chante.

15 **Conjugue les verbes aux temps demandés. Attention aux sujets !**

a. Vous (**ramasser** – imparfait) des myrtilles, puis nous (**préparer** – imparfait) une tarte délicieuse.

b. Je (**être** – présent) sûre* que tu (**être** – futur) dans le groupe numéro 3.

c. Les clients (**admirer** – futur) mes œuvres, puis ils (**se diriger** – futur) vers le buffet.

d. Pablo (**avoir** – passé composé) une voiture électrique, sa sœur (**vouloir** – passé simple) l'essayer.

e. Nos amis (**venir** – passé composé) nous voir et ils (**apporter** – passé composé) une tarte. Nous (**avoir** – imparfait) beaucoup de choses à nous dire.

16 **Recopie ces phrases en conjuguant les verbes entre parenthèses à l'imparfait ou au passé simple, selon le temps qui convient. Souligne le marqueur de temps qui t'a aidé(e) à choisir.**

a. Depuis des années, il (vivre) ici, alors il (être) très triste quand il (devoir) partir.

b. Il (lire) tranquillement sur sa chaise, quand soudain il (glisser), (tomber) par terre et (se cogner) la tête contre l'étagère.

c. Les voyageurs (décider) de partir ce jour-là car la tempête (s'approcher) dangereusement.

d. Cet après-midi-là, le soleil (briller) et nous (manger) à l'ombre du marronnier, mais rapidement le ciel (s'obscurcir) et un orage (éclater).

e. Les jours (passer) lentement. Elle (avoir) hâte de retrouver ses amies. Alors, elle (acheter) un billet de train et (rentrer) deux jours plus tôt.

LEXIQUE ET EXPRESSION

17 **Lis ce poème. Explique, en 3 ou 4 lignes, ce que tu ressens.**

Le ciel est, par-dessus le toit,
Si bleu, si calme !
Un arbre, par-dessus le toit,
Berce sa palme.
La cloche, dans le ciel qu'on voit,
Doucement tinte.
Un oiseau, sur l'arbre qu'on voit,
Chante sa plainte.
Mon Dieu, mon Dieu, la vie est là
Simple et tranquille.
Cette paisible rumeur-là
Vient de la ville.
– Qu'as-tu fait, ô toi que voilà
Pleurant sans cesse,
Dis, qu'as-tu fait, toi que voilà,
De ta jeunesse ?

Paul Verlaine, *Sagesse*, 1881.

18 **Associe chaque expression à sa signification.**

• **Expression**

a. N'y voir que du feu.
b. Être sous les feux de la rampe.
c. Jouer avec le feu.
d. Ne pas faire long feu.
e. Jeter de l'huile sur le feu.

• **Signification**

1. Ne pas durer longtemps.
2. Être célèbre.
3. Prendre des risques.
4. Ne rien voir.
5. Aggraver une situation.

19 **Lis ce texte.**

a) Que penses-tu des actions de Gygès ?

b) Qu'aurais-tu fait avec cette bague magique ?

Gygès était un berger qui avait trouvé sur le corps d'un homme mort une mystérieuse bague. Or, un jour qu'il était convoqué par le roi en compagnie de tous les autres bergers, il joua avec sa bague et en tourna machinalement le chaton. Quelle ne fut pas sa surprise de constater que ce simple geste le rendait invisible ! Les autres bergers parlaient de lui comme s'il était absent, et personne ne remarquait sa présence. Il tourna de nouveau le chaton et réapparut aux yeux de tous.

Les jours suivants, il renouvela l'expérience et fut alors convaincu du pouvoir magique de sa bague. Aussitôt, des idées noires lui vinrent en tête : il se mit à envier le roi et ses richesses.

Il retourna au palais où il fit en sorte de séduire la reine. Puis, profitant de son invisibilité, il tua le roi et s'empara du trône.

Michel Piquemal, *Les Philo-Fables*,
© Éditions Albin Michel Jeunesse.

20 **Relève tous les indicateurs de lieu.**

Au rond-point de Courbevoie, une admiration les avait saisis devant l'éloignement des horizons. À droite, là-bas, c'était Argenteuil, dont le clocher se dressait ; au-dessus apparaissaient les buttes de Sannois et le Moulin d'Orgemont. À gauche, l'aqueduc de Marly se dessinait sur le ciel clair du matin, et l'on apercevait aussi, de loin, la terrasse de Saint Germain ; tandis qu'en face, au bout d'une chaîne de collines, des terres remuées indiquaient le nouveau fort de Cormeilles.

Guy de Maupassant, *Une partie de campagne*, 1881.

21 Lis ce texte.

a) Relève les mots du champ lexical de l'énergie.
b) Donne un mot dérivé de chaque mot souligné.
c) Donne les différents sens des mots en rouge.
d) Explique le mot en vert en le décomposant.
e) Relève 5 mots invariables.

Un circuit électrique fermé peut être comparé à un circuit hydraulique alimenté par une vis d'Archimède. Pour que le courant d'eau circule, il faut tourner la vis et monter l'eau. Puis l'eau qui descend peut faire tourner les pales d'un moulin et fournir ainsi de l'énergie. De la même façon, la pile va faire circuler le courant électrique grâce à sa force électromotrice, qui se mesure en volts (V). Lorsque le courant circule, il peut faire tourner un moteur électrique qui fournit alors de l'énergie mécanique.

Robert Pince, *Copain des sciences*,
© Éditions Milan Jeunesse.

EXERCICES TRANSVERSAUX

22 Lis ce texte.

a) Relève les verbes. Indique le temps auquel ils sont conjugués et donne leur infinitif.
b) Indique quels mots remplacent les mots en rouge.
c) Trouve les définitions du mot souligné, puis indique celle qui correspond à ce texte.

– Chut, ça recommence, prévint Jem.
– Je n'entends rien, répéta papa.
– C'est exactement ça, confirma Jem. De temps à autre, on n'entend rien. Le moteur a des ratés. Écoute…
Ils tendirent l'oreille.
– Je crois qu'on a un problème de bougies, annonça Jem.
Papa haussa les épaules.
– On les a déjà nettoyées plus d'une fois, répliqua Jem. Elles sont sûrement abîmées. Il faut en acheter des neuves.
– Où va-t-on pouvoir trouver des bougies neuves pour un combi VW de 1966 ?

Frank Cottrell Boyce,
Chitty Chitty Bang Bang fait le tour du monde,
trad. Catherine Gibert,
© Éditions Gallimard Jeunesse.

23 Recopie ce texte.

a) Encadre les verbes conjugués.
b) Souligne en bleu les sujets.
c) Souligne en rouge les compléments du verbe.
d) Souligne en vert les compléments de phrase.
e) Souligne en noir les attributs du sujet.

Yannis prépare ses affaires, puis il part à son cours de tennis. Pendant ce temps, sa sœur rentre à la maison. Elle trouve sa raquette dans l'entrée. Son frère est étourdi ! Natacha court et elle le rattrape. Elle donne sa raquette à Yannis. Ils semblent complices.

EXERCICES D'ÉCRITURE

24 Écris un court texte au passé dans lequel tu imagines à quoi pouvait servir cet objet autrefois.

25 En t'inspirant de cette image, écris un texte au présent en utilisant ces mots invariables.

plusieurs – comment – bientôt – beaucoup – quelquefois – souvent – depuis – tandis que

26 Choisis un des titres proposés, et écris un texte au futur en utilisant ces connecteurs.

puisque – néanmoins – ainsi – d'ailleurs – afin de

a. Le déménagement
b. Les nouveaux voisins
c. En route !

27 Écris quelques lignes qui racontent un événement* qui t'as rendu(e) très heureux(se). Explique ce que tu as ressenti.

Tableaux de conjugaison

Verbes en -er

chanter	payer
Présent (de l'indicatif)	
je chant**e** tu chant**es** il, elle, on chant**e** nous chant**ons** vous chant**ez** ils, elles chant**ent**	je pai**e** tu pai**es** il, elle, on pai**e** nous pa**yons** vous pa**yez** ils, elles pai**ent**
Imparfait (de l'indicatif)	
je chant**ais** tu chant**ais** il, elle, on chant**ait** nous chant**ions** vous chant**iez** ils, elles chant**aient**	je pa**yais** tu pa**yais** il, elle, on pa**yait** nous pa**yions** vous pa**yiez** ils, elles pa**yaient**
Passé simple (de l'indicatif)	
il, elle, on chant**a** ils, elles chant**èrent**	il, elle, on pa**ya** ils, elles pa**yèrent**
Passé composé (de l'indicatif)	
j'**ai** chant**é** tu **as** chant**é** il, elle, on **a** chant**é** nous **avons** chant**é** vous **avez** chant**é** ils, elles **ont** chant**é**	j'**ai** pa**yé** tu **as** pa**yé** il, elle, on **a** pa**yé** nous **avons** pa**yé** vous **avez** pa**yé** ils, elles **ont** pa**yé**
Futur (de l'indicatif)	
je chante**rai** tu chante**ras** il, elle, on chante**ra** nous chante**rons** vous chante**rez** ils, elles chante**ront**	je paie**rai** tu paie**ras** il, elle, on paie**ra** nous paie**rons** vous paie**rez** ils, elles paie**ront**

Verbes en -er

distinguer	lancer	manger
Présent (de l'indicatif)		
je distingu**e**	je lanc**e**	je mang**e**
tu distingu**es**	tu lanc**es**	tu mang**es**
il, elle, on distingu**e**	il, elle, on lanc**e**	il, elle, on mang**e**
nous disting**uons**	nous lan**çons**	nous mang**eons**
vous distingu**ez**	vous lanc**ez**	vous mang**ez**
ils, elles distingu**ent**	ils, elles lanc**ent**	ils, elles mang**ent**
Imparfait (de l'indicatif)		
je disting**uais**	je lan**çais**	je mang**eais**
tu disting**uais**	tu lan**çais**	tu mang**eais**
il, elle, on disting**uait**	il, elle, on lan**çait**	il, elle, on mang**eait**
nous distingu**ions**	nous lanc**ions**	nous mang**ions**
vous distingu**iez**	vous lanc**iez**	vous mang**iez**
ils, elles disting**uaient**	ils, elles lan**çaient**	ils, elles mang**eaient**
Passé simple (de l'indicatif)		
il, elle, on disting**ua**	il, elle, on lan**ça**	il, elle, on mang**ea**
ils, elles distingu**èrent**	ils, elles lanc**èrent**	ils, elles mang**èrent**
Passé composé (de l'indicatif)		
j'**ai** distingu**é**	j'**ai** lanc**é**	j'**ai** mang**é**
tu **as** distingu**é**	tu **as** lanc**é**	tu **as** mang**é**
il, elle, on **a** distingu**é**	il, elle, on **a** lanc**é**	il, elle, on **a** mang**é**
nous **avons** distingu**é**	nous **avons** lanc**é**	nous **avons** mang**é**
vous **avez** distingu**é**	vous **avez** lanc**é**	vous **avez** mang**é**
ils, elles **ont** distingu**é**	ils, elles **ont** lanc**é**	ils, elles **ont** mang**é**
Futur (de l'indicatif)		
je distingue**rai**	je lance**rai**	je mange**rai**
tu distingue**ras**	tu lance**ras**	tu mange**ras**
il, elle, on distingue**ra**	il, elle, on lance**ra**	il, elle, on mange**ra**
nous distingue**rons**	nous lance**rons**	nous mange**rons**
vous distingue**rez**	vous lance**rez**	vous mange**rez**
ils, elles distingue**ront**	ils, elles lance**ront**	ils, elles mange**ront**

Verbes en -er

appeler*	jeter*
Présent (de l'indicatif)	
j'appell**e** tu appell**es** il, elle, on appell**e** nous appel**ons** vous appel**ez** ils, elles appell**ent**	je jett**e** tu jett**es** il, elle, on jett**e** nous jet**ons** vous jet**ez** ils, elles jett**ent**
Imparfait (de l'indicatif)	
j'appel**ais** tu appel**ais** il, elle, on appel**ait** nous appel**ions** vous appel**iez** ils, elles appel**aient**	je jet**ais** tu jet**ais** il, elle, on jet**ait** nous jet**ions** vous jet**iez** ils, elles jet**aient**
Passé simple (de l'indicatif)	
il, elle, on appel**a** ils, elles appel**èrent**	il, elle, on jet**a** ils, elles jet**èrent**
Passé composé (de l'indicatif)	
j'**ai** appel**é** tu **as** appel**é** il, elle, on **a** appel**é** nous **avons** appel**é** vous **avez** appel**é** ils, elles **ont** appel**é**	j'**ai** jet**é** tu **as** jet**é** il, elle, on **a** jet**é** nous **avons** jet**é** vous **avez** jet**é** ils, elles **ont** jet**é**
Futur (de l'indicatif)	
j'appelle**rai** tu appelle**ras** il, elle, on appelle**ra** nous appelle**rons** vous appelle**rez** ils, elles appelle**ront**	je jette**rai** tu jette**ras** il, elle, on jette**ra** nous jette**rons** vous jette**rez** ils, elles jette**ront**

Verbes en -ir

finir	partir
Présent (de l'indicatif)	
je fin**is** tu fin**is** il, elle, on fin**it** nous fin**issons** vous fin**issez** ils, elles fin**issent**	je par**s** tu par**s** il, elle, on par**t** nous part**ons** vous part**ez** ils, elles part**ent**
Imparfait (de l'indicatif)	
je fin**issais** tu fin**issais** il, elle, on fin**issait** nous fin**issions** vous fin**issiez** ils, elles fin**issaient**	je part**ais** tu part**ais** il, elle, on part**ait** nous part**ions** vous part**iez** ils, elles part**aient**
Passé simple (de l'indicatif)	
il, elle, on fin**it** ils, elles fin**irent**	il, elle, on part**it** ils, elles part**irent**
Passé composé (de l'indicatif)	
j'**ai** fin**i** tu **as** fin**i** il, elle, on **a** fin**i** nous **avons** fin**i** vous **avez** fin**i** ils, elles **ont** fin**i**	je **suis** part**i**(**e**) tu **es** part**i**(**e**) il, elle, on **est** part**i**(**e**) nous **sommes** part**i**(**e**)**s** vous **êtes** part**i**(**e**)**s** ils, elles **sont** part**i**(**e**)**s**
Futur (de l'indicatif)	
je fini**rai** tu fini**ras** il, elle, on fini**ra** nous fini**rons** vous fini**rez** ils, elles fini**ront**	je parti**rai** tu parti**ras** il, elle, on parti**ra** nous parti**rons** vous parti**rez** ils, elles parti**ront**

Verbes en -ir

venir	tenir
Présent (de l'indicatif)	
je vien**s** tu vien**s** il, elle, on vien**t** nous ven**ons** vous ven**ez** ils, elles vienn**ent**	je tien**s** tu tien**s** il, elle, on tien**t** nous ten**ons** vous ten**ez** ils, elles tienn**ent**
Imparfait (de l'indicatif)	
je ven**ais** tu ven**ais** il, elle, on ven**ait** nous ven**ions** vous ven**iez** ils, elles ven**aient**	je ten**ais** tu ten**ais** il, elle, on ten**ait** nous ten**ions** vous ten**iez** ils, elles ten**aient**
Passé simple (de l'indicatif)	
il, elle, on v**int** ils, elles v**inrent**	il, elle, on t**int** ils, elles t**inrent**
Passé composé (de l'indicatif)	
je **suis** ven**u(e)** tu **es** ven**u(e)** il, elle, on **est** ven**u(e)** nous **sommes** ven**u(e)s** vous **êtes** ven**u(e)s** ils, elles **sont** ven**u(e)s**	je **suis** ten**u(e)** tu **es** ten**u(e)** il, elle, on **est** ten**u(e)** nous **sommes** ten**u(e)s** vous **êtes** ten**u(e)s** ils, elles **sont** ten**u(e)s**
Futur (de l'indicatif)	
je viend**rai** tu viend**ras** il, elle, on viend**ra** nous viend**rons** vous viend**rez** ils, elles viend**ront**	je tiend**rai** tu tiend**ras** il, elle, on tiend**ra** nous tiend**rons** vous tiend**rez** ils, elles tiend**ront**

Auxiliaires

être	avoir
Présent (de l'indicatif)	
je **suis** tu **es** il, elle, on **est** nous **sommes** vous **êtes** ils, elles **sont**	j'**ai** tu **as** il, elle, on **a** nous **avons** vous **avez** ils, elles **ont**
Imparfait (de l'indicatif)	
j'ét**ais** tu ét**ais** il, elle, on ét**ait** nous ét**ions** vous ét**iez** ils, elles ét**aient**	j'av**ais** tu av**ais** il, elle, on av**ait** nous av**ions** vous av**iez** ils, elles av**aient**
Passé simple (de l'indicatif)	
il, elle, on **fut** ils, elles **furent**	il, elle, on **eut** ils, elles **eurent**
Passé composé (de l'indicatif)	
j'**ai été** tu **as été** il, elle, on **a été** nous **avons été** vous **avez été** ils, elles **ont été**	j'**ai eu** tu **as eu** il, elle, on **a eu** nous **avons eu** vous **avez eu** ils, elles **ont eu**
Futur (de l'indicatif)	
je se**rai** tu se**ras** il, elle, on se**ra** nous se**rons** vous se**rez** ils, elles se**ront**	j'au**rai** tu au**ras** il, elle, on au**ra** nous au**rons** vous au**rez** ils, elles au**ront**

Orthographe rectifiée

1 L'accent circonflexe disparaît sur le i et sur le u.

- abîmer, abîmé(e) → abimer, abimé(e)
- l'affût → l'affut
- la boîte → la boite
- la bûche (et tous les mots de la même famille : le bûcheron) → la buche, le bucheron
- brûlant → brulant
- une chaîne (et tous les mots de la même famille : déchaîner, déchaîné(e), un enchaînement) → une chaine, déchainer, déchainé(e), un enchainement
- connaître (et tous les mots de la même famille : reconnaître) → connaitre, reconnaitre
- le dîner (et tous les mots de la même famille : dîner) → le diner, diner
- le coût → le cout
- déplaît (verbe déplaire) → déplait
- dû (verbe devoir) → du
- s'entraîner (et tous les mots de la même famille : l'entraîneur, l'entraînement) → s'entrainer, l'entraineur, l'entrainement
- la flûte → la flute
- la fraîcheur (et tous les mots de la même famille : fraîche) → la fraicheur, fraiche
- goulûment → goulument
- le goût (et tous les mots de la même famille : goûter, le goûter, le dégoût, dégoûter, dégoûtant(e)...) → le gout, gouter, le gouter, le dégout, dégouter, dégoutant(e)
- une huître → une huitre
- une île (et tous les mots de la même famille : un îlot) → une ile, un ilot
- le maître (et tous les mots de la même famille : la maîtresse, maîtriser) → le maitre, la maitresse, maitriser
- les maraîchers → les maraichers
- naître → naitre
- paître → paitre
- paraître (et tous les mots de la même famille : apparaître, disparaître) → paraitre, apparaitre, disparaitre
- s'il te plaît → s'il te plait
- sûr (et tous les mots de la même famille : sûre, sûrement) → sur, sure, surement
- traîner → trainer
- voûté → vouté